# AGRICULTURA FAMILIAR

## MARKETING ÉTICO

Onde o amor e o alimento se unem para sempre

Catalogação na Publicação
DIVISÃO DE BIBLIOTECA - DIBD/ESALQ/USP

Tejon, José Luiz
Agricultura familiar: marketing ético; onde o amor e o alimento se unem para sempre / autor e coordenador José Luiz Tejon; coautores Adélia Franceschini ... [et al.].- - Piracicaba: FEALQ, 2024
244 p. : il.

ISBN: 978-65-89722-65-6

1. Agricultura familiar 2. Consumo de alimentos 3. Marketing ético 4. Produtos agrícolas 5. Sustentabilidade I. Franceschini, A. II. Mello, A. B. de III. Soares, C. M. IV. Xavier, C. V. Ribeiro Jr., D. VI. Serpa, E. W. VII. Buso, G. VIII. Santos, J. T. G. dos IX. Megido, V.
X. Título

CDD 630

Elaborada por Maria Angela de Toledo Leme - CRB-8/3359

# AGRICULTURA FAMILIAR

## MARKETING ÉTICO | Onde o amor e o alimento se unem para sempre


Autor e coordenador

José Luiz Tejon

Coautores

Adélia Franceschini

Adriana Bandeira de Mello

Camila Macedo Soares

Coriolano Xavier

Doly Ribeiro Jr.

Edy Wilson Serpa

Giampaolo Buso

Juliana T. Grazini dos Santos

Victor Megido



Fealq

Piracicaba – 2024

AGRICULTURA FAMILIAR: MARKETING ÉTICO ▪ Onde o amor e o alimento se unem para sempre

José Luiz Tejon

ISBN: 978-65-89722-65-6


Copidesque: Fundação de Estudos Agrários Luiz de Queiroz

Edição e revisão: Ana Purchio

Capa: Proton Editorial Ltda

Projeto Gráfico e Diagramação: Proton Editorial Ltda



Fealq

FUNDAÇÃO DE ESTUDOS AGRÁRIOS LUIZ DE QUEIROZ

CNPJ: 48.659.502/0001-55
Avenida Centenário, 1080 – Bairro São Dimas
Piracicaba/SP
CEP: 13416-000

Telefone: + 55 19 3417-6600

fealq@fealq.org.br

# Sumário

# Agradecimentos

A origem deste livro ocorreu em um encontro durante o evento Think & Drink da Fundação de Estudos Agrários Luiz de Queiroz (Fealq), em Piracicaba, quando fizemos uma visita à Escola Superior de Agricultura Luiz de Queiroz – Universidade de São Paulo (Esalq/USP), ao lado do Prof. José Otávio Menten, presidente do Conselho Científico Agro Sustentável (CCAS). E lá fomos convidados por Igdal Parnes, consultor editorial, e Humberto Luis Marques, da Editora Fealq, para escrever esta obra. Quero agradecer também, em especial, ao presidente da Fealq, Nelson Sidnei Massola Junior.

O agradecimento também vai para todos aqueles que fizeram, em união, este livro ser possível para a agricultura familiar brasileira e mundial, que atende aos três mais sagrados Objetivos de Desenvolvimento Sustentável (ODS) da Organização das Nações Unidas (ONU).

O meu muito obrigado aos coautores Adélia Franceschini, Adriana Bandeira de Mello, Camila Macedo Soares, Coriolano Xavier, Doly Ribeiro Jr., Edy Wilson Serpa, Giampaolo Buso, Juliana T. Grazini dos Santos e Victor Megido.

À minha sócia e administradora Edmea Sanchez e à minha assessora de Comunicação, Ana Purchio.

Quero agradecer também à Esalq e, em especial, à Prof.ª Dr.ª Thaís Vieira, diretora da Esalq, que nos recebeu e onde pudemos visitar o Centro de Estudos Avançados em Economia Aplicada (CEPEA) da Esalq, o programa educacional ensino a distância (EAD) da instituição. Ainda, a inestimável ajuda do Portal ND Mais, de Santa Catarina, com os *cases* de sucesso e sua competente equipe: Gilberto Kleinubing, diretor de Mercado; Marcelo Campanholo, diretor de Programação e Produção, e Edy Serpa, produtor e editor do Agro Saúde e Cooperação.

Também ao programa que coordeno, o Food & Agribusiness Management (FAM), o Master Science Internacional na França, com dupla diplomação da Audencia Business School & Fundação Escola de Comércio Álvares Penteado (FECAP) e aos alunos internacionais destacados neste livro, com suas frases sobre a importância de aprender sobre o agronegócio.

# Mensagem

Minha aluna, **Elizabeth Siitah Mayanja**, de Uganda/África, durante o FAM, o Master Science Internacional na França, dupla diplomação da Audencia Business School & FECAP, me enviou este texto a respeito da agricultura familiar, e resolvi abrir nosso livro com o sentimento desta brilhante aluna africana:

*Farming in Uganda is the backbone of the rural homestead. Currently, most rural households employ out-grower farming where they integrate cash crop farming with subsistence farming to meet both the economic and nutritional needs of their homes. This has allowed Uganda to become the second largest exporter of Coffee in Africa with the potential to increase our production of tea, sugarcane and maize. Have a blessed week professor. Happy weather in Brazil!*

*Elizabeth Siitah Mayanja.*

**Tradução:**

"A agricultura em Uganda é a espinha dorsal da propriedade rural. Atualmente, a maioria das famílias emprega a agricultura por contrato com a agricultura de subsistência para atender às necessidades econômicas e nutricionais de suas casas. Isso permitiu que Uganda se tornasse o segundo maior exportador de café na África, com o potencial para aumentar nossa produção de chá, cana-de-açúcar e milho. Tenha uma semana abençoada, professor. Tempo feliz no Brasil!"

# Prefácio

Diante do crescimento populacional projetado pela Organização das Nações Unidas para a Alimentação e a Agricultura (FAO) para 9,7 bilhões de pessoas até 2050, é necessário um aumento significativo na produção de alimentos – cerca de 50%. O Brasil destaca-se como um dos principais produtores globais de alimentos, desempenhando um papel crucial na oferta de uma variedade de produtos agrícolas para o mundo. Para garantir a segurança alimentar e nutricional de maneira global, sem comprometer os recursos naturais e o meio ambiente das gerações futuras, é necessário adotar uma abordagem integrada e sustentável para o desenvolvimento dos sistemas agroalimentares. Assim, o trinômio Agricultura, Alimentos e Ambiente assume papel estratégico no desenvolvimento do país e na cooperação internacional.

Apesar das diferenças inerentes à organização das cadeias produtivas entre os principais países produtores de alimentos e energia, a transição dos sistemas produtivos perante as mudanças climáticas se apresenta de forma inequívoca. A geopolítica global interfere tanto na divisão internacional de produção e comercialização quanto na dinâmica de colaboração para inovação nos sistemas agroalimentares. A agricultura familiar ocupa um lugar de destaque no cenário agrícola global, não apenas como fonte de sustento para milhões de famílias, mas também como pilar fundamental da segurança alimentar mundial. Assim, o marketing ético emerge como uma ferramenta transformadora.

Este livro, "*Agricultura Familiar: Marketing Ético*", oferece uma análise sobre o papel do marketing ético na promoção da agricultura familiar. Este trabalho é fundamentado em uma gama de estudos de caso e exemplos práticos, que ilustram como o marketing pode transcender sua função tradicional de promoção de produtos para se tornar um meio de construção de relações significativas entre produtores e consumidores.

A obra destaca a importância do cooperativismo e das associações como pilares para a viabilidade e o sucesso da agricultura familiar. Iniciativas, como Rastreabilidade e Monitoramento de Alimentos (RAMA) da Associação Brasileira de Supermercados (ABRAS) e estratégias inovadoras de grandes corporações são apresentadas, convidando o leitor a identificar como a rastreabilidade e a transparência podem ser alavancadas para construir uma relação de confiança com os consumidores conscientes, refletindo-se no valor agregado dos produtos da agricultura familiar.

Além disso, apresenta o papel da tecnologia da informação para a conexão do campo à mesa, permitindo que os consumidores conheçam as histórias de vida das pessoas responsáveis pelos alimentos que escolhemos e consumimos. O marketing ético é abordado não apenas como uma estratégia comercial, mas como um compromisso com a sustentabilidade e a transparência na comunicação. Este livro explora como as práticas sustentáveis, o respeito à biodiversidade e preservação dos ecossistemas, integrados, podem garantir a prosperidade das comunidades rurais, urbanas e periurbanas e a saúde do planeta.

Este breve prefácio é um convite para uma imersão nas páginas que se seguem, com o intuito de orientar produtores, consumidores, pesquisadores e profissionais do setor rumo à adoção de uma visão integrada, que beneficia a sociedade e o nosso futuro.

Desejo a todos uma leitura inspiradora!

**Thais Maria Ferreira de Souza Vieira**
Professora Titular e Diretora da Escola Superior de Agricultura
Luiz de Queiroz – Universidade de São Paulo.

Piracicaba, 27 de maio de 2024.

# Introdução

## Agricultura familiar

Qual a marca mais querida pelas populações mundiais e a brasileira quando a questão se trata de alimentos?

"Agricultura familiar".

E conversando com Irineo da Costa Rodrigues, diretor presidente da Cooperativa Lar, ele me dizia entusiasmado: "Que genial reunirmos aqui agricultores de 30 mil hectares ao lado de outros com três hectares na cooperativa". Para mim isto dá o sentido máximo e universal de um contexto e um conceito que se posiciona acima de qualquer expressão representativa de uma singularidade carismática única no quesito alimentos: "famílias agrícolas".

E marketing trata exatamente da elevação de um estado de espírito que busca abrir e conquistar corações e mentes, e com isso permitir a evidência da prosperidade com velocidade. O Anuário Brasileiro da Agricultura Familiar 2024 é uma peça extraordinária para um mergulho em distintos ângulos dessa máxima representativa e sinônimo de alimento saudável, produzido por milhões para alimentar bilhões de seres humanos. E neste campo, a cooperação é sagrada. Nesse anuário escrevi: "Terra, uma cooperativa humana – Cooperativismo é a fortaleza da agricultura familiar" (p. 314).

Mais de 570 milhões de agricultores no mundo, 5 milhões no Brasil e, aqui, apenas 1% é grande propriedade acima de mil hectares. A agricultura familiar é um berço de segurança alimentar, energética, ambiental e humana de todo o planeta e do Brasil. Porém, a agricultura familiar exige e precisa de cooperativismo.

Os pequenos viram grandes na cooperativa. E eu ouço de grandes fazendas empresariais, que têm lucidez, que as cooperativas são essenciais, pois significam educação e prosperidade para os seus vizinhos. Assim como grandes corporações agroindustriais querem ter cooperativas no seu *supply chain*. E como outras brilhantes cooperativas criam as suas próprias marcas levando a imagem de seus cooperados até as gôndolas dos supermercados.

Portanto, cooperativa não é importante só para quem quer crescer, é vital para quem quer continuar grande. A visão da "prosperidade para todos", que tanto o presidente da Organização das Cooperativas Brasileiras (OCB), Márcio Lopes, defende é essencial e a única mão de direção, não importa o porte e o tamanho de cada indivíduo e de sua operação.

Agricultura familiar. Famílias agrícolas. O nome mais desejado, amado e com imenso poder carismático de chegar às mentes dos cidadãos por meio do coração.

As cooperativas representam a organização racional das forças criadoras, da opção pelo bem. Nasceram do sofrimento humano, de brutais dificuldades. Aperfeiçoaram-se no tempo, e se aperfeiçoam sem parar. No Brasil, reúnem mais de um milhão de produtores rurais. Significam cerca de 55% de toda produção brasileira.

A agricultura familiar tem no cooperativismo a sua legítima casa de morada. A sua fortaleza. Nas cooperativas, no sistema, na intercooperação todos precisam aprender, ninguém pode ficar para trás. Agricultura familiar precisa criar sucessores. A sua juventude passa a ver todo esse agronegócio novo, em uma superdimensão, a de uma "agrobiocidadania". Paz, valor, sentido de vida e de viver neste planeta. Um agroconsciente com saúde e cooperação. Mulheres da agricultura familiar dentro dos movimentos cooperativistas crescentes.

Famílias agrícolas atendendo famílias consumidoras, passando por famílias no comércio, na indústria e nos serviços. Neste planeta Terra, a evolução exige uma cooperação humana. E no campo, nas águas e nos mares, a cooperativa é a fortaleza da agricultura familiar.

Neste livro, reunindo especialistas profissionais de marketing e gestão, Adélia Franceschini, Adriana Bandeira de Mello, Camila Macedo Soares, Coriolano Xavier, Doly Ribeiro, Giampaolo Buso, Juliana T. Grazini dos Santos, Victor Megido e convidados especiais vamos em busca da reunião dos fundamentos e das metodologias de marketing ético aplicados à agricultura familiar, resultando na grande síntese, a fórmula do sucesso.

Vamos a ela.

# Marketing Tem Fórmula.

## Mas o que Significa Marketing Ético?

José Luiz Tejon

### INTRODUÇÃO

Marketing é uma palavra que podemos aprender o que significa em uma aula, mas levaremos uma vida para mergulhar no seu sentido mais profundo.

Neste capítulo inicial será muito importante esclarecer que marketing não é simplesmente sinônimo de propaganda, ou como popularmente escutamos por aí: "ah, isso é só marketing", como se fosse uma reunião de enganos, para vender "gato por lebre". Quando não partimos do verdadeiro significado de marketing, como em toda e qualquer ciência, seus fundamentos podem ser usados para o mal. Mas essa expressão criada nos Estados Unidos da América significa antever e criar antes as mercadorias, os valores e as estratégias que já estavam no inconsciente dos seres humanos que, porém, não estariam ainda visíveis.

O maior nome acadêmico de marketing no Brasil hoje é o professor e doutor Marcos Cobra. Foi ao longo de sua vida diretor da cadeira de marketing da Fundação Getulio Vargas (FGV), premiado e escritor de mais de 30 livros, e ele afirma: "marketing não é ciência, nem arte, é descobrir aquilo que as pessoas precisam, reunir os conhecimentos para sua realização e apresentar ao mundo o que ninguém ainda havia pedido, mas que, quando apresentado, cria mercados e novas demandas até então inexistentes, e essas soluções devem servir para a felicidade e a saúde de todos".

Marketing significa antever, sentir antes sonhos, desejos, necessidades humanas, transformar essas realidades potenciais em produtos, serviços, ações concretas e criar demanda econômica e social onde antes havia somente o "sonho".

Há uma grande diferença entre sonho versus ilusão. E isso significa a moradia da ética. Sonho é o que fazemos com a realidade enquanto sonhamos e ilusão é o que a realidade faz conosco enquanto nos iludimos. Marketing ético é criarmos bens que criem felicidade e prosperidade para todos. O engano, o falso, a mentira, o ilusório, o feito para obter vantagens somente para uma pessoa ou para um grupo de pessoas irá, cedo ou tarde, provocar o próprio desaparecimento.

Na atividade agrícola temos o exercício completo e exemplar do marketing ético. Começa com pesquisadores e cientistas, ao lado de produtoras e produtores que fazem de cada microbioma a sua estação experimental. Ali desvendam antes de todos o que precisará ser feito para melhorar e aperfeiçoar tudo o que já é feito, mas que ainda não foi feito.

Vivi experiências próprias sensacionais, e assisti e assisto muitas dessas realidades sendo construídas no Brasil e no mundo. Fui dirigente de marketing da Jacto, de Pompeia, uma empresa de mecanização agrícola exemplar. Trabalhei como diretor de marketing da Agroceres, uma organização que liderou o setor de sementes do Brasil, da genética avícola e suinícola e foi pioneira na cultura de tecidos e na divulgação do sistema de agronegócio no Brasil.

Ali pude viver a introdução de tecnologias inovadoras que não eram ainda desejadas pelos agricultores do Brasil, como suínos híbridos, aves de *performance* nos frigoríficos acima e além das granjas, sementes de elevado potencial genético muito além do que era extraído pela imensa maioria na época. Assisti uma grande batalha para implantarmos no Brasil o plantio direto, levou anos, as práticas modernas da nutrição animal, e as recentes chegadas de bioinsumos e da biofortificação de alimentos na originação, o que significa uma oportunidade extraordinária para toda agricultura familiar.

"O consumidor não sabe o que quer ", assim falava Steve Jobs, criador da Apple. Dessa forma, marketing não está na simples tarefa de fazer o que já fazemos, está, sim, num programa permanente e contínuo de aperfeiçoamento e evolução de tudo o que fazemos. Essa evolução não para nem termina nunca.

E marketing ético significa a decisão que leva uma empresa, uma cooperativa, uma organização familiar ao sucesso de longo prazo. Será sempre uma vontade onívora da inovação que diminui os riscos, que aumenta a possibilidade das estratégias humanas superarem as incertezas. No meu aprendizado com o fundador da Jacto, Shunji Nishimura, que deixou um legado espetacular não somente de uma empresa, mas da sua Fundação Shunji Nishimura de Tecnologia, ele nos ensinava: "ninguém cresce sozinho" e: "quando tudo vai bem se prepara para ir mal, se você estiver preparado vai crescer muito mais quando tudo estiver mal. São os ciclos da economia e da vida". Dessa forma, marketing ético será sempre criar e fazer o bem, o belo e o útil, para todos.

Agricultura familiar é uma invenção muito antiga. Além da caça e dos coletores, foi a primeira iniciativa organizada humana para vencer, sobreviver e viver na terra. As sementes, primeiro insumo fundamental, têm na deusa Ceres, a deusa da agricultura, uma mulher.

As famílias agrícolas iam nas aldeias, nos feudos, nos povoados e nas feiras vendiam ou barganhavam, trocavam seus excedentes. Nascia o mercado. E começava a nascer o fundamento de marketing. Aquela ou aquele feirante que apresentava seus produtos de forma mais atraente. O comerciante que reunia diversos produtos e os vendia no mesmo ponto de venda. Os que conseguiam trazer alimentos diferentes e curiosos de outras regiões para aquela localidade.

Durante séculos ter numa mesa produtos agrícolas produzidos em regiões e países distantes era privilégio exclusivo dos reis e das casas fidalgas. Cruzamos o desenvolvimento das populações, as rotas marítimas, o comércio, e vimos o surgimento das grandes plantações no passado ainda sob regime da escravatura, ou da outra extração da natureza.

O Brasil deve seu nome à árvore do pau-brasil, cuja tintura de vermelho abrasivo era muito valorizada para distinguir roupas e peças dos ricos nobres das suas épocas. As chamadas *plantations* da cana-de-açúcar, do algodão, do café, dos grãos, da pecuária extensiva, do cacau, da borracha, fizeram um contexto onde a produção em massa estava associada ao mercado de massa. Dê-me o volume, e resolveremos a questão.

Entretanto, ao longo de toda jornada humana, a pequena propriedade sempre esteve e está presente. No mundo são mais de 570 milhões de unidades agrícolas, e as suas cooperativas são a casa onde a agricultura familiar encontra o modelo certo para a prosperidade.

Por isso, como lição número 1, não conseguimos fazer marketing da agricultura familiar fora do cooperativismo e do associativismo que inicia a ser revelado a partir das indicações e denominação de origem, o que hoje tem no Brasil o estímulo e as iniciativas excelentes do Serviço Brasileiro de Apoio às Micro e Pequenas Empresas (Sebrae).

Portanto, marketing ético tem fórmula. Identificar as tendências já desejadas pelos consumidores que ainda não estejam percebidas e que têm potencial extraordinário de vir a ser demanda real.

Nesse cenário descrito acima, exatamente nele, é que temos a oportunidade maior de todos os tempos da história humana para praticarmos de forma consciente o marketing da agricultura familiar.

Consumidores desejam vínculos com a natureza. As pessoas iniciam a compreensão de que alimentos produzidos com amor em todos os sentidos impactam fortemente na sua saúde humana.

Consumidores amam o conceito do "pequeno". *Small is beautiful*. É feito para mim, pensando em mim. Eu conheço quem faz. Com a tecnologia da informação, o consumidor pode, na gôndola de um supermercado, identificar e conversar com a família agrícola que produziu aquela banana, aquele doce, pois as pequenas agroindústrias são parte umbilical do marketing da agricultura familiar. E a nova sociedade mundial redescobre o valor e o amor pela agricultura familiar e quer ver ali famílias cuidando do solo, das plantas, dos animais, da água, do meio ambiente, numa grande síntese onde agricultura familiar significa a "agricultura da cidadania".

Dessa forma, a agricultura familiar passa a ser uma "marca" amada e desejada. E na fórmula de marketing pode ser trabalhada numa proposta de *business to consumer* (BTC), negócios dirigidos ao consumidor final ou *business to business* (BTB), voltado a clientes empresariais. Por meio de associação e cooperativismo, a agricultura familiar pode levar seus produtos até os supermercados, as feiras, o varejo e mesmo o *delivery*. Também, cada vez mais, as grandes corporações com suas marcas globais precisarão mostrar aos seus consumidores que têm no seu *supply chain* milhares de famílias agrícolas originando nos solos, nas águas e nos mares seus produtos com responsabilidade social e ambiental, um sistema de saúde que obrigatoriamente envolve a qualidade da originação com rastreabilidade.

No Brasil, o programa Rastreabilidade e Monitoramento de Alimentos (RAMA) da Associação Brasileira de Supermercados (ABRAS), e iniciativas, como da multinacional PepsiCo, na sua divisão de batatas Lays, expondo a fotografia dos produtores de batata nas embalagens, são exemplos cada vez mais crescentes da busca por elos de relacionamento com a agricultura familiar, além das propostas de agricultura local, nas próprias cidades e agricultura vertical, nas grandes cidades.

O mundo já mudou, precisamos todos atualizar nosso foco em nossas percepções; agricultura familiar é um poderoso ativo e sem ela não completamos o conceito de agronegócio, e muito menos o de "agrocidadania", fator impositivo doravante.

Desenvolvemos com o Grupo de Comunicação ND, de Santa Catarina, uma ação de marketing para associar o cooperativismo, a agricultura familiar, com os consumidores e, com toda a sociedade. Agro, saúde e cooperação. Extraímos desses programas parte de exemplos vivos e contemporâneos para nosso livro. Aqui vão dois exemplos, o de macroalgas e o de preservação da água e integração.

## MACROALGAS

Um dos locais mais tradicionais de Palhoça, na Grande Florianópolis, é o bairro Enseada do Brito. Fundado em 1750 por colonizadores açorianos, o local abriga uma das principais colônias de pescadores de Santa Catarina.

Um deles é Ailton Silveira, que há mais de quatro décadas tira do mar o sustento da família, seja na pesca ou na extração de mariscos. Agora está passando o bastão para o filho Anderson, que aprendeu a lida e encontrou no mar uma nova opção de rendimento: o cultivo de macroalgas, da espécie *Kappaphycus alvarezii*.

A atividade está crescendo na região e recebe o apoio da Empresa de Pesquisa Agropecuária e Extensão Rural de Santa Catarina (Epagri), que fez um estudo aprofundado comprovando que o cultivo da macroalga é ambientalmente sustentável e pode gerar ótimos rendimentos.

Depois de processada, essa planta do mar vira biofertilizante que pode ser aplicado em lavouras, cosméticos e até alimento para as pessoas. É nisso que Anderson aposta, aproveitando o marketing positivo da alga obtido pelos resultados das pesquisas que estão sendo realizadas pelo Instituto Federal Catarinense (IFC).

Anderson está começando na atividade, mas já assumiu a responsabilidade de suceder o pai na lida do dia a dia no rancho de pescadores que vai herdar às margens da Baía Sul, em Palhoça.

Quem já está lucrando com a macroalga é o maricultor Ademir Dário dos Santos, que trabalha no outro lado da Baía Sul, no bairro Ribeirão da Ilha, em Florianópolis. Há dois anos agregou o cultivo das algas com a produção de ostras e mariscos.

Recorda que na época foi chamado de louco. “Chegou um homem aqui no rancho e disse: você é louco de plantar mato no mar, o que é isso?”, lembra com orgulho do começo da atividade.

Ademir diz que o melhor de tudo no cultivo da macroalga é a garantia da compra. Ele processa a alga no rancho de pescador e a transforma em um extrato que pode servir de biofertilizante.

O êxito desse trabalho se espalhou e há poucos meses Ademir recebeu a visita da empresária Sandra Anversa, do município de Formosa, no estado de Goiás. Ela usa o extrato da *Kappaphycus alvarezii* na fertilização das lavouras de soja e milho.

Após conhecer os métodos de cultivo, Sandra e Ademir fecharam uma parceria. Ele vai produzir um milhão de litros por ano do extrato e fornecer para a fazenda de Sandra. “O produto interessou por ser orgânico, rico em hormônios, e isso melhora muito o resultado na lavoura no uso como biofertilizante”, relata a empresária.

**QRCODE 1**

Agro, Saúde e Cooperação – Ciência Agrícola
https://www.youtube.com/watch?v=1PmbRoTMwbo

**QRCODE 2**

Agro Saúde e Cooperação fala sobre a produção de macroalgas
https://www.youtube.com/watch?v=LXLx1A4ilKk&t=214s

## PRESERVAÇÃO DA ÁGUA E INTEGRAÇÃO

Santa Catarina é sede de marcas tradicionais na produção de proteína animal no Brasil. No município nasceu a Perdigão, em Concórdia, a Sadia, que hoje integram a BRF. Em Seara, o frigorífico do mesmo nome, a Pamplona, em Rio do Sul. A Aurora em Chapecó, e a JBS, que não nasceu no estado, mas como as outras, atua em vários municípios catarinenses. São grandes conglomerados que produzem suínos e aves para abastecer o mercado brasileiro e mundial.

Empresas de grande porte que encontraram na agricultura familiar catarinense uma grande parceria. Por meio do sistema de integração possibilitaram a criação de suínos e aves em várias regiões do estado, seguindo orientações técnicas prestadas por essas empresas. Uma forma de garantir a venda dos plantéis que são absorvidos e processados por essas agroindústrias.

Para o produtor rural fica a responsabilidade de criar os animais até o momento da entrega, seguindo todas as normas técnicas estabelecidas pelos padrões internacionais de sanidade e de sustentabilidade. Um desses produtores é Jandir Longo da Linha São Paulo, em Concórdia. Tem um plantel de 1.500 suínos e é cooperado da Copérdia, ligada à Aurora Coop. Mantém todos os padrões de seguridade sanitária para proteção dos suínos e passou a investir em um programa de gestão da água para o aproveitamento da água da chuva.

Uma forma de driblar os tempos de seca, muito típicos da região meio oeste de Santa Catarina. Jandir montou uma cisterna de 700 mil litros para abastecer os porcos. A água também serve para a limpeza dos barracões. “O investimento é feito uma vez só. A água vem da chuva, é de graça, e acabamos preservando a natureza e gastando menos”, comemora o produtor.

Os dejetos dos suínos vão para a bioesterqueira e a cada 120 dias servem de adubo para as lavouras. Um trabalho árduo, mas sustentável, com preservação dos recursos naturais que acaba refletindo na qualidade do produto entregue para a agroindústria.

**QRCODE 3**

Agro Saúde e Cooperação – Preservação da Água
https://www.youtube.com/watch?v=TR6zVfsKVYU&t=268s

## CONSIDERAÇÕES FINAIS

Vimos neste capítulo exemplos reveladores de soluções encontradas por empresas, cooperativas e associações da sociedade civil para o conceito da administração de marketing. Observamos como o conceito do *small is beautiful* está cada vez mais na preferência dos consumidores do mundo. "O pequeno é bonito, é legal...". Assim, mesmo as grandes corporações precisarão incluir os pequenos negócios em suas redes, da mesma forma que supermercados irão dedicar espaços para a agricultura familiar. Neste capítulo, os dois exemplos de Santa Catarina, extraídos do nosso programa Agro, Saúde e Cooperação, nos ajudam a seguir para os próximos capítulos deste livro.

# capítulo 2

# Tornando Simples um Conceito Complexo.

## Aplicando *Design Thinking*

Victor Megido

### INTRODUÇÃO

*Design thinking*, outra expressão da língua anglo-saxã, mas que sempre existiu e brincamos com esse conceito desde crianças. A montagem dos quebra-cabeças, modernamente o "Lego". Neste capítulo, o leitor entenderá a importância da reunião das partes. Para criarmos sucesso com nossa atividade da agricultura familiar, não seremos bem-sucedidos sozinhos. Leitora e leitor, passe pelas etapas descritas neste capítulo, e leve para a sua vida. Pense simples. Em tudo o que você fizer existirá ciência, administração, relações com terceiros, e precisará comunicar e vender o que está produzindo.

Desde uma meta de dobrar o agro brasileiro de tamanho, atingindo cerca de US$ 1 trilhão nesse sistema do antes das porteiras, até os consumidores finais, mas indo agora para o seu ambiente, a sua cidade, região, seu negócio e seus parceiros. Imagine e aja como se estivesse criando e montando um "Lego" com seu nome, sua marca, sua associação e cooperativa.

O nome *design thinking* pode assustar e parecer algo de arte esquisita, mas não é. Quando alguém pega uma invenção feita há milênios e, tendo menos de 60 anos, a coloca a serviço de uma inovação, ficamos espantados por ninguém ter tido essa ideia antes. Por exemplo, colocar rodinhas nas malas. Antigamente, havia apenas alças, de onde vem a brincadeira do desagradável que seria alguém como uma "mala sem alça". Então, colocar rodinhas, que existiam há milênios, nas malas de hoje mostram como peças que existiam antes podem ter novas formas de uso. Esse é o efeito do *design thinking*.

No agro, a genética trabalha com isso há séculos, no melhoramento clássico das sementes e dos animais. E agora, com a gigantesca velocidade da computação, um estimado e admirado professor e pesquisador da Unicamp e do programa Food & Agribusiness Management (FAM) da Audencia Business School na França e Fundação Escola de Comércio Álvares Penteado (FECAP) no Brasil, Prof. Dr. Joaquim Machado, formado na Escola Superior de Agricultura Luiz de Queiroz - Universidade de São Paulo (Esalq/USP), diz: "Genética agora podemos chamar de física da informação". O *design thinking* é como a montagem de um lego: requer visão espacial e reunir partes que existem, mas que ainda não haviam se encontrado. No texto a seguir, extraído de nosso outro livro *Agroconsciente, a revolução tropical brasileira*, os autores Marco Zanini, Sonia Chapman e Victor Megido explicam esse conceito.

## INOVAÇÃO AGROCONSCIENTE GUIADA PELO *DESIGN THINKING*

### O que é inovação guiada pelo *design*?

É quando produtos, serviços, sistemas e plataformas passam por um processo de significação intenso, empático, interativo e acabam ganhando um conceito e/ou significado (propósito) fundamentalmente novo (inovador), transformando a maneira como as pessoas entendem e se envolvem com as coisas da organização, e, muitas vezes, isso tudo tendo um impacto forte nas vidas das pessoas. Esse processo envolve uma quantidade imensa de temas como marketing, comunicação, empatia e criatividade, assim como abraça tecnologia e novos modelos. Essa inovação guiada pelo *design* é fruto da variedade de perspectivas de muitos *stakeholders* envolvidos, e o resultado disso é aquilo que que chamamos de valor econômico, social, ambiental, tangível na nossa visão dentro da meta do trilhão de dólares do AgroConsciente.

A abordagem da inovação guiada pelo *design* faz parte do "como" realizar as entregas de valor. Parte do princípio de que a tecnologia não se conecta sozinha e de que toda tecnologia é uma criação cultural-científica humana útil e que está a serviço da humanidade, do planeta, da vida como um todo. *Design thinking* é colocar no centro do processo as pessoas para geração de valor (de pessoas para outras pessoas). Toda invenção, transformação digital, economia circular, criação humana na década de 2020 está para harmonizar e reequilibrar os sistemas de vida, o *health system*.

## O que é *design thinking*?

Felizmente este assunto passou a ser de uso comum nas organizações do agro. *Design thinking* é o conjunto de ideias e *insights* que aborda problemas relacionados às futuras aquisições de informações, análises de conhecimento e propostas de soluções. É um trabalho de grupo, porque usualmente grupos com dinâmicas divergentes e convergentes julgam melhor do que individualmente. No que se refere à abordagem, é considerada a capacidade de combinar empatia em um contexto de um problema, de modo a colocar as pessoas no centro do desenvolvimento de um projeto; criatividade para geração de soluções e razão para analisar e adaptar as soluções para o contexto.

Adotado por organizações, principalmente no mundo dos negócios, o *design thinking* tem crescido e influenciado diversas disciplinas na atualidade, como uma maneira de abordar e solucionar problemas. Sua principal premissa é: ao entender os métodos e os processos que *designers* usam para criar soluções, indivíduos e organizações seriam mais capazes de se conectar e revigorar seus processos de criação, a fim de elevar o nível de inovação, tendo em vista mais perspectivas. É uma *cross* polinização. Por definição, a *cross* polinização (ou polinização cruzada), na biologia, é um processo no qual um tipo de flor recebe o material genético de outra espécie. O resultado é uma forma de vida que carrega características das duas plantas. Esse conceito é aplicado igualmente na busca por inovação nas organizações. O material genético representa diferentes perspectivas e áreas de expertise, enquanto a nova forma de vida é um produto ou solução inovadora que carrega as qualidades.

Por exemplo, como usar tecnologias incríveis de visão aumentada, utilizadas pelas empresas automobilísticas em carros autônomos, para melhorar a atenção a um paciente em um hospital. Ou utilizar as práticas de gamificação para gerar engajamento maior das pessoas em fazer exercícios físicos e melhorar a qualidade de vida.

Um dos métodos mais utilizados no processo do *design thinking* é o duplo diamante[1]. Nele são projetados quatro triângulos que se assemelham sobretudo a diamantes, e cada um representa uma etapa do processo. O formato foi inspirado de tal maneira que representasse a convergência de ideias das equipes em volta do projeto.

**Etapa 1:** pesquisa. É o momento de observar, pesquisar e analisar todo o escopo e seu objetivo. É, também, a hora de levantar os dados, com o intuito de identificar o problema a ser solucionado. Utilizar grupos focais, testes com usuários e pesquisas é essencial nessa etapa como resultado.

**Etapa 2:** *insights* e *briefing*. É o momento de reunimos todos os dados coletados e priorizarmos o que devemos considerar mais importante e significativo para o projeto. Com base nas informações, conseguimos ter alguns *insights* e elaborar um *briefing* final para o projeto de fato.

**Etapa 3:** desenvolvimento. Assim que definirmos todo o processo, posteriormente é a hora de partir para cocriação. Nessa etapa transformamos, em primeiro lugar, todos os dados e procedimentos anteriores em algo visual (rascunho ou mesmo um desenho) e realizamos alguns testes, a fim de validar nossa entrega.

**Etapa 4:** protótipo e entrega. Na última etapa devemos desenvolver algo mais próximo do projeto final como resultado. Nessa fase do processo é importante realizar testes com os usuários/clientes e coletar *feedbacks* necessários. Prototipar é ter clareza de que estamos em fase beta, e que na era BANI, onde tudo é dinâmico, as coisas tendem a ser dinâmicas também, e nosso esforço precisa se concentrar na melhoria contínua. Alguns utilizam o processo "mínimo produto viável (MVP)" em suas melhorias. Sobre a entrega, precisa estar claro que não se trata de um processo linear cartesiano e, sim, circular onde estamos constantemente aprendendo durante o processo, não temos total controle dos resultados, e tampouco temos tal expectativa. Nesse sentido, para esclarecer melhor tal conceito, falaremos mais adiante neste capítulo da teoria de campo de Kurt Lewin.

Assim, ao usar métodos e processos empregados por designers, o *designers thinking* busca diversos ângulos e perspectivas para solução de problemas, priorizando o trabalho colaborativo em equipes inter e transdisciplinares em busca de soluções inovadoras com os *stakeholders*. Dessa forma, busca-se mapear a cultura, os contextos, as experiências pessoais e os processos na vida dos indivíduos e *stakeholders* para ganhar uma visão mais completa e, assim, melhor identificar as barreiras e gerar alternativas para transpô-las. Cria-se, portanto, uma proposta de valor.

---

1 Disponível em: https://webframe.com.br/design-thinking-metodo-duplo-diamante/.

Para que isso ocorra, o *design thinking* propõe que um novo olhar seja adotado ao se endereçar problemas complexos, um ponto de vista "empático" (o que não pressupõe bondade, mas, sim, comunicação não violenta) que permita colocar as pessoas/*stakeholders* no centro do desenvolvimento de um projeto e gerar resultados mais desejáveis para eles e que, ao mesmo tempo, sejam financeiramente interessantes e tecnicamente possíveis de serem transformados em realidade.

O método *design thinking* existe há décadas e seu histórico é bastante consistente, considerando que, de certa maneira, esteve por trás de grande parte da Revolução Digital nos anos de transição entre o final do século XX e o começo do século XXI, sobretudo no Vale do Silício.

*Design thinking* é, atualmente, um conceito comum em qualquer processo de inovação, seja na agroindústria, em serviços, no antes e dentro da porteira ou na cadeia como um todo. Nós autores constatamos, todavia, que o *design thinking* ainda não foi aplicado em larga escala de forma sistêmica no setor mais importante da economia brasileira: o agribusiness, que no Brasil encontra-se em um processo acelerado de mudança, focado em resultados potenciais possíveis e com sustentabilidade econômica, social e ambiental. O como fazer isso é com atitude sistêmica, com disciplina de gestão, orquestrando. Uma das boas práticas do como fazer é o *design thinking*.

Mas o como fazer só faz sentido se isso estiver atrelado ao que isso deve gerar de valor. O que fazer (o cerne da questão) é chegar até 2030 a US$ 1 trilhão de produto interno bruto (PIB) do agronegócio brasileiro, sendo produtor e exportador número 1 de alimentos do mundo, posicionado como um país AgroConsciente, e exportador também de inteligência e tecnologia tropical para produção em outros países.

A meta do trilhão citada anteriormente pode realizar-se sem que seja necessário cortar árvores (ilegalmente) dos biomas, mas com o aumento da produtividade por meio da ciência, da tecnologia, do marketing e das novas ideias, da difusão das melhores práticas disponíveis, bem como recuperando solos degradados. Ao utilizar o processo do *design thinking* aplicado de modo sistemático para inovação do agribusiness brasileiro, é provável alavancar seu potencial indiscutível, mostrando como e onde é possível criar valor, aumentar a exportação, gerar mais empregos e de melhor qualidade e, ainda, melhorar a sustentabilidade. E isso teria um impacto indireto muito grande no PIB do país, propulsionando uma elevação exponencial extraordinária.

## INOVAÇÃO GUIADA PELO *DESIGN* PARA A META DO TRILHÃO

Inovação é cultural, consequência de liderança e modelos organizativos. São tempos de incerteza, em que lideranças buscam pilotar empreendimentos em direção ao futuro, em que empreendimento hoje significa conexão de interesses de *stakeholders*, com validação não somente econômica, mas, sobretudo, social e ambiental. Então é preciso mudar o jeito de se fazer muita coisa para que tudo continue dando certo. É importante entender como nossa sociedade muda, o que está acontecendo nos bastidores das empresas e como podemos navegar nos mares.

Por que o *design thinking* é fundamental para o planejamento estratégico da meta do trilhão? Porque ele é dialógico, embute empatia no processo de criação de um plano de futuro sustentável, não nega as diferenças reais entre os tantos *stakeholders* do mais amplo ecossistema de negócios do agro, e não busca a síntese nem a resposta fácil, e, sim, a convergência entre divergências que permanecem. Não busca a razão dos tolos, mas a sinergia entre emoções. Respeitoso, inclusivo e prático na era do multiculturalismo – algo relevante no mundo global dos empreendimentos, em que a complexidade corre solta e o risco do simplismo pode acarretar atitude só responsiva/defensiva.

Para ser líder global, precisa ser proativo. E é um tema cultural, como nos repete o nosso coautor designer de estratégias Marco Zanini. Ele é a nossa fonte de inspiração quando tratamos de conectar o mundo do agro com o mundo do *design*. Um dos participantes do movimento Memphis nos anos 1980, do século passado, junto a um grupo de importantes pensadores como o próprio fundador do movimento, Ettore Sottsass. De Milão para o mundo, eles foram revolucionários na visão de *design thinking* como vetor de transformação social, quebrando rótulos e barreiras mentais.

De acordo com a abordagem de Zanini sobre a inovação guiada pelo *design*, as organizações vislumbram cenários para apoiar a busca por um novo propósito de negócios e fazer as pessoas se engajarem nisso. E tal é o desafio do AgroConsciente, uma mudança de paradigma. Isso não é algo específico de empresas atuantes no *business to consumer* do agronegócio, pois o próprio conceito de B2B, B2C, B2B2C é ressignificado. Trata-se de pessoas para pessoas, em pontos de encontro não fixos, e a conjunção de todos os *stakeholders* potencializa valor da cadeia do negócio.

É por esse motivo que o dialógico funciona no século XXI. Na dialética, o formato é a tríade: tese, antítese e síntese. A síntese é a resolução, o resultado do embate entre a tese e a antítese. Desse modo, pode-se dizer que a contradição se resolve por meio de uma espécie de choque entre os opostos solucionado pelo surgimento de uma terceira figura. Já na dialógica, não é possível chegar a uma resolução que anule os opostos, pois as características dos contrários tornam o confronto inegociável e, por isso, eles precisam conviver com um diálogo e negociação constantes.

Um dos critérios, talvez o mais eficaz para fazer essa diferenciação, é a duração do diálogo. Na dialética, ele é temporário, tem início, meio e fim (pois a certo ponto os opostos deixam de existir e nasce o novo). Na dialógica, precisa continuar, pois na realidade os opostos continuam a existir. Colisões e conflitos criativos contínuos, comunicação e diálogo perene.

O estudioso francês Edgar Morin define a dialógica como uma unidade complexa entre duas lógicas, entidades ou instâncias complementares, concorrentes e antagonistas, que se nutrem uma da outra, completam-se, mas também se opõem e se combatem. Na dialógica, segundo o filósofo, os antagonismos persistem e são constitutivos das entidades ou fenômenos complexos. E esse é o retrato do nosso cenário de ação, nesta década, e no qual temos que proativamente trabalhar com criatividade para gerar valor.

Por criatividade abraçamos a visão do sociólogo italiano do trabalho Domenico De Masi, o qual a trata como junção de emoção e regra, de fantasia e concretude. É uma atitude de "ócio criativo", que significa trabalhar, estudar, aprimorar, dialogar, conviver, gostar e, às vezes, não gostar de certas coisas, porém estar bem no próprio trabalho e agir para gerar valor. Ócio (que significa negação de negócio) por si só não é produtivo, mas quando atrelado ao criativo, é a maneira ideal para ser produtivo no século XXI.

E da dialógica entre pessoas com inteligências múltiplas exercitadas e estimuladas, algumas mais lógico-concretas e outras mais fantasiosas, nascem as ideias que impulsionam as empresas e geram uma nova economia. Afinal, de nada teria servido a Michelangelo projetar para o Papa a cúpula de San Pietro se não a tivesse também realizado. Para isso, serviu-se de planejamento, meios financeiros, agentes externos estressantes, trabalho em equipe, dinâmica de grupo, motivação, participação de pessoas com capacidades técnicas diferentes, porém complementares, sendo fundamental a interdisciplinaridade, as perspectivas diferentes, no entanto provocativamente úteis ao escopo do projeto. Isso tudo sob a sua liderança criativa e inovadora.

O que esperar da década de 2020? O que De Masi e outros chamam de era pós-industrial, outros chamam de Quinta Revolução Industrial. Realidade virtual e aumentada, computação quântica, criptomoedas, ciborgues e inteligência artificial (IA) acoplada às novas máquinas são apenas prévias do que se pode esperar.

**QRCODE 1**

Veja no QR Code um exemplo de ecossistema de máquinas inteligentes

https://www.oreilly.com/content/the-current-state-of-machine-intelligence-3-0/

O surgimento de máquinas superinteligentes está tendo um impacto profundo e sem precedentes em nossa civilização. Mas como será esse impacto? Para alguns estudiosos, grandes resultados, para outros, precariedade.

Dependerá do modelo de desenvolvimento sustentável que as lideranças globais decidirão perseguir. Um caminho virtuoso está definido no Pacto Global da ONU com metas tangíveis para 2030, e esperamos todos chegar lá. Nisso, o Brasil terá um papel fundamental, sobretudo no quesito da Agro Consciência.

O trabalho no século XXI e o gap cultural que sofremos por estarmos vivendo em uma transição entre a sociedade industrial e pós-industrial (ou Quinta Revolução) é um tema muito observado. Falamos tanto do declínio da perspectiva industrial na nossa economia e sociedade, porém pouco de como nós ainda vivemos subjugados aos costumes e às relações dela.

Segundo estudo da Dell Technologies, em 2030, 85% das profissões que existirão ainda não foram inventadas e tudo indica a nós autores que estaremos organizados em uma sociedade em rede distribuída. Em seus estudos já citados aqui no livro, Paul Baran fala de novas organizações em rede distribuídas, bem conectadas, se abrindo para o que seriam os modelos de negócios em plataformas. A era complexa e não mais linear pede transdisciplinaridade e aceitação da incerteza como modus operandi.

Em suma, *o design thinking*, por meio da dialógica, é um modo de fazer com que os paradoxos da cadeia de negócio dentre tantos *stakeholders* sejam admissíveis, e de fazer surgir nesse processo ideias novas. O uso da dialógica para o *Chief Agribusiness Officer* não é só solucionar contradições, mas, também, tornar aceitáveis os paradoxos. Esse é o desafio das lideranças no século XXI, saber conviver pacificamente entre diferenças e diferentes. E agir para promover a sintropia[2]. Já que, como dizia Camões, "quem faz comércio não faz a guerra". Esse o lema que nos inspira, Brasil país promotor da paz.

---

2 O princípio da sintropia (ao qual a entropia está intimamente ligada) é um processo que se opõe à perda de energia, e desorganização por meio de uma injeção de novas energias geradas a partir desse mesmo processo ou de outros, de fora do sistema, e muitas vezes energia inútil nestes. Um exemplo de sintropia é o metabolismo de organismos vivos em que, para enfrentar o catabolismo que ocasiona consumo e destruição do tecido do organismo para viver, exerce o anabolismo, que reconstitui os tecidos com a ingestão de alimentos, ou seja, substâncias retiradas do mundo exterior ao organismo/sistema. Nas plataformas, a sintropia é a programação dos sistemas cibernéticos para se organizarem e reorganizarem de modo a manter ou repor energia e informação visando a preservar sua configuração e existência, um programa de autopreservação. O princípio da sintropia primeiro foi afirmada pelo matemático italiano Luigi Fantappiè e depois foi retomada e continuou com contribuições de vários outros especialistas independentes. Disponível em: https://pt.wikipedia.org/wiki/Sintropia. Acesso em: 27 dez. 2022.

O que sabem bem as lideranças das empresas é que lidamos com "verdades que parecem incompatíveis, mas que não deixam de invocar-se mutuamente", como observou Denis Huisman[3]. Mas lidar com paradoxos (e não há nada mais paradoxal do que o ser humano, organizações onde pessoas diferentes se reúnem em torno de um propósito comum) é coisa de que, nós, seres humanos, não gostamos, porque nos confronta com a inevitabilidade da dúvida, da incerteza, da dificuldade de controlar, do incômodo. Nossa civilização ainda predominantemente cartesiana e positivista nos convenceu de que podemos dominar a natureza, inclusive a nossa própria. E nos forneceu incontáveis instrumentos para nos manter convencidos disso, mesmo quando somos, como acontece diariamente, postos diante de evidências de que esse domínio está longe de ser tão real quanto desejamos.

Se viver em sociedade é paradoxal, exige aptidão para resolver problemas, e neste livro chamamos isso de atitude criativa, comportamento que demonstra ser apto a lidar com a complexidade. É por isso que nas empresas fala-se tanto de cultura da inovação e de *creative thinking*.

Um empreendimento, empresa ou organização criativa é um ambiente em que as pessoas "pensam como artistas", como acredita o escritor Will Gompertz. Em seu livro "Pense como um artista... e tenha uma vida mais criativa e produtiva[4], Gompertz estuda artistas do passado e do presente e nos demonstra com clareza que de Da Vinci a Ai Weiwei temos muito a aprender e que podemos colocar em prática o pensamento criativo nos negócios. Como editor de artes da BBC, Will Gompertz entrevistou e conviveu com muitos dos maiores artistas, diretores, escritores, músicos, atores, *designers* e pensadores criativos do mundo. Ele descobriu uma série de traços comuns a todos eles: práticas e processos básicos que estimulam e permitem que seus talentos floresçam. Combinando história da arte e estratégias criativas em um livro realmente inspirador, Gompertz nos convoca a adotar esses processos e práticas. Ensina, ainda, que não importa nossa área de atuação, eles podem nos ajudar a alcançar resultados extraordinários também.

Criativo é o método, o ato dialógico, e não a embalagem do produto. O método criativo pode sim gerar uma embalagem nova, diferente, inovadora. Mas o que nos interessa aqui na nossa abordagem é o processo, sistema e modelo, não o produto. Criatividade é o meio, não o fim. Pois o fim é gerar valor. E para isso, precisamos agir com dialógica, a qual pede atitude criativa.

---

3 Denis Huisman, francês, nascido em 1929, é doutor em Letras, doutor *honoris causa* pela Universidade de Hull, presidente do Instituto Superior de Carreiras Artísticas (ICART), foi secretário-geral da Sociedade Francesa de Estética, membro estrangeiro honorário da Sociedade Americana de Estética e responsável pelos cursos na Universidade de Paris I e de Nova York.

4 GOMPERTZ, Will. **Pense como um artista... e tenha uma vida mais criativa e produtiva**. Rio de Janeiro: Zahar, 2015.

E por isso o *design thinking* é útil como método criativo, pois nos permite ir além da linearidade para agir em redes dinâmicas no âmago do pensamento complexo, conforme concebeu e formulou Edgar Morin[5].

A dialógica é tão importante que Morin fez dela um dos instrumentos de conhecimento do pensamento complexo, a que atribuiu o nome "operador dialógico" – e que a empresa de consultoria americana IDEO[6] chamou de *design thinking*, e, hoje, além de suas consultorias, leva isso para cursos para executivos e lideranças do mundo inteiro.

Na impossibilidade de uma síntese superadora da contradição – e é o que costuma ocorrer nos empreendimentos e nas cadeias de negócios, a tensão entre os opostos se mantém e dela surgem fenômenos novos[7], novas ideias por meio da criatividade. Colisões são necessárias para a cultura da inovação existir e se preservar na empresa. Portanto, é importante fomentar a curiosidade, a imaginação, o *serendipity*[8] (erro criativo) unido à competência e disciplina, visto que "a sorte favorece a mente conectada", nos diz Steven Johnson, autor do livro "De onde vêm as boas ideias".

Quando falamos de colisões criativas, da antifragilidade, dessas novas ideias que emergem como um possível adjacente (assim as chama Steven Johnson), estamos nos referindo ao poder do incômodo que faz "da necessidade uma virtude" e move o mundo. Johnson fala do possível adjacente junto da intuição lenta (ou inovação incremental). Isso merece destaque, e recomendamos ao leitor assistir na internet a uma de suas tantas palestras disponíveis publicamente.

---

5 Para quem quer compreender mais esse trabalho, recomendamos a leitura do livro: MORIN, Edgar. **Introdução ao pensamento complexo**. Porto Alegre: Sulina, 2015.

6 Para saber mais, veja o site da IDEO: https://designthinking.ideo.com/.

7 É a ideia de algo (genuinamente) novo, que não poderia ser previsto a partir dos elementos que constituíam a condição precedente.

8 Ao invés de ter o mesmo significado que eventos aleatórios, a serendipidade não pode ser assumida, rotineiramente, de forma errada como sinônimo de um "acidente feliz" (Ferguson, 1999; Khan, 1999), de descobrir coisas sem estar buscando por elas (Austin, 2003), ou de "uma agradável surpresa (Tolson, 2004). O *New Oxford Dictionary of English* define serendipidade como a ocorrência e o desenvolvimento de eventos, por acaso, de forma satisfatória ou benéfica, entendendo o acaso como qualquer evento que acontece na ausência de qualquer projeto óbvio (aleatoriamente ou acidentalmente), que não é relevante para qualquer necessidade presente, ou no qual a causa é desconhecida. Inovações apresentadas como exemplo de serendipidade apresentam uma característica importante: foram feitas por indivíduos capazes de "ver pontes onde outros viam buracos" e ligar eventos de modo criativo com base na percepção de um vínculo significativo. A chance é um evento, a serendipidade uma capacidade (astuciosa). O Prêmio Nobel Paul Flory sugere que invenções significativas não são meros acidentes. Fonte: WIKIPÉDIA. **Serendipidade**. Disponível em: https://pt.wikipedia.org/wiki/Serendipidade.

## QRCODE 2

Para saber mais, assista ao TED Talk de Steven Johnson

https://www.ted.com/talks/steven_johnson_where_good_ideas_come_from

O possível adjacente considera o conceito de que a evolução ocorre passo a passo. De uma molécula simples que se junta à outra, formando células e depois organismos, até chegar nos seres vivos. Originalmente introduzida na estrutura da biologia, o possível adjacente inclui todas essas coisas, ideias, estruturas linguísticas, conceitos, moléculas, genomas, artefatos tecnológicos etc., que estão a um passo do que realmente existe e, portanto, pode surgir de modificações incrementais e/ou de recombinação de material. A verdade sobre o possível adjacente é que seus limites aumentam à medida que a pessoa os explora. A própria definição de possível adjacente codifica a dicotomia entre o real e o possível: da própria realização de um determinado fenômeno ao espaço de possibilidades ainda inexploradas. O autor e coordenador deste livro, Tejon, desenvolveu esses temas – quando trata da superação de desafios – em livros recentes como "O poder do incômodo", que merece destaque.

O exemplo a seguir ilustra essa ideia de dar "chance ao acaso". Imagine-se como um caminhante vagando no labirinto pelos nós de uma rede. Os nós cinza são aqueles visitados no passado, enquanto os brancos nunca foram visitados. Quando o caminhante visita um nó branco pela primeira vez, de repente outro nó aparece que nem poderia ter sido previsto antes de visitar esse nó. Trata-se de "dar chance ao acaso". Esse é o poder criativo da expansão para o adjacente possível que enquanto conecta expande, e enquanto expande conecta. Nas célebres palavras do poeta espanhol Antonio Machado, "o caminhante faz o caminho, e o caminho faz o caminhante[9]". Talvez seja por isso que o Universo continua num movimento de expansão!

Sobre a intuição lenta, Johnson nos diz que uma ideia muito à frente do seu tempo não funciona. Se o YouTube tivesse surgido em 1995, não teria dado certo, uma vez que nem internet de banda larga existia.

Hoje, o metaverso é possível de modo mais efetivo, se comparado com o início dos anos 2000, em razão da maturidade das tecnologias e do 5G nas cidades. Outro exemplo é o computador mecânico de Charles Babbage, cem anos à frente dos computadores eletrônicos: não funcionou, porque não tinha os elementos necessários, não existiam fornecedores nem técnicos. Não havia uma

9 MACHADO, António. **Proverbios y cantares**. Poesías completas. Madrid: Espasa-Calpe, 1983.

"cadeia de valor", então uma andorinha não faz verão. Para colher frutos de uma ideia, ela precisa estar madura. E isso demanda tempo. As inovações que fazem ocorrer a Indústria 4.0 estão acontecendo há mais de 80 anos, em que décadas após décadas foram aprimoradas, foram se consolidando, convergindo, e a certo ponto tivemos integrados automação, computação, IA, do *machine to machine* para o *machine learning* etc.

Outro exemplo, o próprio agronegócio do cerrado brasileiro, fruto de um trabalho que vem de longe, da primeira intenção de criar algo que foi chamado de Empresa Brasileira de Pesquisa Agropecuária (Embrapa), à intenção de desbravadores que acreditaram na ciência com coração e foram rumo ao coração do país com a mão na terra, e décadas após décadas foram experimentando, aprendendo, fazendo, errando e acertando, nesse passo a passo devagar, mas com ritmo que nos levou ao longe, ao aqui e agora, e que nos abre caminhos possíveis para o futuro. Já dizia José Saramago: "não tenhamos pressa, mas não percamos tempo". Vamos em frente, guiados pela ciência e pela inovação centrada nas pessoas.

Seguindo essa linha de raciocínio, quando uma invenção está no seu momento maduro (*no time to market*), ocorrem múltiplas descobertas simultâneas. Quem inventou o avião, Santos Dumont ou os Irmãos Wright? A relatividade geral é trabalho de Einstein, porém outros, como Henri Poincaré, também estavam chegando à mesma conclusão. Quando a inovação está "madura" para surgir, ela vai surgir. Quer você queira, quer não. O agronegócio 4.0 é uma realidade, e logo teremos até 2030 o agro 5.0. Quer você queira, quer não. Os tempos estão maduros para as mudanças, tanto vale assumir proativamente o AgroConsciente.

Intuição lenta, portanto, não é momento Eureka fantasmagórico ou lírico do "gênio criativo". Ideias levam tempo para amadurecer. Charles Darwin ficou décadas elaborando sua teoria da evolução. Newton viu a maçã cair da árvore e naquele instante ocorreu "mais uma conexão" entre vários neurônios que já estavam superativos em processos anteriores, e dessa colisão acidental (serendipitosa) naquele instante abriu-se caminho para um possível adjacente.

Tal serendipidade "do acaso" que favorece as mentes conectadas são as colisões criativas que vêm para nos ajudar a cruzar com outras ideias. Tentativas e erros, reciclagem e combinação de ideias antigas. Grandes ideias surgem a partir da colisão de pequenas ideias. Precisa provocar isso, causar intencionalmente esses "desencontros". Essa é a força dialógica do método criativo *Design Thinking*. Por isso nascem os espaços inovadores de incubação e aceleração de ideias. Movimento gera movimento, é dinâmico. Como o basquete moderno da NBA inventado nos anos 1980 pelo Los Angeles Lakers (que estava falido), o futebol moderno conhecido hoje de invenção catalã, encarnado no Barcelona de Guardiola e Messi, oriundo da matriz holandesa. Vale a pena contar essa história. Todos conhecem o Barcelona. E todos testemunharam o grande êxito desse clube. Os leigos creditam tal sucesso aos jogadores, ou ao Messi. Outros acham que o grande mérito seja o treinador Guardiola. Na verdade, o êxito é consequência de um processo longo, iniciado em 1970, que modernizou o futebol, com visão sistêmica, de matriz holandesa e de encarnação catalã (e talvez de inspiração no nosso futebol arte).

Um grande revolucionário foi um jogador e depois treinador chamado Cruyff. Não se trata de *one man show*. As ideias ousadas de Cruyff combinaram-se com a igualmente ousada ambição de um professor de ginástica para crianças surdas, Rinus Michels, quando eles se encontraram em 1965, no Ajax, no qual Michels chegara para ser técnico. O "general" Michels planejava transformar o clube, uma equipe semiprofissional que fazia jogos pelo leste de Amsterdã, em um time internacional de ponta – o que ele e Cruyff conseguiriam em seis anos. Não escondiam que priorizavam desenvolver o futebol do clube desde as divisões de base, e, a partir desse processo, ganhar títulos.

Considerado um jogador revolucionário, tático, ofensivo, coletivo, vistoso e eficiente, Cruyff é reconhecido como um dos propulsores do "futebol moderno". Se atualmente há no futebol jogadores polivalentes que podem atuar sem posição fixa no campo, sem prejuízo de suas atuações individuais, muito se deve a esse genial craque e a Rinus Michels.

Contratado em 1988 pelo Barcelona, planejou nos *blaugranas* o mesmo trabalho desde as divisões de base que fizera no Ajax. Se o Ajax deixara os projetos iniciados por Cruyff de lado, no Barcelona, no qual ele procurou realizar a mesma obra, foi diferente até mais recentemente. A academia barcelonista conta com 12 equipes, cada uma com até 24 jogadores. A maioria dos técnicos é licenciada pela União das Federações Europeias de Futebol (UEFA) para dirigir as categorias inferiores do Barça, consideradas as maiores produtoras de jogadores de alto nível, chegando a levar até quinze anos para formar um atleta.

"Talvez o maior legado de Cruyff seja a metodologia que ele trouxe para o clube", disse José Ramón Alexanko, membro do chamado *Dream Team* campeão europeu sob o comando dele em 1992. Segundo o próprio Cruyff, a filosofia a ser seguida era a de que, como há sempre uma pessoa por trás do jogador, ela precisa ser educada na técnica do jogo, no caráter e na inteligência. Ou seja, como fazer "possibilidades adjacentes" ocorrer em rede dinâmica na plataforma/sistema "campo de futebol".

Atletas com atitude sistêmica fazem o campo crescer de tamanho. Josep Guardiola, um dos garotos levados diretamente por Cruyff ao time principal e também integrante do mesmo elenco campeão, sintetizou a metodologia do ex-técnico dizendo que os jogadores modernos têm de pensar rápido e jogar com inteligência, sempre sabendo qual será o próximo passe. E é de fato o que podemos testemunhar quando assistimos a um jogo de futebol de seus times. É o que o público espera, um jogo dinâmico, atraente, eficiente, jogar movimentando a bola rapidamente, mas sem perder a eficácia. Para participar desse jogo, somente jogadores de grande técnica, relembra Guardiola. Quando procuramos por jogadores, ainda queremos essas qualidades.

É jogar na topologia de rede distribuída com atitude sistêmica das pessoas em ação que estamos tratando neste livro. Com orquestração, é claro. Guardiola se tornaria técnico de grande sucesso comandando alguns desses jovens, promovendo um jogo ofensivo e de toques de bola independentemente da força do adversário e do local da partida, no que ele atribui aos ensinamentos que teve do holandês. Mas uma vez incubada a ideia, o desafio é mantê-la viva na cultura da organização. De fato, difícil manter essa consistência e coerência, como demonstra o próprio Barcelona dos últimos anos. Difícil é implantar isso rapidamente em outros clubes, como o próprio Guardiola nos mostra, vencendo finalmente após anos de investimentos consistentes à Liga dos Campeões com o Manchester City. Ecossistema inovador cultiva a criatividade, leva tempo. Esse é o espírito que norteia organizações criativas, que traz êxito não por acaso, e, sim, por muito trabalho.

Por isso, a necessidade de as organizações assumirem as redes distribuídas como nova topologia de rede. Redes de colaboração para ideias fluírem livremente, é a força de ecossistemas e organizações inteligentes, espaços para ideias se cruzarem e incubarem. O que nos leva, por fim, ao conceito de ecossistema, plataforma aberta à inovação. Organizações e seus problemas reais, universidades realizando pesquisas experimentais e outras aplicadas, formando novas inteligências e competências, com incubadoras e aceleradoras, onde capital de risco circula em apoio, tudo isso influenciando de maneira direta ou indireta a inovação.

Recifes de corais são o grande exemplo de ecossistema de inovação. Os corais envolvem dezenas de milhares de formas de vida diferentes. Cada uma delas modifica o ambiente e possibilita que outras formas de vida surjam, nas suas cascas vazias ou consumindo os seus subprodutos. Não dá para competir individualmente. A competição tem que ser sistêmica, e aqui veremos ecossistemas competindo com outros. Nesse quesito, o agronegócio brasileiro como ecossistema AgroConsciente precisará se integrar com muitos e diferentes outros stakeholders das áreas sociais e ambientais para jogar junto, precisará avançar, e muito.

Um esclarecimento maior sobre ecossistema de negócios: é uma estrutura "orgânica" e dinâmica que interliga diferentes organizações, dependendo uma das outras para que tenham sucesso. Assim, elas conseguem gerar valor para os clientes (desde o consumidor final, e por lógica reversa, no caso do agronegócio, até a originação). O ecossistema de inovação é um conjunto de fatores que estimula a interação e cooperação inteligente e criativa. É a proposta do *design thinking*, que fomenta a nível organizacional esse processo incremental dialógico, e dentro do ecossistema permite essa conexão entre complementariedades de inteligências em convergência, fomentando divergências e sinapses, gerando mais ideias novas, tornando o ambiente oxigenado, criativo e, consequentemente, inovador. É a vacina contra o caos, é o como superar as complexidades da era BANI (fragilidade, ansiedade, não linear e incompreensível; do inglês, *brittleness, anxiety, nonlinearity* e *incomprehensibility*). A ordem dos fatores influencia os resultados.

No entanto, a realidade muitas vezes é diferente, as pessoas (que foram educadas em escolas conteudistas concentradas sobretudo na inteligência lógico-matemática) pensam mais linearmente e têm dificuldades de aceitar que a racionalidade e a não racionalidade (que não deve ser confundida com irracionalidade) possam coexistir, e com resultados tão brilhantes, em uma só empresa e também em um ecossistema.

Para pessoas mais concretas e pragmáticas, conceitos da imaginação e do pensamento lateral nem sempre são fáceis de perceber e entender, pois lhes faltam a curiosidade ou a flexibilidade necessária para intuir as múltiplas facetas da criatividade e a diversidade que a complexidade apresenta. Em pessoas com inteligência fantasiosa mais desenvolvida (o pensamento lateral, a inteligência fluida), por sua vez, a intuição predomina sobre a lógica. Mas aqui também existe uma dificuldade para convencer as pessoas mais intuitivas de que há situações na vida em que a mensuração e a exatidão são não apenas necessárias, como indispensáveis. Por esse motivo, os grupos criativos são compostos de pessoas com diferentes tipos de inteligências[10], mas todos bem-dispostos ao diálogo construtivo.

Para as pessoas mais pragmáticas e com inteligência lógica e analítica mais desenvolvidas, a curiosidade e o pensamento lateral são exercícios a serem estimulados. Recomendamos novamente a leitura do livro Pense como um artista, de Will Gompertz. A figura do artista nos serve de referência, pois este une imaginação à disciplina e rigor; este faz pesquisa científica com curiosidade, com observação macro e micro, com foco e obsessão por detalhes, assim como com visão sistêmica. O artista aplica ócio criativo.

Segundo estudos da especialista em criatividade Francesca Gino, publicado inclusive em artigos como o da revista HBR[11], embora os líderes empresariais

---

10 Na década de 1980, Howard Gardner, psicólogo americano, criou a Teoria das Inteligências, a qual causou forte impacto na área educacional. O estudo era baseado na análise de como o cérebro capta e processa as informações. Entre as conclusões de sua teoria, a principal é a de que nenhum tipo de inteligência é superior a outro, e que cada pessoa pode identificar suas aptidões e limitações em áreas diferentes do conhecimento, para aprimorá-las ou supri-las. Disponível em: https://www.educamaisbrasil.com.br/educacao/dicas/9-tipos-de-inteligencia-quais-sao-as-caracteristicas-de-cada-um.

11 Francesca Gino, autora de *Rebel Talent: Why it Pays to Break the Rules at Work and in Life Sidetracked: Why Our Decisions Get Derailed, and How We Can Stick to the Plan*. Disponível

possam dizer que valorizam "cabeças inquisitivas", na verdade a maioria reprime a curiosidade, pois temem que ela aumente riscos e reduza a eficiência. Em uma pesquisa, somente 24% das pessoas relataram sentir-se continuamente curiosos no emprego, e cerca de 70% afirmaram enfrentar barreiras para fazer mais perguntas no trabalho.

Um dos princípios básicos de uma organização criativa na era da complexidade é aceitar o que artistas, como Leonardo da Vinci, já sabiam: a desordem está implícita na ordem, e vice-versa.

Na organização como no mercado, as pessoas, sabendo que movimento gera movimento e que precisa de tempo e de recursos para dar chance ao "acaso", não jogam nada no lixo; afinal, experiência é luxo que se transforma em conhecimento novo. É como na história do grafeno estável e bidimensional, descoberto acidentalmente em 2004 por físicos russos da Universidade de Manchester, na Inglaterra. A existência desse alótropo do carbono, entretanto, já era conhecida desde 1930. Não se acreditava ser possível isolar um material tão fino de maneira estável. Durante uma "experiência de sexta-feira à noite" – tempo reservado para promover colisões (testar teorias exóticas) – em que queriam saber se era possível usar grafite para dispositivos eletrônicos, descobriram que o método de limpeza do material poderia ser usado para obter grafeno. Eles resolveram testar e conseguiram o feito, incrivelmente, com uma fita adesiva.

Ou seja, existe uma circularidade do conhecimento, em que você assume uma posição de fronteira, buscando experimentar além do que já existe atualmente e do que já domina e, também, aquilo que está escondido "atrás da porta", que não é possível ver ainda, mas que por intuição e curiosidade você sabe que pode estar lá.

Gostamos da ideia de superação que nos traz o mito das Colunas de Hércules[12]. Cada uma às margens do estreito de Gibraltar foram consideradas, por séculos, os limites extremos à navegação dos povos marítimos do mundo mediterrâneo. Analogamente, neste livro provocamos os navegantes tal qual os navegadores modernos para ultrapassar as colunas de Hércules da década de 2020: aqueles rumo a novas terras; e nós rumo a novas perspectivas AgroConscientes da criatividade para fazer a meta do trilhão de dólares acontecer até 2030.

---

em: https://hbr.org/2018/09/the-business-case-for-curiosity.

12 Colunas de Hércules são os promontórios que existem no estreito de Gibraltar, um na África (conforme as versões, o monte Hacho ou o monte Musa) e outro na Europa (o rochedo de Gibraltar). Esse marco foi ultrapassado pelos fenícios e por suas rotas marítimas, quando buscavam matéria-prima para a manufatura de tecidos, vidros e outros produtos para comerciar no Mediterrâneo em geral e no Egito em particular.

Outra força dessa linha de raciocínio sobre o movimento contínuo da criatividade e da inovação é a de que se conecta bem com o conceito de teoria de campo de Kurt Lewin: é só modificando um sistema que podemos conhecê-lo realmente. Citamos ela quando falamos anteriormente no *design thinking* da fase de protótipo. Ou seja, para conhecer o sistema, precisamos nos aproximar dele, imergir nele, tentar transformá-lo. Da tentativa e erro desta aproximação e engajamento com a mudança dos processos internos do sistema é que passamos a aprender mais sobre o que é de fato o próprio sistema. Os processos revelam as realidades do sistema, inclusive os pontos cegos, os gargalos, mas somente se nele imergirmos. Com isso, entendemos que nada é fixo no sistema, e que toda e qualquer estratégia de inovação funciona somente se em imersão e emersão constante no sistema; é somente na transformação que podemos realmente planejar uma transformação maior. É beta. Pequenos ajustes, contínuos, um moto perpétuo, como diria Galileu Galilei: *eppur si muove*. As ideias estão a apenas um passo de onde estamos, não precisa dar um passo maior do que a perna ou dois passos de uma só vez. Implementar uma estratégia é desafiador porque pede forte conexão com o contexto de transformação.

Errar sempre, mas com método. Negligência é intolerável. Os erros devem ser pequenos e rapidamente corrigidos. Assim, erros são ressignificados em novo conhecimento da organização. Vira patrimônio! Melhoria contínua é fazer do erro e acerto um método de inovação incremental. O erro claramente não pode ser confundido com uma negligência ou displicência perante o risco, nunca pode ser uma experimentação assumida com riscos de fatalidade para a organização. E, obviamente, erros são úteis somente se aprendemos com eles, e fazemos deles novo conhecimento, novas práticas, patrimônio cultural da organização. Erros são inerentes ao processo de inovação. Nesse sentido, como já citamos anteriormente, é o conceito de prototipagem rápida do *Design Thinking*. O protótipo é uma forma simples, rápida e fácil de testar conceitos, serve como um MVP.

De Masi acredita que quase nenhum grande invento veio de um inovador solitário[13]. Em geral, são redes de inovação: muitas pessoas com diferentes competências trabalhando em sincronia em vários aspectos do projeto. Até mesmo o exemplo da lâmpada elétrica, atribuída a Thomas Edison, na verdade contou com centenas de colaboradores, isto é, uma rede de inovação.

Uma maneira de ter boas ideias é ter muitas ideias, e uma rede na qual seja possível filtrá-las, discuti-las e melhorá-las. É orgânico, e tudo tem o seu tempo. No dia a dia, a organização não pode ser sempre experimental, para evitar o risco de estar à deriva, ser errática ou anárquica.

---

13 DE MASI, Domenico. **A emoção e a regra***:* os grupos criativos na Europa de 1850 a 1950. Rio de Janeiro: José Olympio, 1997.

Por isso é imprescindível criar ou frequentar ambientes exploratórios que sejam favoráveis à imaginação, à ousadia, à criação, ao erro, ao debate e à evolução cultural. Por outro lado, são as pessoas da organização com suas atitudes que fazem a organização ser criativa. Isso não se delega. Não está fora da organização. O inesperado é uma grande fonte de inovação que funciona onde as mentes estejam conectadas. Por isso, mais uma vez ressaltamos a necessidade do "*creative thinking*" nas organizações. Precisa investir recursos nisso com disciplina. Se esperávamos um resultado, e na prática encontramos outro, esse pode ser um aprendizado e uma fonte de oportunidades. Para cada fracasso inesperado, há um possível sucesso inesperado. Em vez de tentar justificar o que deu certo ou errado, devemos aproveitar a oportunidade que se abre.

Nessa linha de raciocínio, Peter Drucker, por sua vez, lista sete fontes de inovação no livro "Inovação e espírito empreendedor: prática e princípios" (editora Cengage Learning, 2016): o inesperado, as incongruências, as necessidades de processo, as estruturas da indústria e do mercado, as mudanças demográficas, as mudanças na percepção e o conhecimento novo.

Por isso a importância das conexões, dos conectores, de ser um ecossistema de inovação. De assumir um pensamento inovador.

## O PENSAMENTO INOVADOR

Lidar com o futuro é uma aposta mais baseada no que desejamos, e menos como extrapolação de um passado "gasto". Isso vale muito em fase de planejamento estratégico de uma empresa, das fases mais delicadas e complexas. Por exemplo, damos preferência a um ou mais entre vários cenários futuros, e ao assim proceder, "depositamos fé" em nossa estratégia e/ou investimentos. Nesse sentido, adotamos uma posição onde é preciso que estejamos conscientes de nossas apostas filosóficas (missão, visão, valores, propósito) e políticas econômicas, humanas e mercadológicas (ações, resultados e *stakeholders*).

Dissemos que para fazer isso é de grande valia o *design thinking* ser usado nos processos de tomadas de decisão, pois são estratégias cocriadas e "sentidas" com os próprios usuários e *stakeholders*. O processo do *design* considera, portanto, a incerteza e a imprevisibilidade, e por isso não deixa de ser também uma aposta[14]. Nossas ações são sempre o resultado de uma decisão, uma escolha entre duas ou mais alternativas, e "não há bom vento para o marinheiro

14 O processo criativo de inovação passa por dois momentos distintos: o pensamento divergente × pensamento convergente. Esses momentos ilustram a capacidade de grande geração de ideias para uma futura potencialização do filtro dessas ideias, ou seja, melhorar a geração de ideias para qualificar o seu filtro. Analisando prática e teoricamente com alguns protótipos cocriativos entre grupos diversos, entendo que é nesse momento que a má gestão do processo criativo, principalmente do pensamento divergente de maneira

que não sabe para qual porto deseja ir", como dizia o estoico Sêneca. Torna-se primordial nessa fase a existência de um bom e claro propósito compartilhado. Propósito que signifique valor para as pessoas.

Morin propõe que ao falar em aposta não devemos pensar em jogos de azar ou realizações que implicam perigo para os empreendimentos, algo inclusive recorrente nos noticiários. Na realidade, apostar equivale a trazer a incerteza para junto da esperança e fomentar aquele desejo que fez "o Cabo das Tormentas se tornar o Cabo da Boa Esperança", que deu coragem aos marinheiros para enfrentar o monstro dos mares, Adamastor.

Quando apostamos, introduzimos em nossas vidas e ações uma expectativa positiva, o desejo de algo melhor e o comprometimento nessa conquista. Não há estratégia nem enfrentamento de desafios sem disposição de aposta, seja qual for a questão envolvida. Apostar – e lideranças sabem disso – é um modo de entrar em contato com a aleatoriedade, a incerteza e a imprevisibilidade. Como essas estão entre as dimensões mais fundamentais da condição humana, pode-se dizer que toda vida que inclui reflexão inclui também um certo grau de aposta.

Para que haja alguma mudança que não se limite à retórica (e aí é que está a grande dificuldade), é indispensável que se aposte também em uma mudança de modelo mental: na disseminação de um modo de pensar que permita ver as coisas de outra maneira. Essa é a proposta do pensamento complexo de Morin, do ócio criativo de De Masi, da antifragilidade de Taleb[15], e de tantos outros pensadores. Para Taleb, a antifragilidade é um neologismo proposto e seria o exato oposto da fragilidade, estando além da robustez. O antifrágil resiste aos choques e ao tempo e fica melhor. Segundo o autor, diz-se que os melhores cavalos perdem quando competem com os mais lentos e vencem contra os melhores rivais. A ausência de um agente estressor acarreta falência. O antifrágil aceita a dialógica como um modo positivo para se tornar sempre a melhor versão de si mesmo.

Por isso, é preciso apostar, sim, já que apostar negativamente é reconhecer que estamos ausentes de nossa própria vida. É fazer o jogo da alienação. É abrir a porteira para a entropia.

A aposta se justifica também diante do que Morin e Lise Laférière chamam de "ecologia da ação", o que é fundamental nos ambientes empresariais quando pensamos nas lideranças que criam ou governam um empreendimento:

a) o nível de eficácia ótima de uma ação está em seu começo, *in primis* em sua liderança;

---

geral, influencia diretamente para um resultado pouco ou nada inovador, mesmo sendo conduzido pelo *design thinking*.

15 Disponível em: https:// www. nassimtaleb.org/.

b) uma ação não depende só da intenção ou intenções de seu líder, depende também das condições do ambiente em que ela se desenvolve (e sobre isso, falamos da teoria de campo);
c) a longo prazo, os efeitos das ações não podem ser previstos.

A aposta, portanto, é um ato cultural, sintrópico, dialógico. Ou seja, empresas são determinadas por suas questões culturais, e todo o resto são consequências dessa visão, de sua coerência e de sua consistência. O agronegócio pode acreditar, sim, na aposta AgroConsciente de dobrar o próprio PIB. Por isso, fala-se tanto de cultura de inovação. Cultura da inovação é possível com a cultura do *design thinking*, com atitude criativa, com liderança sistêmica, com orquestração.

Em um mundo cada vez mais complexo e superlotado de informações e ideias, envolver as pessoas protagonistas direta ou indiretamente do AgroConsciente neste ciclo virtuoso criativo é o maior desafio das lideranças sistêmicas nesta jornada de inovação rumo à meta do trilhão.

## O DESAFIO DA LIDERANÇA SISTÊMICA ESTÁ NA ATITUDE

O papel do líder *Chief Agribusiness Officer* é investigar, descobrir e nutrir contextos organizacionais com os quais os indivíduos possam inovar, não apenas por se envolverem com outros no compartilhamento de um propósito pessoal, mas também por serem engajados por outros na criação de uma direção inovadora e de significados compartilhados. Para cumprir esse propósito, é necessário atuar em plataformas integradas e colaborativas AgroConscientes.

Os parceiros de uma plataforma são membros ativos na indagação colaborativa. Eles se conectam para imaginar, pesquisar, prototipar, aprender e transformar a organização. Fazem isso com um time transdisciplinar que traz diferentes perspectivas. Os parceiros de plataforma são empresas bem-sucedidas, líderes globais interessados em inovações significativas. Contam com pensadores respeitados em diferentes áreas que inspiram e validam a nossa jornada.

Agir em plataforma tem como objetivo:

- trazer inovação para o centro das organizações por meio de ferramentas e desenvolvimento de liderança sistêmica;
- criar valor para as pessoas, seus negócios e moldar uma cadeia de valor de significados;
- tornar-se um farol de percepção e catalisador para a transformação do agronegócio em AgroConsciente.

Um bom exemplo de pensamento inovador no agronegócio vem de uma dentista. A produtora rural Marize Porto herdou uma fazenda em déficit em

2006 e foi conversar com a Embrapa para entender mais sobre o negócio e sobre como inovar nele. Essa abertura mental e esse olhar inovador lhe fez e faz a diferença na gestão da sua fazenda.

Quando realizamos um estudo de caso sobre a liderança de Marize Porto e os motivos de seu êxito, detectamos que um dos fatores principais estavam na construção de um ambiente agradável, principalmente para quem trabalha com ela. Marize lidera suas equipes com liberdade e coordena todo o processo. Além de não ter vendido a fazenda, tornou-se arrendatária de várias áreas da região. Não tem preconceito com a prática integração lavoura-pecuária-floresta (ILPF). Seu grande mérito foi buscar ajuda da Embrapa e formar uma parceria fundamental entre os consultores, os quais agregaram também com cultura de desenvolvimento e informação. Marize Porto não parou de atuar como dentista e entre um paciente e outro administra as fazendas. Tem 2.300 hectares de terras próprias – todas com algum tipo de integração – e mais 2.500 hectares arrendados na região de Ipameri, em Goiás. Mais recentemente, o lucro dela vem crescendo.

## CAPTURAR O VALOR POTENCIAL DA INOVAÇÃO TECNOLÓGICA

O *design thinking* aliado ao marketing nos ajuda a navegar em um mundo superlotado de informações, para, assim, dividir o joio do trigo. Uma abordagem que nos ajuda a transformar o mais, mais e mais da nossa sociedade em "o que é significativo" e faz a diferença. O *design thinking* é um catalisador para a mudança nas organizações, chave do nosso mundo transformado pelas tecnologias, porque é necessário para:

- a criação de valor, para transformar toda a riqueza de tecnologias e informações em valor real para os clientes;
- a transformação organizacional sistêmica, para envolver as pessoas em um amplo processo de mudança.

O *design thinking*, seja qual for a nuance que você considere, sempre tem a perspectiva de fazer negócios começando pelo que é significativo para as pessoas/*stakeholders*. Usando uma analogia, o *design thinking* aplica uma regra básica fundamental da vida aos negócios: você não encontra a felicidade procurando-a. A felicidade é consequência de uma vida com significado. Isso vale também para o lucro, que é, por sua vez, a consequência de fazer coisas significativas para as pessoas e clientes.

O *design thinking* está enraizado em um entendimento fundamental: se algo é significativo para as pessoas que recebem este algo e para as pessoas que o criam, como o valor de troca deste algo pode não ser fluído? Então, de certo modo, o *design thinking* na aplicação do Canvas da proposta de valor começa com uma ampliação de perspectiva, ou seja, pensa o que valor a partir também do outro. Tal ampliação traz consigo uma transformação em termos de mentalidade, processos e ferramentas de trabalho.

Em geral, novos significados não são exigidos pelo mercado, mas criados por organizações responsáveis por interpretar o que é bom e o que é ruim para a sociedade. Marize Porto, por exemplo, não praticou ILPF porque era uma demanda mercadológica, fez isso porque soube como inovar gerando valor e fazendo melhor.

De acordo com a abordagem (consolidada nas organizações mais avançadas) da inovação guiada pelo *design thinking*, o trabalho a ser feito para gerar valor em sociedade (e no mercado) passa pela inovação que cria novos significados. Tais organizações vislumbram cenários para apoiar a busca por um novo significado e fazer as pessoas se engajarem nisso. E isso não é algo específico de empresas atuantes no B2C, como pudemos ver no exemplo apenas citado da Marize Porto.

Nos trabalhos de inovação guiados pelo *design thinking* desenvolvidos para as organizações do agronegócio (por nós autores) no arco destes últimos anos, pudemos testar, prototipar e aplicar uma abordagem diferente baseada no *mix* de pensamento analítico com o lateral, na profunda indagação curiosa primeiro para a compreensão do fenômeno observado, para depois com curiosa ousadia buscar soluções inéditas, indo contra o obvio do cotidiano. Entendemos a importância da cocriação quando se tratava de trabalhar com o inédito com os clientes, para fomentar o acaso a favor da solução, religar, misturar, "minerar" informação como se diz hoje para eliminar o desnecessário, e visualizar em mapas mentais e infográficos as hipóteses de trabalho. Sobretudo, nos momentos imersivos com os clientes quando se tratava de lidar com a complexidade, ficava claro como era necessário investir tempo para praticar empatia com a arte da pergunta, sem deixar de provocar com curiosidade as críticas dentro de um ambiente de respeito e segurança psicológica. O objetivo sempre é criar, com velocidade e intensidade, uma visão poderosa, robusta e significativa do contexto que estamos indagando, mas isso pede tempo para refletir, e tempo para acelerar. Queimar etapas é perigoso.

Em um mundo onde as opções são abundantes, sem um propósito comum, as empresas caem no paradoxo das ideias: quanto mais ideias elas criam, mais se movem em direções diferentes, maior é a dissipação de energia, menos inovação é implementada para gerar produtividade e prosperidade. O universo e a galáxia estão em expansão, mas eles se movem juntos, nos ensinam os físicos. E não é tudo que interessa para a vida na galáxia. Existem leis gravitacionais etc. Nesse sentido, por analogia, no que nos tange, para as organizações vale o mesmo, a quantidade de pessoas ou ideias pode aumentar a confusão e o caos, tornando o processo errático demais e, consequentemente, anárquico. Aí vira um bem-intencionado *brainstorming* com menos sinapses e mais tormentas. A maneira de obter uma nova interpretação significativa da essência da organização para gerar valor é pela dialógica ir selecionando perspectivas, contrastando-as, fundindo-as. Há disciplina no método. A crítica (a partir da curiosidade) se esforça para desvendar o que está sob a superfície para desenvolver uma interpretação mais rica de convergência afetiva, com segurança psicológica e tolerância ao erro. É uma dinâmica de divergência que precisa ocorrer dentre pessoas e intérpretes muito bem selecionados, numa orquestração que possa gerar resultado produtivo para aquele grupo criativo que busca significados novos. Nisso, Domenico De Masi também detectou em seus estudos de grupos criativos, se trata de equipes de trabalho enxutas, de dimensões bem calibradas. Extremamente assertivas.

Um dos mantras mais populares e equivocados para inovação é "evitar críticas" porque a suposição subjacente é de que a crítica mata o entusiasmo de uma equipe; em sessões de *brainstorming*, é valido sim "adiar o julgamento", porque nesse caso específico faz parte do processo de divergência. Mas a análise crítica precisa ocorrer na sequência do processo criativo, senão infunde um senso superficial de colaboração que ocasiona compromissos e enfraquece as ideias. O debate e a crítica não inibem as ideias; em vez disso, eles os estimulam porque o progresso requer um confronto com segurança psicológica e a compreensão de diferentes perspectivas com o aproveitamento da curiosidade.

A inovação guiada pelo *design thinking* para criar novos significados não decorre de uma abordagem centrada no usuário (esta última apenas reforça os significados existentes e é útil para outros objetivos mais atrelados à usabilidade). Já dizia Steve Jobs que "não é papel dos consumidores saber o que eles querem". E o empreendedor Henry Ford não perguntou aos clientes o que eles queriam. Quando o assunto são projetos inovadores, precisamos de pessoas com atitude à amplitude de visão, pesquisadores inovadores, especialistas que imaginam e pesquisam novos significados de produtos e serviços por meio de uma pesquisa mais profunda e ampla acerca da evolução social, cultural e tecnológica. Eles podem ser gestores de outras empresas, acadêmicos, fornecedores de componentes tecnológicos, cientistas, artistas e, claro, *designers*.

A busca por novos significados requer um grande aprofundamento sobre uma concepção, valoriza um conhecimento acumulado, teorias consolidadas, desafia paradigmas por meio de uma visão específica. Para resolver problemas, a pesquisa de significados é intrinsicamente visionária e baseada na cultura pessoal daquele que a conduz. Já a criatividade como atitude vem para valorizar essa nova perspectiva. Ela constrói variedades e divergência.

Quando o desafio é desenvolver um novo conceito de AgroConsciente para obter resultados concretos num modelo de jogo complexo, fica claro como a inovação guiada pelo *design thinking* é de extrema pertinência.

Ressaltamos que a inovação guiada pelo design aqui apresentada não é centrada no usuário porque quanto mais ela se aproxima dele, mais presa fica na maneira como as pessoas dão significados às coisas. As inovações guiadas pelo *design*, por sua vez, são maneiras colaborativas de chegar a significados novos, visões de um futuro possível, e também, de novos modelos de negócio, produtos e serviços, superando o perigo da força do hábito, das heurísticas e vieses cognitivos. Emergem assim ideias pelas quais os clientes "esperam", mas não visualizam, e que surgem com o passar do tempo, tornando-se tais novidades grandes geradoras de valor para o mercado.

Quando uma empresa deixa um pouco de lado seus clientes diretos e passa a ter uma visão mais ampla do mercado, agindo em rede distribuída, percebe que não está sozinha em seu esforço para entender as mudanças que ocorrem na sociedade, na cultura, na tecnologia e na cadeia do negócio. Esse interesse é compartilhado por muitos grupos e as empresas, assim, podem iniciar um processo de colaboração e pesquisa externo no qual o foco seja o significado deles. Existem nomes diferentes que os protagonistas do *design thinking* deram a essa abordagem (*design* estratégico, *design* dialógico, *design discourse* etc.). Como são práticas criadas a partir de outras práticas, nos importa menos o nome de turno e, sim, como esse processo de pesquisa informal, difuso e semelhante a uma discussão coletiva funciona.

## OS INTÉRPRETES DA PLATAFORMA E O *DESIGN THINKING*

Os intérpretes da plataforma (que aqui no livro também chamamos de *stakeholders* da organização) são especialistas de campos distantes que abordam o mesmo contexto estratégico, mas de perspectivas diferentes.

A palavra "intérprete" vem do latim *interpres,* "agente, tradutor", de *interpretari*, "traduzir, explicar", de inter-, "entre", mais o radical prat-, com o sentido de "dar a conhecer". Por esse motivo optamos para o uso dessa palavra nesse contexto do capítulo.

Intérpretes ajudam a refletir mais profundamente sobre as implicações da visão emergente para novos significados. Cada empresa está rodeada de numerosos *stakeholders* compartilhando o mesmo interesse: empresas em outras indústrias visando os mesmos clientes, novos fornecedores de tecnologia, associações de categoria, pesquisadores, ONGs, designers e projetistas, artistas etc. Embora se dirijam a mercados diferentes, estão imersos com sensibilidade no mesmo contexto social, olham para a mesma "pessoa", e como essa pessoa poderia dar sentido às coisas. Essa pessoa pode ser um cliente, consumidor, *stakeholder.*

Uma abordagem válida desse agir é a de outro italiano, o Roberto Verganti, que em seus estudos sobre a inovação guiada pelo *design*, propõe uma abordagem dialógica bem pertinente e alinhada com a nossa visão de autores deste livro. No gráfico abaixo as dinâmicas entre *stakeholders* no mercado para a criação de novos significados.

O debate contínuo com intérpretes permite que as empresas troquem informações e, em seguida, testem a consistência de suas premissas na própria plataforma, que é um grande laboratório de pesquisa coletivo conectado em rede distribuída, na qual plataforma os intérpretes fazem as próprias investigações e mantêm um diálogo contínuo. Por isso, é necessária atitude sistêmica.

Toda empresa, em qualquer contexto, está cercada por esse tipo de intérprete. Elas se perguntam: quais empresas de diferentes segmentos estão observando pessoas que pertencem a um mesmo contexto social? Que outros tipos de produtos e serviços são ou poderiam ser usados por essas pessoas?

Esses intérpretes detêm o mesmo conhecimento sobre os significados e as linguagens e tendem a estar dispostos a compartilhar essas informações e a entender as interpretações, uma vez que têm os mesmos problemas e interesses.

Seguindo a abordagem de especialistas do *design thinking* como o nosso coautor Zanini, e de outros como o próprio Verganti, o processo da inovação guiado pelo *design* tem suas raízes em três ações:

1. Escutar os *stakeholders* da plataforma: envolve a avaliação do conhecimento sobre possíveis significados e linguagens de novos produtos, por meio da identificação dessas informações e possíveis maneiras de internalizá-las. Requer um movimento contínuo de identificação e atração de intérpretes-chave.
2. Interpretar: envolve a criação de uma visão individual e de propostas para novos significados radicais e de linguagens, buscando a integração e recombinação do conhecimento adquirido externamente por meio do *design thinking* na plataforma, e da produção de novas interpretações próprias. As necessárias trocas de experiências desse processo apoiam a interpretação, e isso faz brotar na organização a certo ponto uma visão autoral própria sobre o fenômeno, uma perspectiva própria de futuro.
3. Difundir as novas ideias: envolve a comunicação das ideias novas para os diferentes públicos, pois o diálogo tem poder de atração que pode ser benéfico nessa fase e, assim, pode-se passar a influenciar a maneira como as pessoas dão significados às coisas. Tais diálogos são contínuos.

É fundamental ressaltar que as empresas que usam o *design thinking* não buscam ideias de inventores anônimos. Elas pesquisam cuidadosamente, selecionam e atraem os intérpretes mais promissores para trabalharem em conjunto no ecossistema de inovação onde a organização está conectada. A colaboração é fechada, e não aberta. Nem todos são convidados, e a habilidade de identificar os certos – afastando-os da concorrência – é o que faz a diferença. Essas empresas investem em relacionamentos. As soluções são consequência "orgânica" desse modo de agir no ecossistema.

É por esse motivo que dissemos ser necessária a orquestração por parte das lideranças, e ressaltamos o importante novo papel do *Chief Agribusiness Officer* nesta década, nas empresas atuantes nas tantas cadeias do agronegócio que buscam ser AgroConsciente. Fica evidente a necessidade de uma liderança competente e sistêmica para dar harmonia nos movimentos com os *stakeholders* no mercado para gerar valor.

Muitas empresas não têm consciência do fato de que já estão imersas em ecossistema em dinâmicas de *design thinking*. Os intérpretes aos quais nos referimos estão menos em laboratórios de pesquisas e, tantas vezes estão em diferentes segmentos da economia e contextos variados. Sua maneira de agir é informal e imprevisível. Misturam-se às pessoas de diferentes círculos de atuação, e as interpretações que fazem desses grupos só são comunicadas a outros membros. Intérpretes, sobretudo, não são apenas engenheiros ou cientistas e, provavelmente, não se reconhecem como pesquisadores: são profissionais das mais diferentes áreas.

Os intérpretes da produção cultural estão envolvidos diretamente com significados sociais, por exemplo, artistas, organizações culturais, sociais ou ambientais, sociólogos, antropólogos, profissionais de marketing e pessoas ligadas à comunicação que fazem da exploração de culturas e significados um componente evidente de sua atividade principal.

Os intérpretes da tecnologia são aqueles que, por meio de suas descobertas, de suas inovações tecnológicas e de novos produtos e serviços promovem uma verdadeira mudança no mundo das coisas e, implícita ou explicitamente, propõem novos significados. Em geral, aqueles que exploram as mudanças radicais em tecnologias também exploram as consequências que essas mudanças terão na cultura e na vida das pessoas. São eles: instituições de ensino e pesquisa, fornecedores de componentes tecnológicos, participantes de projetos experimentais e pioneiros, empresas atuantes em setores diferentes dos nossos, empresas de serviços, dentre outros.

Tratamos até aqui do *design thinking* como método inovador, e da criatividade como atitude. Isso tudo orientado à geração de valor. Vale a pena agora apresentar um mapa oriundo do *design thinking* para criação de modelos de negócios geradores de valor econômico, social e ambiental, e que é de extrema pertinência para o desafio de transformação do agronegócio em AgroConsciente. Vamos falar do Canvas de modelo de negócios de três camadas.

## GERAÇÃO DE VALOR AGROCONSCIENTE: O CANVAS DE MODELO DE NEGÓCIOS DE TRÊS CAMADAS

O Canvas do Modelo de Negócios de Três Camadas[16] é uma ferramenta para explorar a inovação do modelo de negócios orientado para a sustentabilidade. Ele

16 Disponível em: https://www.researchgate.net/publication/304026101_The_triple_layered_business_model_canvas_A_tool_to_design_more_sustainable_business_models.

amplia o foco do original Business Model Canvas[17] adicionando duas camadas: uma camada ambiental baseada na perspectiva do ciclo de vida e uma camada social baseada na perspectiva das partes interessadas.

O Business Model Canvas é uma ferramenta que rapidamente conquistou o mundo empresarial em razão de sua simplicidade e praticidade. Foi desenvolvido consultor suíço Alexander Osterwalder com mais de duzentos consultores no mundo todo. Um dos aspectos positivos desse Canvas é que permite visualizar o "encaixe estratégico" existente entre diferentes áreas do negócio, do ponto de vista econômico.

Quando a camada com perspectiva econômica é tomada em conjunto com a dimensão social e ambiental, as três camadas do modelo de negócios explicitam como uma organização gera vários tipos de valor econômico, ambiental e social, e como esses temas estão conectados, se influenciando mutuamente. A representação visual de um modelo de negócios, por meio dessa abordagem, permite o desenvolvimento e a comunicação de uma visão mais sistêmica e integrada de um modelo de negócios; que também apoia o trabalho criativo em direção a modelos de negócios mais sustentáveis.

Cada camada suporta uma coerência horizontal ou uma abordagem integrada para explorar o impacto econômico, ambiental ou social de uma organização, destacando as principais ações e relacionamentos dentro dos nove componentes de cada camada: atividades-chave, proposta de valor, relacionamento com clientes, segmento de clientes, fluxo de receita, canais, recursos-chave, estrutura de custos e parcerias-chave. Combinadas, as três camadas (econômica, ambiental e social) fornecem diferentes perspectivas em torno do desafio, por exemplo, de conectar o novo conceito de AgroConsciente com a meta do trilhão de dólares, trazendo conexões verticais entre as três camadas, ao religar os componentes de cada camada aos seus análogos nas outras camadas, elucidando ainda mais as principais ações e influências mútuas e seus impactos nas camadas. Por exemplo, sempre nessa linha, perceberemos quais os aliados e intérpretes precisamos atrair para conseguir gerar valor de forma sistêmica. Se tudo está conectado com o todo, cada detalhe é importante e faz a diferença, para o bem ou para o mal.

Essa abordagem contribui para a pesquisa de modelos de negócios sustentáveis, fornecendo uma ferramenta de *design* que estrutura as questões de sustentabilidade na inovação do modelo de negócios AgroConsciente. Além disso, as duas novas dinâmicas de análise (a coerência horizontal e coerência vertical) oferecem visão sistêmica do cenário de ação, reduzindo, em parte, a complexidade de implementação de novos modelos.

17 Disponível em: https://www.strategyzer.com/books/business-model-generation.

**QRCODE 3**

Para saber mais veja no **QR Code** o artigo apresentado em 2016 pelos autores Alexandre Joyce e Raymond L. Paquin, da Concordia University Montreal

https://www.researchgate.net/publication/304026101_The_triple_layered_business_model_canvas_A_tool_to_design_more_sustainable_business_models

Neste artigo, a abordagem descreve seus principais recursos por meio de uma reanálise do modelo de negócios da Nestlé Nespresso.

Acreditamos na força desse modelo, pois permite que os líderes das organizações entendam melhor onde estão os maiores impactos sociais e ambientais da organização dentro do próprio modelo de negócios. Fornece *insights* para onde a organização pode focar sua atenção ao criar inovações orientadas para o meio ambiente. Os impactos ambientais podem ser rastreados com vários indicadores. No caso da Nespresso, os impactos ambientais são rastreados em termos de impacto de carbono decorrente de disponibilidade de dados – e carbono é apenas uma categoria.

Esse tipo de análise fornece à empresa a oportunidade de se posicionar de maneira inovadora. No caso do estudo sobre a Nespresso de 2016, engaja-se diretamente, por exemplo, na reciclagem das cápsulas da marca. O alumínio é 100% reciclável e se transforma em novos objetos (bicicletas, canetas, relógios e novas cápsulas, por exemplo). Mas atenção: no geral, ser reciclável não significa que é, de fato, reciclado. Desafio é mensurar qual o percentual das cápsulas recolhidas. Quanto desse número "vira" algo que, no total, não gera um impacto negativo ainda maior? São reflexões que pedem novas problematizações.

A borra do café vira adubo orgânico, para a produção de alimentos, por meio do programa Nespresso Hortas. São mais de duzentos pontos de coleta espalhados pelo Brasil, muito disso em São Paulo, por ser o maior mercado consumidor e para facilitar a logística para o centro de reciclagem. Movimento gera movimento. É a força do consumo consciente.

Esse modelo é pertinente também porque apoia as organizações na orquestração da economia circular, que merece destaque, e, para quem se interessar, recomendamos estudar os *papers* de economia circular da Rede Empresarial Brasileira de Avaliação de Ciclo de Vida[18] (Rede ACV), nos quais fica claro o que são as diferenças, por segmentos:

---

18 Recomendamos que o leitor faça uma pesquisa na internet para saber mais sobre as normas regulamentadoras para a ACV que uma organização excelente deve abraçar. Basta procurar por ABNT NBR ISO (14040, e outros para objetivos diferentes). Um exemplo notório é o ISO 9001. Consiste em um Sistema de Gestão da Qualidade (SGQ), com o

**QRCODE 4**

https://redeacv.org.br/pt-br/gt-economia-circular/

Além das práticas de impacto ambiental, temos o desafio atrelado ao valor social, o aspecto da missão de uma organização que se concentra na criação de benefícios para seus *stakeholders* e a sociedade de modo mais amplo. Sempre no caso da Nespresso, um exemplo de valor social é interpretado por meio do "roteiro para o crescimento sustentável", em que um dos principais desafios é desenvolver valor a longo prazo de relações mutuamente benéficas com os cafeicultores. Uma compreensão mais ampla do valor social da empresa pode ser extrapolada de seus princípios de negócios corporativos. A organização declara publicamente que age para melhorar a qualidade de vida de consumidores todos os dias, em todos os lugares, oferecendo escolhas de alimentos e bebidas mais saborosas e saudáveis e incentivando um estilo de vida saudável. A partir de tal declaração, todos podem buscar nas suas práticas de mercado quanto a organização é coerente e consistente com o declarado.

Aqui se encaixa o programa AAA, que começou em 2003 com o compromisso da Nespresso em produzir café de excelência e que pudesse contribuir com a proteção do meio ambiente[19]. Pioneiros no setor, contou com a colaboração da instituição Rainforest Alliance, criada para ajudar na preservação da biodiversidade e garantir a sustentabilidade. A parceria colaborou com a própria definição de qualidade sustentável, por meio do selo Rainforest Alliance – certificado mundial que garante um sistema de gestão sustentável para qualquer produto agrícola produzido em países tropicais. O programa também conta com a parceria da Aliança Global de ONGs, que incentiva práticas sustentáveis de cultivo do café com produtores locais. A iniciativa começou com 300 produtores inscritos e cresceu tanto que agora existem cerca de 110 mil fazendas em 14 países, sendo mais de mil só no Brasil. O Brasil é o maior fornecedor de cafés para a Nespresso. Aproximadamente 56% dos cafés Nespresso vêm de fazendas certificadas Rainforest Alliance e 100% do café comprado no Brasil vêm por meio do Programa AAA. Mais de 280 mil hectares de fazendas de café são gerenciados de forma sustentável sob o Programa Nespresso AAA de Qualidade Sustentável™.

---

objetivo de melhorar a gestão da empresa em coerência e consistência com a entrega de valor declarada.

19 Informações e dados são de domínio público, e nós autores fizemos uma seleção daquilo que consideramos pertinente ao leitor.

A Nespresso paga um preço *premium* pelo café de qualidade superior cultivado pelos produtores do Programa Nespresso AAA de Qualidade Sustentável™, geralmente de 30% a 40% mais alto do que o preço do café básico. Em seu site, a empresa informa que não paga diretamente aos produtores. Isso é feito por meio de um *trader*, o que significa que a companhia não pode provar exatamente quanto desse valor vai para o produtor. Pesquisas demonstram que os produtores do Programa Nespresso AAA de Qualidade Sustentável™ se beneficiam de melhorias, de 22% nas condições sociais, de 52% nas condições ambientais e de 41% nas condições econômicas, em comparação com os produtores que não participam do programa.

Os benefícios do Programa AAA fazem com que a Nespresso conheça bem o café que vende – desde a fase do cultivo até a colheita, durante o processo de produção do pó, até o encapsulamento e o pós-consumo. Ou seja, mensura e controla a sustentabilidade durante todas as etapas de produção do café.

A Nespresso busca, também, um comércio com menos assimetrias por meio da certificação *Fairtrade* – um dos pilares da sustentabilidade econômica e ecológica. O *Fairtrade* é uma abordagem alternativa ao comércio convencional, baseada em uma parceria entre produtores e negociantes, empresas e consumidores. Um dos objetivos principais da *Fairtrade*™ é o de empoderar produtoras e produtores de café para criar maior resiliência aos desafios climáticos e dos mercados, com o fortalecimento institucional e colaborativo, comércio justo e parcerias. Essa resiliência também diz respeito aos relacionamentos. As responsabilidades e os riscos devem ser compartilhados de maneira simétrica; os preços e os contratos devem ser transparentes e o acesso a financiamento disponibilizado. Para isso, é necessário que os parceiros comerciais também compartilhem dessa visão e que estejam dispostos a criar esse relacionamento de ganha-ganha com as fazendas de café.

É importante, também, considerar que o foco dessa certificação são pequenas fazendas e produção familiar. Na prática, associações ou cooperativas são certificadas, garantindo-se um preço mínimo ao café vendido pelas fazendas e um prêmio de sustentabilidade às instituições que deve ser destinado para projetos socioambientais.

Em síntese, concluindo este capítulo sobre a inovação guiada pelo *design thinking*, podemos dizer que é uma metodologia transdisciplinar projetada para:

- dialogar com todas as partes interessadas de um ecossistema;
- planejar o impacto econômico, social e ambiental de um projeto AgroConsciente;
- revelar o fenômeno sob observação e análise;
- pesquisar, descobrir e evidenciar gargalos;

- prototipar ideias e testá-las;
- gerar *team building* (pois é dialógica, o que reduz o boicote durante o processo);
- evitar preconceitos (o que reduz a miopia e a resistência à mudança).

## CONSIDERAÇÕES FINAIS

Neste capítulo você viu a menção aos pensadores renomados internacionais. Não se preocupe, todos eles começaram com as lições das suas cidades, das suas localidades. Viram menções às grandes corporações agindo dentro das propostas do *fair trade*, do comércio justo. Esse movimento é a tendência inexorável da humanidade. Se temos mais de 1 milhão de produtores de leite no Brasil, não queremos perder nenhum. Queremos evoluir com todos, pois o futuro não nos permitirá deixar gente para trás. O grande *design thinking* da agricultura familiar é a reunião de todos sob uma filosofia de prosperidade para todos. Vamos colocar a montagem dos nossos "Legos" dos nossos "quebra-cabeças" em ação. A reunião de todas as peças para um conjunto eficaz e feliz.

# capítulo 3

# Vendas, a Arte de Todas as Artes Humanas

José Luiz Tejon

## INTRODUÇÃO

Neste capítulo teremos a visão da administração de vendas. A importância da criação de um plano de vendas. Não importa o tamanho da sua atividade, você precisa ter metas, racionalidades, números, análise dos clientes existentes dos *prospects*. E numa atividade pequena, não tenha dúvida, você, o dono, a dona, precisam se transformar no vendedor número 1 do seu negócio.

Agricultura familiar é a alma do agronegócio que virou agrocidadania. "Eu vendo leite, não entrego leite", com esta frase a produtora rural Maria Antonieta Guazzelli, da Agropecuária Rex, me deu uma "senhora lição". De fato, produtoras e produtores rurais são essencialmente "vendedores" (**Figura 3.1**).

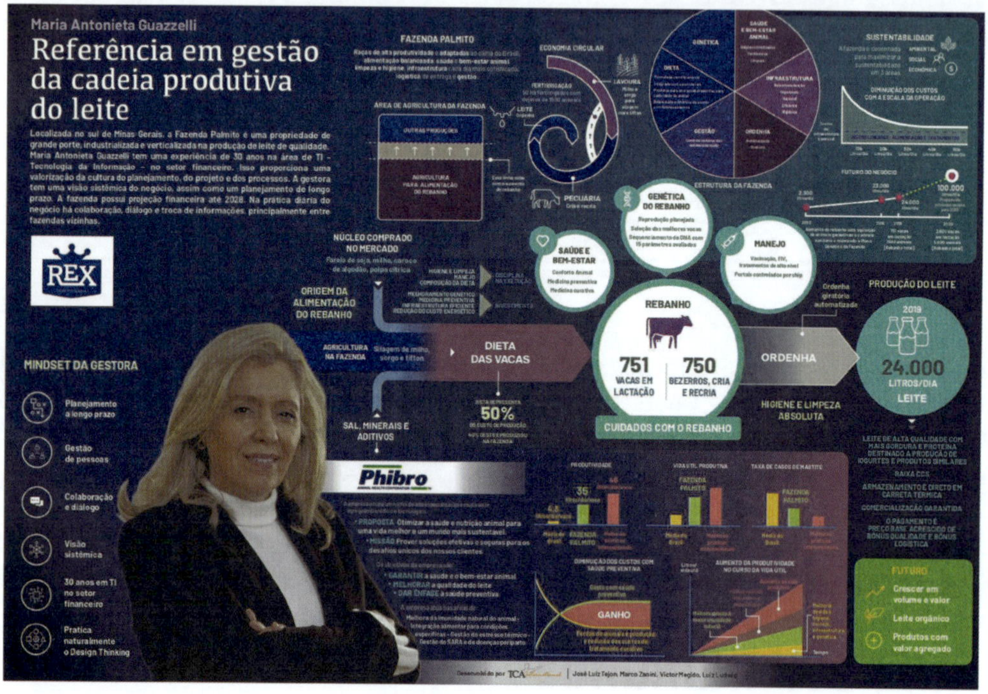


**Figura 3.1**

**Fonte: Maria Antonieta Guazelli – Agropecuária Rex**

Porém, algo tão simples assim pode passar desapercebido. O "meu mel", o "meu café", o "meu iogurte", não importa o que você esteja fazendo na sua agricultura familiar, ali tem alguma coisa que é exclusivamente seu, você. O solo pode ser igual ao do vizinho, a semente, o fertilizante, porém o momento em que você decidiu plantar, colher, armazenar. Como você separa e faz um processamento inicial. Enfim, ali tem a sua mão, a sua essência, a sua alma e o seu amor.

Por isso, a arte da venda precisa estar consciente na agricultura familiar. Sempre nas minhas aulas na França, com alunos de diversos países, procuramos levar os alunos no Salão de Agricultura de Paris. É monumental, diversos pavilhões, porém nada consegue ser mais fascinante do que uma família agrícola no seu *stand*, mostrando com a força íntima da persuasão daquela e daquele que faz com amor e dedicação, a maçã da sua terra, do seu *terroir* e daquela maçã extrai a mais espetacular "cidra" do mundo. Do seu leite, da sua cerveja artesanal feita com um trigo ancestral etc. Essa família agrícola, agora se transforma em uma família vendedora, pois vendas é a arte de revelar o invisível por meio do visível. É o mesmo sentimento que tive visitando a Feira da Agricultura Familiar, em São Paulo, no parque da Água Branca. Cada expositor com um brilho nos olhos, radiante com a sua produção sendo oferecida e servida para os cidadãos consumidores visitantes.

"Mas tudo seria fácil não fossem as dificuldades", escreveu o chargista gaúcho Barão de Itararé. Então venda se aprende na vida, e existem procedimentos, pois a venda é o resultado de um processo. A primeira venda, a mais difícil, é vender para você mesmo que você é além de uma produtora, um produtor rural, você é uma vendedora, um vendedor. E para ter uma forte capacitação em vendas será necessário que você desenvolva atributos e virtudes pessoais.

Conquistar pessoas, conquistar corações e mentes das pessoas, estabelecer confiança nas relações humanas é quase tudo em vendas. Pessoas no fundo amam fazer negócios com pessoas de quem elas gostam. Por isso, além dos diferenciais dos seus produtos, da qualidade e zelo com o qual você produz, será necessário você aprender a gostar de gente, estabelecer confiança de maneira veloz. E isso vai exigir que você tenha um foco determinado na outra pessoa, no seu potencial cliente. Vendas modernas tem seis passos que objetivam, ao final, inspirar pessoas, levar o cliente potencial a um estado diferente de expectativa imaginada na satisfação com o seu produto. Atenção, eu disse: "o seu produto". Os passos da venda são:

1. Planejamento
2. Descoberta
3. Apresentação
4. Objeções
5. Fechamento
6. Fixando a sua única marca

O planejamento é o lado racional, a sua organização. O quanto você estudou sobre as preferências dos consumidores daquele mercado. Como você faz as embalagens, a apresentação dos seus produtos no caso de vendas ao consumidor. Em vendas para o comércio, ou serviços alimentares, é o quanto você conhece as necessidades sazonais dos clientes, como precisam que seus produtos cheguem para o estoque, a frequência das visitas, dos atendimentos. O planejamento é tudo o que você vai fazer antes de vender, propriamente dito. Significa a administração a partir do conhecimento do mercado e dos clientes.

A descoberta, e encadeando os próximos passos juntos. Este passo é verdadeiramente "mágico". Steve Jobs, criador da Apple, dizia: "cliente não sabe o que quer". Alexandre Costa, meu ex-aluno, fundador da Cacau Show, hoje com a maior rede de franqueados de chocolate do mundo, diz a mesma coisa. Quer dizer, a descoberta é a arte da pergunta, onde você descobre o que o cliente gostaria de ter, de verdade, mas não sabe muito bem ainda. Você precisa entrar em sincronia com ele, uma palavra que estudamos na neurolinguística: *rapport*.

Um exemplo aprendi observando minha mãe adotiva, dona Rosa, vendendo em uma minúscula lojinha de bairro. A freguesa chegava e perguntava sobre novelos de lã, tinha na cabeça uma ideia inicial. Minha mãe ouvia e começava a "descoberta"! Bom dia, boa tarde, e vamos para as lãs. Marlene (logo descobria o nome da freguesa), vai fazer o que com essa lã? E a freguesa respondia: "Vou fazer um conjuntinho para o meu netinho que vai nascer". Observe que não se tratava ali mais de novelos de lã e, sim, do amor de uma futura vovó presenteando com a arte do seu próprio tricô um conjuntinho de lã para um netinho. E minha mãe continuava: "Que bom, como é lindo ter netos, será o primeiro?" E a freguesa confirmava.

Enquanto isso, minha mãe pegava uma revista de figurinos de modelitos de conjuntinhos para recém-nascidos, abria e perguntava: "Você já sabe bem qual o modelo que vai fazer, olha aqui cada coisa linda!". E nessa altura minha mãe e a freguesa já eram uma pessoa só. Juntas tendo como objetivo fazer o conjuntinho de tricô para um futuro netinho que ia nascer. A freguesa via os modelitos e ia se encantando, já era uma ideia muito melhor e diferente do que ela tinha em mente.

Aí, juntas, encontravam um modelito que a freguesa se apaixonava, e a freguesa perguntava: "Tem essa lã aqui?" "Sim", respondia minha mãe enquanto pegava os novelos. Porém, aquele modelito já vinha com alguns acessórios adicionais, uma rendinha, um botãozinho, uma fitinha, quer dizer, o valor médio da compra já era maior do que seria sem essa arte da descoberta. E em alguns casos eu ouvia a freguesa dizer: "Nossa, esse é tão lindo, mas eu não sei fazer esse ponto no tricô!" E minha mãe sorrindo falava: "Não se preocupe, eu te ensino, é fácil, eu te ajudo".

Nessa arte da descoberta, a partir dela, minha mãe exercia todos os demais passos da venda. Apresentou o produto, a solução. Tratou da objeção quando a freguesa dizia que não sabia fazer, e então partia para o fechamento, tirar o pedido. No fechamento ela perguntava: "Prefere esta cor ou esta? Quer levar já toda lã e os acessórios? Estas fitinhas aqui te dou de presente para teu netinho". E na pós-venda, colocando a marca que é só sua, minha mãe terminava dizendo: "Que conjuntinho lindo, único, não existirá nenhum igual a ele, e com este ponto de tricô que vou te ensinar. Ah, ele vai guardar esse presente para sua vida inteirinha", ria e abraçava a freguesa e ainda vendia um curso de treinamento de tricô.

Vamos exercitar com você? Vamos lá? Podemos imaginar alguma coisa? O que você produz? Seja o que for pensa agora você é uma vendedora, um vendedor. Clientes, fregueses não compram simplesmente doces, frutas, hortaliças, leite, amendoim, flores. Compram o que vão fazer com aquilo! Comer, você poderia dizer. Mas aí não está sendo ainda vendedora/vendedor. Claro vai comer, ou vestir se for seda, algodão, ou perfume, se for alguma essência que você extrai de plantas etc., mas vamos lá. Vai fazer o que e para quem? Já muda o sentido. Vai fazer por quê? Qual o sentido especial? Essa descoberta permitirá você ir mais fundo naquela venda.

Algo muito simples. Imagina que é uma feira e você vende suas batatas! Um quilo de batata? Ótimo freguesa, vai fazer um suflê? Batata no forno? Fritinha? "No forno", responde a freguesa. Ah, delicioso! E você vai reparar que a minha batata terá um corte especial. Firme. Não desmancha. Sabe por quê? Eu cuido delas com uma nutrição muito especial. Essas batatas aqui são mais gostosas e tem mais saúde. Leva dois quilos?

Bem, Tejon, e daí? A freguesa pode ouvir isso e continuar comprando um quilo de batata normalmente. Não, pois você vendeu para o inconsciente dessa pessoa que você faz uma batata melhor. Você acabou de fazer um lado genial da venda. O quê? Quando uma venda que você faz agora no presente vende a venda que você fará no futuro. Ou seja, você está criando um vínculo especial com essa pessoa, em um simples ato hipotético de vender um quilo de batata. Imagine em outras coisas? Exercite no que você vende e me mande seus exemplos, terei imensa satisfação em ver e responder em meu e-mail: tejon@tejon.com.br.

A arte da venda significa fazer amigos. Entender o poder da frase "amigos, amigos, e negócios fazem parte". Temos um programa internacional com alunos do mundo todo na Audencia Business School, de Nantes, na França, com diplomação dupla com a Fundação Escola de Comércio Álvares Penteado (FECAP) de São Paulo, Brasil. Aqui convivemos com realidades do mundo inteiro. Então em um debate sobre a originação dos alimentos, conversamos a respeito do macrobioma Amazônia. Com empresários europeus ouvimos que falar de produtos da Amazônia têm força e atraem consumidores se estiverem na categoria das "superfrutas" ou "superalimentos", um conceito que liga totalmente a saúde humana com a saúde da sua originação. Então produtos associados com a natureza, comunidades, agriculturas familiares recebem nota 10. Abertura de mercado é vendas. Entretanto, produtos do mesmo bioma, no caso Amazônia, que sejam associados sob uma percepção de grande escala, industrialização de massa e não de valorização das pessoas e da conservação ambiental, vão imediatamente para avaliação negativa e "não venda".

Poderíamos então, para o marketing da agricultura familiar, colocar como consideração essencial de fato "ser familiar" e provar que é familiar. Vamos incluir na fórmula da venda um "o" de originação, pois esse fator passou a ser o que dará empatia, portas mentais abertas para termos sequência dos demais passos para uma administração de marketing como precisa e deve ser feita. Mas se essas portas mentais e afetivas não se abrirem, não importa o quão bem-feitos são os próximos passos de um plano de marketing, ele não vai ultrapassar a soleira dessa porta que descortina todas as demais.

Algo que fica também muito claro é que para que as atividades agro de escala intensiva possam prosperar em cada bioma, precisarão estar da mesma forma embaladas nos mesmos princípios da dignidade humana do que nós chamamos de agricultura familiar. O cooperativismo será vital, os acordos justos nas relações com agricultores e seus clientes industriais e comerciais precisarão prevalecer.

Observamos que o tema envolvendo o sistema agroalimentar é totalmente inclusivo. As grandes corporações precisarão integrar os pequenos agricultores do mundo, e o mundo precisará das famílias agrícolas como grandes reservas da saúde da vida na terra.

Em Harvard, nos anos 1950, o Prof. Dr. Ray Goldberg, ao lado de John Davis, configurou pela primeira vez a complexidade do sistema agroalimentar como uma cadeia de valor. Enxergaram que agricultores precisavam de sementes, adubo, máquinas, e que as agroindústrias, os bancos, os serviços e o comércio precisavam dos agricultores, e que tudo isso servia a um mercado consumidor final, crescente, com suas necessidades nutricionais e que não se guardava mais comida em casa, a logística veloz estava presente e chegamos hoje em um *delivery* instantâneo, nos pedidos imediatos pelas mídias sociais.

Este mesmo Prof. Dr. Ray Goldberg, que apresentou o nome de "agribusiness" nos anos 1950, e que veio para o Brasil de forma pioneira pela visão de Ney Bittencourt de Araújo, à época presidente da Agroceres, nos anos 1980, fundador da Associação Brasileira de Agronegócio (ABAG), em 1993, em um diálogo que tive com ele, em 2021, o professor ampliou, consideravelmente, o escopo do agronegócio. Ele me disse: "O sistema alimentar é um sistema de saúde, após a pandemia Covid-19 o alimento se caracterizou como vital na saúde humana, desde a saúde de solos, plantas, animais, ambiente e de todas as pessoas do mundo. Por isso, continuou Ray Goldberg, eu chamo agora agricultores de agentes da saúde".

Dessa forma, marketing, que significa a inteligência da administração a partir de sonhos, desejos, necessidades humanas já conscientes ou ainda inconscientes, representa um conhecimento pronto para ser usado por todos os movimentos, associações, organizações da agricultura familiar, independente do seu porte, região, ou desenvolvimento econômico presente. A originação, a partir da agricultura familiar, encontrará demanda se a sua liderança souber planejar e reunir os agentes e elos solidários nessa parceria de criação da dignidade e da cidadania humana no planeta.

Então vamos vender!

## CONSIDERAÇÕES FINAIS

Neste capítulo estimulamos você a pensar como vendedora e vendedor. Nada do que existe no mundo foi pedido por consumidores, foram vendedores que mostraram, ofereceram e venderam, desde produtos, alimentos, serviços até ideias e ideologias de todos os tipos. Você precisa dos seis passos da venda. Preste atenção e os integre ao capítulo 4, que vem a seguir, pois marketing também exige um planejamento. Vamos vender, mas com planejamento.

capítulo 4

# Marketing, a Organização de um Plano

José Luiz Tejon

## INTRODUÇÃO

Não importa se você tem um pequeno bazar de armarinhos num bairro periférico de uma cidade, ou se você é o dono do maior varejo do país, o Gazin, ou se você está na produção da agricultura familiar da goiaba serrana em Santa Catarina. Você precisa de um plano de marketing.

Um sábio que ensinou Marketing no Brasil nos anos 1960, 1970 e 1980, o Prof. Dr. Raimar Richers, da Fundação Getulio Vargas (FGV), ao lado de outros doutores à sua época como o Prof. Dr. Marcos Cobra, criaram uma matriz extremamente objetiva para nos orientar na elaboração de um Plano de Marketing. Vamos aqui adaptar essa matriz, chamada de quatro "As" da agricultura familiar.

Os quatro "As" significam:

1. Análise
2. Adaptação
3. Ativação
4. Avaliação

Dentro de cada um desses subsistemas, precisamos realizar alguns estudos que irão compor o Plano de Marketing.

## ANÁLISE

O primeiro passo envolve analisar todos os fatores incontroláveis, ou seja, aquilo que não está sob o controle da agricultura familiar. São aspectos externos. Por exemplo, enquanto escrevia, recebi uma mensagem do secretário de Agricultura e Desenvolvimento do estado de Roraima, Márcio Grangeiro, informando que o governo estadual estava fornecendo caminhões para a agricultura familiar e indígena, com o objetivo de potencializar a produção rural dessas famílias. Este é um exemplo de um fator externo à atividade agrícola. Por meio da análise, identificaríamos uma carência de transporte, que, se não for resolvida, se transformará em um grande obstáculo para o sucesso do Plano de Marketing daquela comunidade específica.

Visitei uma área de agricultura indígena em Roraima, onde ali existia o suporte da assistência técnica. Novamente, está no "A" da análise onde o administrador, o gestor, o líder, precisaria levantar tudo do que dependemos e precisamos analisar, para então irmos ao próximo "A", o da adaptação, onde exerceremos, então, a criação adaptada de tudo o que está sob nosso controle para superar e irmos ao mundo lá fora, o qual analisamos e nos preparamos para agir.

Voltando ao primeiro "A" da análise, ali entram aspectos incontroláveis como: conhecimento dos consumidores finais; dos canais de distribuição e vendas; políticas públicas; economia, renda, mídia, câmbio, custo da tecnologia, crédito, clima, seguro rural, política, ciência, relações empresariais com médias e grandes corporações.

Conhecer as aberturas existentes neste primeiro "A" será fundamental para adaptarmos a nossa atividade familiar de maneira estratégica menos vulnerável às incertezas. Por exemplo, há uma abertura da Associação Brasileira dos Supermercados (ABRAS) em ter gôndolas dos supermercados expondo produtos da agricultura familiar. Excelente. Agora precisamos identificar com quem conversar na entidade, com quem tratar nos supermercados locais, como os produtos precisam ser apresentados, suas embalagens, como é a relação comercial, a expectativa do giro dessas mercadorias, reposição, recolha, ações antidesperdício. Por exemplo, para olharmos apenas sob esse ponto de vista há uma série de fatores a serem analisados, computados, contabilizados para uma adaptação criativa e lucrativa da sua atividade.

Se a relação da sua agricultura familiar for com o setor industrial, processadores e não o comércio direto, da mesma forma a análise de como se estabeleceria uma relação e um contrato, inclusive com foco nas variações incontroláveis dos preços, precisa ser realizado. A programação de plantios, colheitas, armazenagens, criação dos animais ou pré-processamento exigirá estruturas de beneficiamento, armazenagem e transporte.

No "A" da análise deve entrar obrigatoriamente os aspectos financeiros, o risco, o crédito. Nesse aspecto, o cooperativismo de crédito tem se apresentado em regiões mais distantes, praças mais longínquas, significando uma importante parceria para a agricultura familiar.

Do "A" da análise precisa sair uma peça administrativa sagrada: meta de vendas. Quanto planejamos vender. Quanto poderíamos vender. E para isso será importantíssimo imaginarmos três cenários. Um otimista, um normal, e um pessimista. Esses números das vendas significam o vetor, o norte do plano, e com eles é necessário rigor financeiro, gestão do caixa.

Eu tive lições muito importantes na minha vida com grandes líderes. E quero registrar aqui dois deles, um que foi meu "patrão" aos 23 anos de idade. Foi o senhor Shunji Nishimura, fundador da Jacto de Pompeia. Ele me dizia: "Quando tudo vai bem se prepara para ir mal, quando tudo vai mal, se você se preparou, irá bem". E perguntei a esse sábio o que era estar preparado. Ele respondeu: "Inovação e caixa". Quiz dizer, inove, evolua e tenha segurança financeira no seu bolso. Tinha, claro, com ele um gigantesco amor ao trabalho, pois me dizia também: "Você precisa ser pessoa 888, quer dizer, trabalha 8 horas forte, outras 8 horas quando descansa pensa em como trabalhar melhor, e 8 horas quando dorme sonha para trabalhar melhor ainda". Nishimura faleceu com 99 anos de idade e deixou um legado, a Fundação Shunji Nishimura de Tecnologia.

Outro grande líder empresarial, Fernando Penteado Cardoso, fundador da Manah. Pedi a ele dois conselhos essenciais, e ele me disse, já aos 105 anos de idade: "Nunca se afaste da ciência, pois agricultura é ciência e não tenha medo do mercado, ele é muito maior do que a gente enxerga".

## ADAPTAÇÃO

Aqui é onde, ao contrário dos fatores incontroláveis não dominados, temos o dever de dominar todos os fatores controláveis. Aqui decidimos o que produzir, quanto, com qual custo, para quem vender, com qual meta de lucro.

Na adaptação desenvolvemos a embalagem dos produtos, tomamos as decisões de tecnologia, de estruturas físicas. Na adaptação decidimos aspectos relacionados às sementes, à genética e à logística. Recursos humanos são definidos em adaptação, treinamento e aspectos de como nos conectamos com os aspectos ESG, de meio ambiente, governança e responsabilidade social. Aqui é também onde decidimos nosso posicionamento perante a competição e a escolha de canais. Enfim, na adaptação é quando desenhamos e montamos o nosso barco para navegar e cruzar o oceano.

Conversei com Amyr Klink, navegador que cruzou todos os mares, quando ele havia feito a travessia África-Brasil em um barco a remo, e perguntei: "Amyr, você sente medo"? E a resposta dele nos serve de forma perfeita neste livro, estimados leitora e leitor. Ele respondeu: "Eu só sinto medo na hora em que estou planejando, pois se errar no planejamento e na adaptação de tudo o que preciso para uma navegação solitária, onde enfrentarei um mar com suas correntes e perigos, se eu fracassar no planejamento, aí, sim, estarei perdido, mas quando entro no oceano não tenho mais tempo para ter medo".

E nesse extraordinário exemplo de planejamento dos fatores incontroláveis e de adaptação do Amyr Klink, até um barco em um formato de uma lâmpada ele criou, pois ao virar no meio de ondas gigantescas e na arrebentação, o barco desvirava sozinho pelo efeito da sua abóboda. Genial. A adaptação exigirá também aspectos de criatividade, pois aos seres humanos não nos basta "adaptação", precisamos criar, inovar e pensar em soluções fora das caixas já conhecidas.

Alexandre Costa, o Alê, meu ex-aluno fundador da Cacau Show, hoje uma grande empresa, encontrou, quando no início da sua atividade com os chocolates praticamente caseiros, a fórmula de abrir franquias para pequenos empreendedores do comércio. E hoje é a maior franquia de chocolates do mundo. Fez algo diferente ao se adaptar para competir, criando o método de franqueados Cacau Show. "Mas tudo seria fácil, não fossem as dificuldades", escreveu o chargista gaúcho Barão de Itararé, *in memoriam*. Pós-análise de fatores incontroláveis e adaptação/criação dos fatores controláveis surge a ativação.

## ATIVAÇÃO

Muito bem, precisamos partir para o mercado, falar com *prospects*, clientes, criar demanda, fazer propaganda, promoção, participar das feiras, enfim, precisamos vender. E vendas, como começamos aqui páginas atrás, uma das artes da administração mais difícil, pois no caso dos pequenos empreendedores, da agricultura familiar, você precisa se transformar no vendedor número 1 da sua produção. Como ouvi de Antonieta Guazzelli, da Agropecuária Rex: "Eu não entrego leite, eu vendo leite".

Todos somos vendedores. Produtores rurais muitas vezes esquecem desse aspecto da gestão vital de seus negócios. Precisamos vender.

Toda essa atividade que chamamos nesse Plano Estratégico Operacional de Marketing de Ativação, exigirá detalhamento e gerência. Quais os clientes que temos cadastrados e como iremos vender para eles? Com qual frequência? O que faremos de apoio às vendas? Participação em feiras e eventos, quais? Como? Quem irá? Como serão nossos *stands*? Como iremos envolver a mídia, os jornalistas? O que faremos para obter notícias gratuitas e positivas? Teremos algum recurso para a publicidade paga? Será importante, mesmo que seja um dinheiro pequeno, mas sabendo negociar, uma pequena verba pode render muito. E coisas espetaculares podem acontecer, a atriz famosa no mundo, Britney Spears se encantou com o ovo de Páscoa que pode comer de colher e colocou nas suas redes. Quem fez foi o Leonardo Borges, de Rondônia, de uma pequena chocolataria, a Flakes Brazil. Isso viralizou no mundo.

Portanto, na Ativação precisamos sempre desconfiar da lei do acaso. Ela existe, mas precisa ser provocada. Nos esforços da comunicação há uma parte que vira desperdício, diminuir esse lado é o foco do administrador no planejamento de marketing, porém jamais parar de se comunicar, usar uma mistura de todas as mídias, e hoje é fundamental ter seu site na internet e colocações nas mídias sociais, porém isso tudo exige inteligência e muito cuidado nas manifestações.

Um dos segredos está em jamais retaliar, quer dizer, responder a algum detrator que fale mal de você. Quem precisa te defender são os seus fãs. Por isso, criar fãs é vital e essencial, missão número 1 da Ativação. Não basta vender, precisa fazer com que a venda de hoje se multiplique amanhã e ter consciência de que o seu maior vendedor será o seu freguês, o seu cliente que gosta de você. Cliente traz cliente. O capital afetivo é o maior de todos os capitais de um ser humano na vida. No mundo dos negócios lembre-se sempre de que negócios, negócios, e amigos fazem parte. Fazem parte, não são jamais excludentes, a conjunção para ser usada é a conjunção "e", jamais "ou".

Vejam esta embalagem de uma agricultura familiar francesa, a "Le bon Chipsier Français". Transmite natureza, amor, dedicação. E veja no verso dessa embalagem, além das colocações de respeito ambiental, onde aparece: *neus sommes*, nós somos, e escrevem: "com 257 pessoas de um empreendimento familiar situados no coração da Bretagne. Somos 265 agricultores cultivando as boas batatas que asseguram a qualidade dos chips. Com isso contribuímos na prosperidade da nossa região, nosso *terroir*. E adicionam 100% francesas. Explicam que o sal usado é o de Guérande, um sal ancestral do mar, extraído a mão dos pântanos salgados, na região sul da Bretanha Francesa, o Pays de la Loire, um sal marinho extraordinário. Observem que até o sal faz parte da competência desta arte da venda **(Figura 4.1)**.

**Figura 4.1**

**Fonte: José Luiz Tejon Megido**

Com as decisões de ativação tomadas, visitas a clientes, pontos de vendas a abrir, feiras a participar, brindes, propaganda, eventos, entra em ação o quarto "A" do método avaliação.

## AVALIAÇÃO

Aqui é onde os números falam mais alto. Acompanhamento das vendas, dos custos, do lucro. Situação de segurança do caixa financeiro. Se seus produtos estão ganhando mais participação de mercado ou não. Avaliação da produtividade rural, pontos de aperfeiçoamento. Idealmente já uma gestão com suporte de digitalização, sistemas não só para a produção, mas também para avaliar a lucratividade cliente a cliente, ponto de venda a ponto de venda e o *lifetime value* (tradução em português: valor vitalício) dos seus clientes. Procure ter um banco de dados de todos os seus clientes e avaliar as compras, as repetições das compras, os itens comprados e os que esses clientes não compram e poderiam.

A avaliação é quando você coloca os números, os fatos, o conhecimento a partir de resultados mensurados, avaliados, para então poder retornar ao ciclo interminável dos quatro "As". Da avaliação olhamos a análise dos fatores externos, adaptamos aperfeiçoando nossa atividade sem parar e ativamos com mais ênfase em determinados pontos e novas descobertas.

Esse Planejamento Estratégico de Marketing serve para todos os negócios, sejam eles com ou sem fins lucrativos. Servem para todos os tamanhos de negócios, pois todos os grandes negócios do mundo começaram pequenos, as cooperativas começaram pequenas e cada vez mais, agora, como já apresentamos aqui, o pequeno é bonito, natural, e mesmo quanto maior você ficar jamais poderá deixar de ser um eterno pequeno de grande alma e sensibilidade. O consumidor gosta de imaginar, e para sempre assim será, que alimentos são o amor da vida, é feitos de pessoas para pessoas.

Com meus estudantes na França fizemos uma análise de palavras com maior referência na rede social. Usamos o Google e os alunos testaram várias palavras. Mas que surpresa espetacular. A palavra amor apareceu com mais de 16 bilhões de referências em 30 segundos de busca (usamos em inglês *love*) e a palavra guerra (*war*) com a metade das referências. Amor, grande campeão. Mas aí entramos nós, vocês e este livro. A outra palavra praticamente com os mesmos 16 bilhões de referências foi alimento (*food*). Ficamos impactados, e pensando nas conclusões dessa simples descoberta. Amor e alimento, duas palavras campeãs de referências no grande banco de dados de buscas mundial, o Google.

Isso nos retorna aos pontos espetaculares que a atividade da agricultura familiar traz com ela, de forma espontânea. Agricultura familiar é fazer alimentos com amor. Representa o amor que alimenta. Logo, quem ama aperfeiçoa. O aperfeiçoamento eterno é a missão do amor sublime. Talvez esteja aí a grande síntese, a grande proposta de toda a categoria da agricultura familiar brasileira, um grande coração, e como isso será importante para a imagem brasileira no mundo inteiro. Afinal o mapa do Brasil já nos sugere um coração.

Somos o país que recebeu todos os povos do mundo, temos o coração da humanidade aqui, e fazemos o alimento por meio de famílias, devolvendo ao mundo o amor com o qual o Brasil a todos recebeu e recebe (**Figura 4.2**).

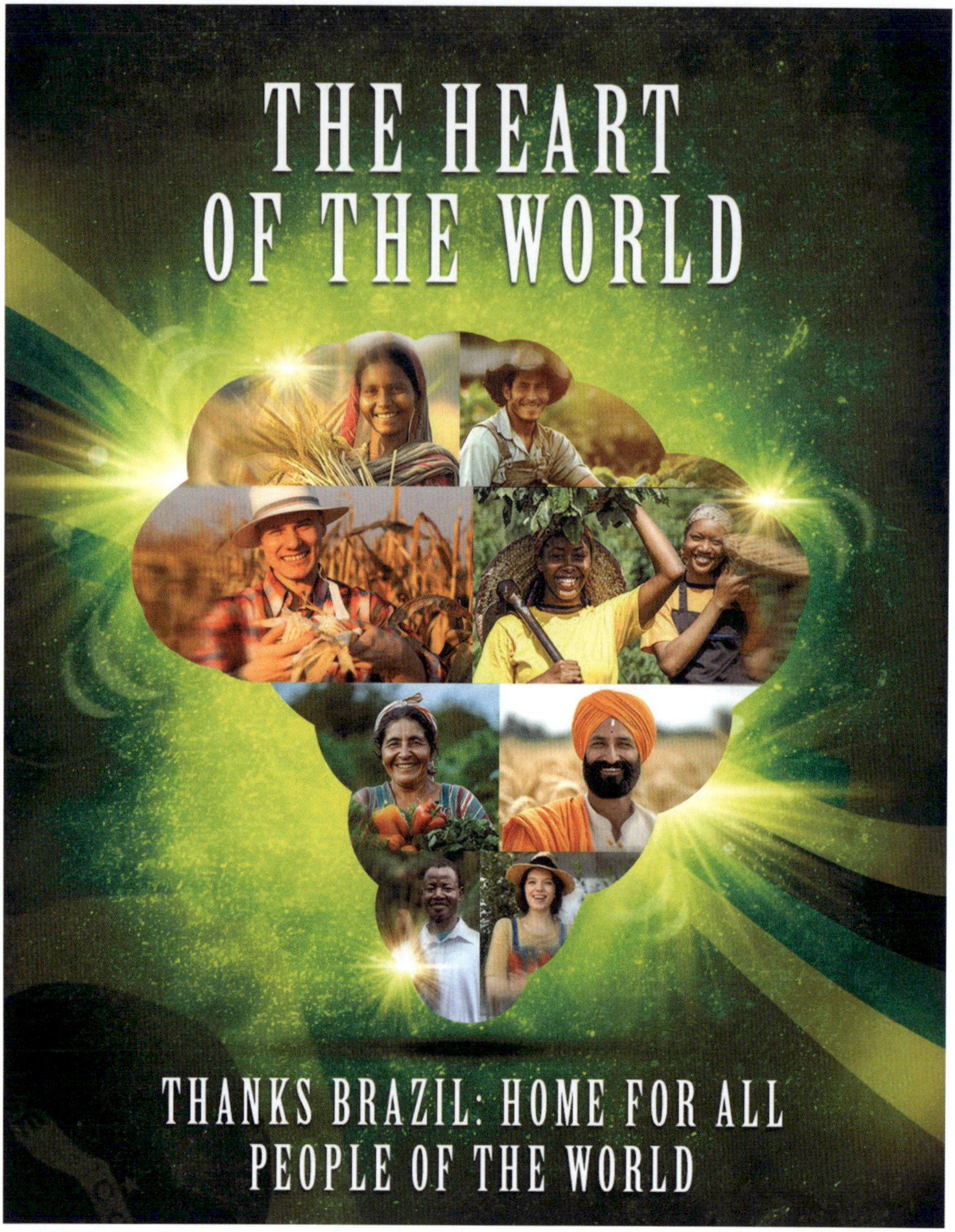


**Figura 4.2**

**Fonte: Bruno Xavier**

# 4.1 A Matriz Estratégica do Sistema Alimentar em 10 Partes

*Aos novos líderes do sistema alimentar cabe unir um mundo que está dividido*
Prof. Dr. Ray Goldberg, Universidade de Harvard.

O fator zero nasce nas demandas da consciência ambiental e social. São muito tratadas nas COPs, a 27 e teremos agora a COP-30, em Belém do Pará. As Organizações Não Governamentais (ONGs), da mesma forma, atuam sob toda uma angulação da busca pelos negócios justos, conscientes e com a visão ambiental, econômica e social.

Neste fator zero, como já abrimos este livro, o segmento da agricultura familiar tem uma natural aderência, portanto, começamos muito bem, estamos surfando numa onda que nasce e tem a força inexorável das tendências. Podemos contar nos grandes grupos corporativos empresariais do sistema agroalimentar e energético do mundo a ordem de incluir no seu sistema de *supply chain* a agricultura familiar, as suas cooperativas, e mesmo quando olhamos pelo lado das corporações científicas e tecnológicas, elas têm programas voltados à inclusão da pequena agricultura familiar no universo *high tech*.

Assim, vamos para o:

## Fator 1

### SEGMENTAÇÃO DO CONSUMIDOR URBANO

As tendências dos alimentos são hoje extraordinariamente amplas, cheias de nichos, e a professora Juliana T. Grazini dos Santos apresenta um mapa de segmentações e nichos **(Figura 4.3)**.

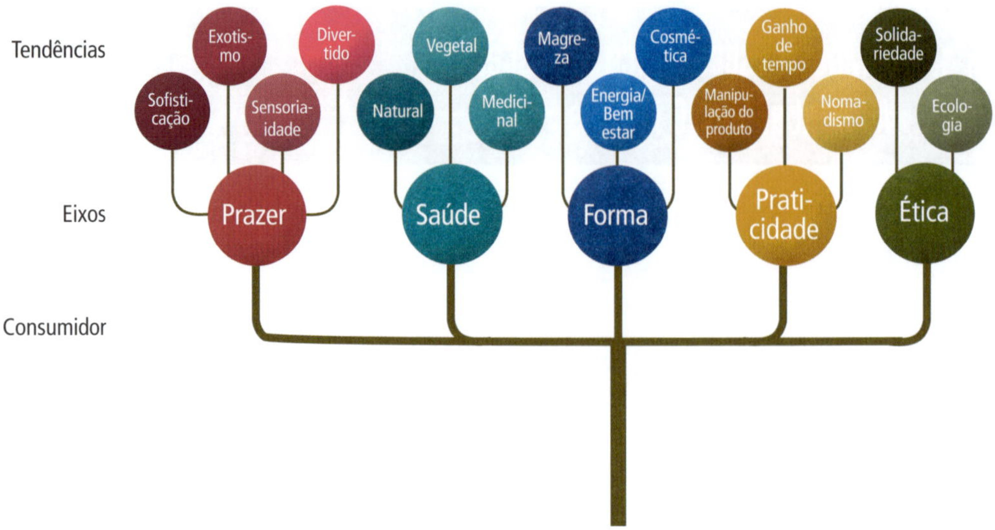


**Figura 4.3** Árvore de Tendências XTC.

**Fonte: Juliana T. Grazini**

Aqui será muito importante que a sua agricultura familiar tenha uma visão de qual é o tipo de consumidor mais conectado ao que você faz e apresenta como diferencial. Um segmento com faixa etária mais jovem, preocupado com saúde alimentar, nível educacional, hábitos de mídia, descrição da forma como ele pensa. Sim, descreva o seu consumidor-alvo, como ele é? Segmente por faixa de renda, classes A, B, C, D, E. O que sabemos é que o maior cliente da proposta alimentos da agricultura familiar tem nível educacional mais alto, e faz parte de uma geração "saúde". O natural, a natureza é seu motivo. E acredita na importância de famílias cuidando e produzindo seus alimentos com os cuidados ambientais, bem-estar animal e nutricional.

Do fator 1 vamos para:

# Fator 2

## COMO CHEGAR NO CONSUMIDOR FINAL

### A ativação do marketing

Você não precisa necessariamente ir direto ao consumidor final. Pode e precisa olhar a agroindústria local como seu cliente. Ali ocorreria o processamento da sua produção. Você pode participar de uma cooperativa agroindustrial, que pode ter sua marca indo até o consumo, e também estar fornecendo para clientes empresariais.

Os programas de governo, das merendas escolares, estarem conectados à agricultura familiar significam um canal fonte de receita. Mas como falamos aqui de marketing, eu sugeriria que, independentemente do acesso oficial, você procurasse ter um projeto independente. Isso dará a você ótima experiência de vida nas realidades do comércio.

No Fator 2 você vai olhar toda agroindústria como potencial cliente, supermercados, lanchonetes, redes de *fast food*, pizzarias, franquias, padarias, enfim, todo imenso setor de indústria, distribuição e serviços dos alimentos. E aqui quando falamos alimentos não podemos deixar de incluir nesse grande movimento o que não é alimento exclusivamente do corpo, mas também alimento da mente, como flores, bebidas, especiarias, moda, roupas, beleza e energia.

Aspectos inovadores ocorrem, por exemplo, enquanto escrevo este livro, conheci um projeto da companhia Aérea Azul, que coloca à disposição de associações, cooperativas, comunidades da Amazônia, sua área de frete de carga a valores subsidiados para exatamente trazer suas originações para os grandes mercados consumidores.

No Planejamento Estratégico, chegamos então no:

## Fator 3

### SÃO AS ANÁLISES ECONÔMICAS, DE POLÍTICAS PÚBLICAS, DOS PREÇOS DAS MERCADORIAS, DAS BOLSAS, DO MERCADO FINANCEIRO, CRÉDITO, O DIMENSIONAMENTO MACRO DE TODA AGRICULTURA FAMILIAR

Sobre isso quero destacar o Anuário Brasileiro da Agricultura Familiar, **(ver link ou qrcode 1)**, que oferece um extraordinário arcabouço com a macrovisão econômica, social, política e cenários da agricultura familiar.

**QRCODE 1**

Anuário Brasileiro da Agricultura Familiar
https://digital.agriculturafamiliar.agr.br/pub/agriculturafamiliar/

Conforme o Ministério do Desenvolvimento Agrário (MDA), a agricultura familiar significa 77% dos estabelecimentos rurais do Brasil. Ocupa 23% da área usada pela agropecuária brasileira. Isto é de enorme dimensão, conforme o Censo de 2017 (Instituto Brasileiro de Geografia e Estatística [IBGE]): são 3,9 milhões de estabelecimentos e 67% das ocupações no campo. O dimensionamento dentro do Fator 3, a macroeconomia, é essencial para as visões das lideranças e para as justas negociações entre os elos do sistema do agronegócio, do antes, dentro e pós-porteira dos estabelecimentos.

A compreensão de que compomos um sistema como uma "corrente" é vital. E como coloquei anteriormente a palavra do Prof. Dr. Ray Goldberg **(ver link ou qrcode 2)**, que foi o criador dos estudos que originaram a denominação *agribusiness* nos anos 1950 nos Estados Unidos, na Universidade de Harvard, ele agora diz que o sistema agroalimentar precisa unir e reunir um mundo cada vez mais dividido.

**QRCODE 2**

Palavra do Prof. Dr. Ray Goldberg
https://www.youtube.com/watch?v=Wl5rvodJlis

Então fica claro quando olhamos a magnitude econômica, social e ambiental da agricultura familiar no Brasil e no planeta Terra, como é fundamental estabelecermos zonas de diálogo ético nessa corrente, pois se um elo mais frágil se parte, perde-se toda a corrente. Há uma força inerente e ajustada à tendência do desejo dos consumidores do mundo para a agricultura familiar.

A junção de alimento com amor, como identificamos com nossos alunos em uma aula na França, sem dúvida, dá um tom especial para as estratégias de marketing desse nobre ramo. O posicionamento e identidade macroeconômico, ambiental e social é obrigatório no planejamento estratégico e operacional de marketing **(Figura 4.4)**.

## Fator 4

### A QUANTIFICAÇÃO E A QUALIFICAÇÃO DOS MERCADOS DE ALIMENTOS

Importantíssimo na estratégia ter a dimensão de estoques existentes versus as demandas previstas, principalmente para *commodities* mais universais como arroz, feijão, mandioca, leite, banana, enfim, do "a" do abacate ao "z" do zebu, precisamos ter uma dimensão do que produzimos, do que o mundo produz, e como importação e exportação podem afetar nossa atividade.

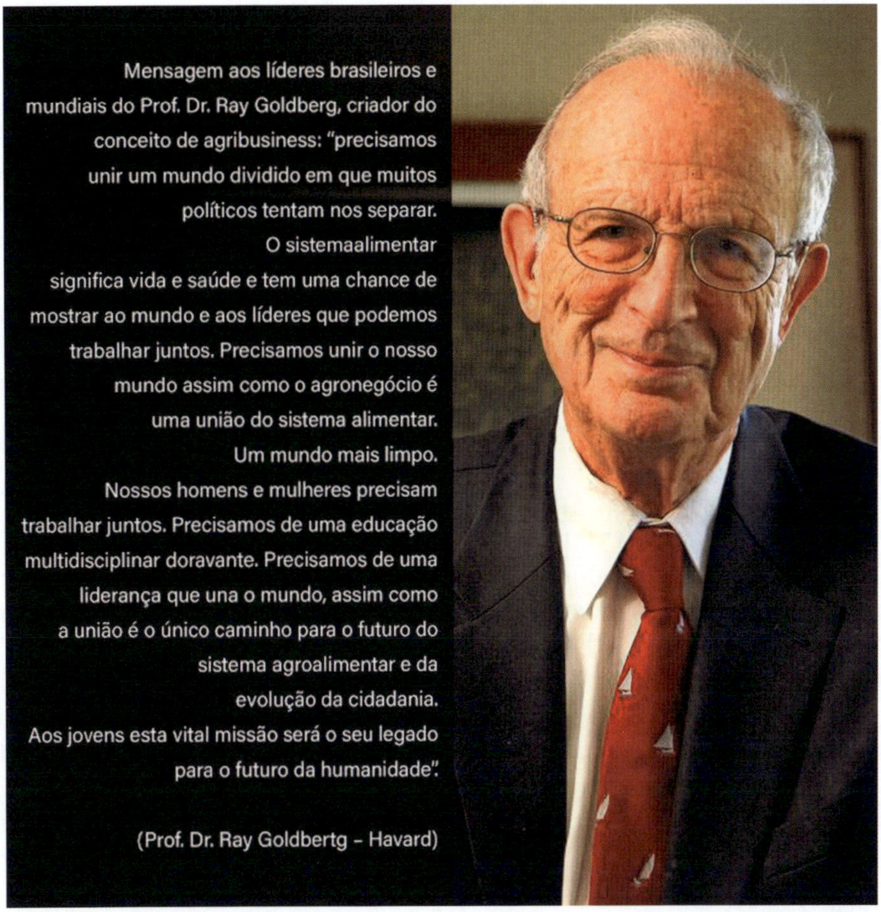


**Figura 4.4**

Uma área que vai crescer muito é a da piscicultura, o pescado. Temos oportunidades, mas somos importadores ainda. Precisamos olhar como está nossa competitividade de agricultura familiar comparada às demais agriculturas familiares do mundo, por exemplo, os vietnamitas. Com Colômbia, Chile, Peru, Argentina, Uruguai, indianos, africanos.

No mundo consta existirem cerca de 570 milhões de produtores rurais, 80% pequenos e familiares e todos precisando e desejando desenvolvimento. Importante olharmos com carinho e dignidade para todo produtor rural do planeta, mas necessário compreender que há uma lei de oferta e procura e estamos competindo.

Enquanto escrevo este livro, assisto um forte movimento de agricultores na Europa, também na Índia, reclamando por mais renda. Temos no Brasil, sob a condição tropical a melhor agricultura ambiental, econômica e social, e isso nos torna muito atrativos, e quando olhamos os seis biomas brasileiros, a grande força de vendas para o mundo está exatamente mediante a agricultura familiar como grande símbolo vinculado ao já instalado desejo do mundo pelo natural, pela força da natureza e por pessoas cuidando.

A análise dos aspectos competitivos internacionais da própria agricultura familiar é muito importante, assim como as estruturas internas de negociações, logística, armazenagem e políticas agrícolas. Níveis diferentes de produtividade e rentabilidade precisam estar identificados, pois toda agricultura familiar precisará esforços consideráveis e permanentes da educação, do desenvolvimento humano e da formação de sucessores. Mães e pais, parentes, criam sucessores desde o berço, não quando já estão com a maior idade.

## Fator 5

### UM MERGULHO NA VERDADEIRA INFRAESTRUTURA

Cadeia do frio para produtos perecíveis. A existência de bolsas, leilões como observamos na Cooperativa Holambra, nas flores, por exemplo. Os serviços de segurança sanitária. Eletrificação, onde o desenvolvimento do biogás será um aspecto essencial para toda agricultura familiar brasileira. A Cooperativa Primato, de Toledo, no Paraná, com a indústria MWM, de São Paulo, inauguram uma sociedade extraordinária nesse sentido, produzirão biogás, biofertilizantes, biometano, bioeletricidade.

## Fator 6

### COMO A AGRICULTURA FAMILIAR OFERECE UM ELENCO DIVERSO DE PRODUTOS PARA OS MAIS DISTINTOS NICHOS, SABORES E SAÚDE?

No programa que acompanhamos com o grupo de comunicação NDTV, em Santa Catarina, Agro, Saúde e Cooperação, podemos apresentar exemplos importantíssimos de produtos com seus diferenciais, como casos de estudos.

## AGRICULTURA FAMILIAR EM SANTA CATARINA

O estado de Santa Catarina é caracterizado por minifúndios, dispondo de 1,3% do território nacional. Mesmo assim, é o oitavo no *ranking* do agronegócio brasileiro. A produção de alimentos e de demais produtos que saem do campo respondem por 70% do volume de exportações do estado.

Apesar de sediar grandes plantas industriais que produzem suínos, aves e seus derivados, como Aurora, BRF, Seara e JBS, é na agricultura familiar que

Santa Catarina se destaca. Segundo a Empresa de Pesquisa Agropecuária e Extensão Rural de Santa Catarina (Epagri), 87% das atividades agropecuárias catarinenses são baseados na agricultura familiar.

## Banana de Corupá

O pequeno município de Corupá, no Vale do Itapocu, região norte de Santa Catarina, tem pouco mais de 1 mil habitantes. É o maior produtor de bananas do estado e o quinto do país. Depois de 14 anos de tramitação do projeto, conquistou o selo de Indicação Geográfica (IG) e Denominação de Origem com a produção da banana mais doce do Brasil. É a primeira IG da banana do mundo.

São 120 anos de história da produção de banana no município. São 550 famílias produtoras que plantam banana em 5.500 hectares, gerando 2 mil empregos diretos e 3 mil indiretos.

Além da fruta in natura, a cidade tem diversas empresas que processam a banana produzindo doces, biscoitos, fomentando as artes plásticas com a casca da planta e biojoias. Essas atividades incrementam a economia com a venda de produtos artesanais e atraem o turismo.

Em 2006, o produtor Adolar Behnke montou uma cooperativa que hoje reúne 21 produtores de banana. Atualmente, a Cooper Rio Novo recebe, classifica e vende em torno de 5 mil quilos por semana.

Foi uma forma de facilitar a vida de quem vive da produção de banana, concentrando a entrega da produção em um entreposto para ajudar na comercialização. Hoje são vendidas 150 mil caixas, de 21 quilos, todas pela cooperativa todos os anos.

Adolar viu na integração dos produtores uma oportunidade de negócios. Conta que a distribuição dos lucros e do resultado das vendas para os cooperados é semanal. "Se não fosse a parceria dos produtores não existiria o cooperativismo na região", diz.

A banana classificada na cooperativa abastece as Centrais de Abastecimento S/A (Ceasa), em Santa Catarina, os supermercados e também vai para exportação.

Quem também vende a banana mais doce do país para o mercado externo é o produtor Waldemir Lange, conhecido como Chico, que concentra 80% da produção na exportação para o mercado argentino há 18 anos.

A empresa gera diversos empregos nas áreas de classificação e de distribuição. Vende em torno de 25 mil caixas de banana todos os meses. A qualidade e a característica de doçura da fruta são o melhor marketing da banana de Corupá.

"Eu não conheço outra área que torna a banana tão doce como em nosso vale aqui em Corupá. É muito doce e é gostosa mesmo", comemora Chico Lange.

**QRCODE 3**

Programa Agro Saúde e Cooperação
https://www.youtube.com/watch?v=8tuKgs8g5zE&list=PLszyAuxjqSo9cHjiOfm0o0PcukZ9b4oNa&index=10

## Hortifrutigranjeiros em Santo Amaro da Imperatriz

Em 1997, os irmãos Amilton, Edésio e Hélio Voges fundaram uma empresa de produtos orgânicos em Santo Amaro da Imperatriz, na Grande Florianópolis. Antes, Amilton Voges, que continuou no comando do empreendimento, plantava fumo. Decidiu pela produção orgânica de frutas e verduras depois de enfrentar problemas de saúde causados pelo uso de defensivos agrícolas na lavoura.

A empresa chamada Recanto da Natureza passou por várias fases até encontrar o nicho de mercado. Foi transformada em associação, envolvendo outros agricultores familiares, mas esbarrou no caráter jurídico que impedia a entidade de comercializar os produtos.

Em 2018, a Recanto da Natureza foi transformada em uma cooperativa, que hoje chama-se Cooperativa da Agricultura Orgânica e Familiar Recanto da Natureza (COOPAFREN).

Atualmente, a COOPAFREN tem mais de 100 cooperados distribuídos nas mais diversas regiões dos estados de Santa Catarina, Paraná e Rio Grande do Sul, tendo assim uma grande variedade e estabilidade de produção.

Para melhor organizar a produção, o beneficiamento e a comercialização, hoje a COOPAFREN tem uma unidade de beneficiamento e uma unidade de insumos agroecológicos em Santo Amaro da Imperatriz e um centro de distribuição em São José.

Amilton e a esposa Inês trabalham diretamente na cooperativa que hoje é administrada pela filha do casal, Cristiane Voges, de 29 anos. Ela formou-se em agronomia e comanda uma equipe de 18 colaboradores.

A venda dos produtos orgânicos que saem da cooperativa abastece os supermercados de toda região da Grande Florianópolis e a merenda escolar. Há cinco anos a COOPAFREN iniciou o trabalho de venda de alimentos para a merenda escolar para os municípios de Santa Catarina. A compra de merenda escolar orgânica por parte dos municípios é por meio do Fundo Nacional de Desenvolvimento da Educação (FNDE).

QRCODE 4

Programa Agro Saúde e Cooperação - Mulheres Rurais
https://www.youtube.com/watch?v=I2jiglfL4CE&t=6s

## Azeite de oliva

No ano de 2011, o casal Jester Raulino e Patrícia de Macedo decidiu apostar na produção de oliveiras e azeite de oliva no município de Rancho Queimado, em Santa Catarina. Após visitar pomares e o processamento do azeite em unidades produtoras do Rio Grande do Sul e de Minas Gerais passaram a investir na atividade. Depois de muitos cursos de aperfeiçoamento, estudo mercadológico e do manejo do cultivo das oliveiras e o processamento do azeite, aproveitaram uma área de terra adquirida pelo pai de Jester, há 20 anos, e passaram a trabalhar com a olericultura.

No ano seguinte adquiriram as primeiras mudas e implantaram o pomar. A primeira colheita de azeitonas foi em 2016, porém a decisão de ampliar o pomar e realmente investir no negócio veio um ano depois. Quando o casal firmou a marca e investiu no lagar – que é o sistema responsável pela extração do azeite. Jester é agrônomo e mestre em lagar. Patrícia fez cursos sensoriais para conhecer mais o produto e hoje é *sommelier* de azeite.

Atualmente o casal detém a marca Quinta do Vienzo e produz azeites premiados nacionais e internacionais. Em 2023, o azeite Vienzo conquistou duas medalhas de ouro na Itália em um concurso que atesta a qualidade dos melhores azeites produzidos no mundo. No Brasil, a Folha de S. Paulo também já colocou a marca entre as 10 melhores. A marca Vienzo deriva dos nomes dos filhos do casal: Davi e Enzo.

O resultado dos três mil pés de oliveiras plantados e das seis variedades de azeitonas produzidas é vendido no mercado, seja em casas especializadas em azeite extra virgem ou no mercado tradicional.

QRCODE 5

Programa Agro Saúde e Cooperação – Produtos de SC Premiados
https://www.youtube.com/watch?v=RvJIhj_k6vo&t=723s

## Queijo serrano

A produtora rural Jezabel Machado, com o marido Tom, são os maiores produtores de queijo artesanal serrano de Santa Catarina. Ela herdou as terras em Coxilha Rica, distrito de Lages, na serra catarinense. O avô foi o primeiro criador de gado da raça Gir leiteiro no estado. A região é muito fria no inverno e a produção de leite aquecia e aquece as famílias rurais.

O queijo artesanal serrano recebeu a IG de Denominação de Origem. É produzido com o leite que vem direto da ordenha, acrescido com sal e coalho. São os únicos ingredientes desse queijo único no país.

A forma de produção desse queijo é histórica. Foi trazido pelos imigrantes portugueses há mais de dois séculos. Tem raízes açorianas e preserva o manejo tradicional. Jezabel conquistou a certificação sanitária do laticínio e produz mais de 50 peças de queijo por dia. A venda é feita no mercado público de Lages e por meio de distribuição para outros mercados de Santa Catarina e de outros estados.

A relação familiar é muito grande. Jezabel lembra que o leite na época do avô era apenas para subsistência. Com o pai, que faleceu há 17 anos, foi criada uma granja de leite. Na época, o queijo era produzido no verão para ser consumido no inverno. Ao herdar a propriedade, ela decidiu ampliar as atividades e investiu na produção do queijo artesanal serrano.

O marido, Tom, afirma que muitas famílias na região vivem da produção do queijo serrano e que o casal mudou-se para a propriedade por necessidade. A marca do queijo serrano ajuda na venda, mas para isso a certificação sanitária e a conquista do Selo Arte e da IG, impulsionam as vendas. Recentemente a propriedade conquistou o troféu da Epagri no concurso regional do queijo serrano.

Duas ordenhas são realizadas todos os dias para uma produção de 30 quilos de queijo diariamente. Jezabel conta que falta produto para a procura dos clientes. "Eu me sinto muito feliz, porque nossos antepassados usavam o queijo como moeda de troca e hoje estamos conseguindo colocar no mercado um produto que tem uma história e manter uma propriedade sustentando nossa família. O queijo serrano é nosso carro-chefe", comemora Jezabel.

**QRCODE 6**

Programa Agro, Saúde e Cooperação – Queijo Serrano
https://www.youtube.com/watch?v=xC5t2aRWxrY&t=5s

## Milho verde

Nos anos 1970, o produtor rural João Lindolfo de Souza começou a trabalhar com o cultivo e a venda de milho verde em Santo Amaro da Imperatriz, município catarinense conhecido pela produção de hortaliças, que fica perto da capital, Florianópolis. Mas foi na produção de milho verde que João Lindolfo decidiu investir.

Criou uma empresa atacadista para receber, classificar e embalar o produto que é cultivado em larga escala no município, onde são plantados 700 hectares e colhidas 35 milhões de espigas para o consumo da cidade.

Atualmente, ele, com ajuda do filho Fábio José de Souza, que está seguindo os passos do pai e assumindo as rédeas do negócio, atendem com milho verde a maior rede de supermercados de Santa Catarina que tem mais de 60 lojas.

Além disso, emprega dezenas de trabalhadores e assegura a compra do produto de pelo menos 20 agricultores de Santo Amaro. Também absorve a produção do milho verde de municípios, como Alfredo Wagner, Ituporanga e Imbuia, no Alto Vale do Itajaí.

Fora da temporada de verão, vende cerca de 60 mil espigas diariamente. Dobra a venda na alta temporada, considerando que o milho verde é muito consumido nas praias de Santa Catarina.

Para Fábio José, que é o filho caçula, seguir o caminho do pai é um orgulho. "Me senti comprometido com esse tipo de trabalho. Comecei a trabalhar com meu pai aos 15 anos, hoje tenho 36. O trabalho começa bem cedo para entregarmos um produto fresco para o cliente", conta.

Além de atender os supermercados, a empresa atacadista mantém um box na Ceasa, em São José, na Grande Florianópolis. A remessa do milho é diária, com pelo menos uma carga completa num caminhão. O milho verde de Santo Amaro também é vendido em cidades como Tubarão e Lages.

### QRCODE 7

Programa Agro Saúde e Cooperação – Milho Verde
https://www.youtube.com/watch?v=FyDAiksjg9A

## Ovinocultura de leite

Depois de 30 anos trabalhando com vacas leiteiras, o produtor rural Adilson Bianchi, de Lageado Grande, no oeste de Santa Catarina, decidiu apostar na ovinocultura. Montou um criatório onde mantém um plantel de 650 ovelhas.

Investiu em tecnologia e na mecanização da ordenha. Atualmente, a produção é de 250 litros de leite todos os dias.

Utiliza 90% do leite na produção de derivados que são industrializados e vendidos dentro da propriedade. Para isso, conta com o auxílio da família. A filha Andressa é engenheira de alimentos e cuida do laticínio, onde o leite de ovelha é transformado em iogurte, queijo e doce de leite.

Esses produtos abastecem o mercado da região, mas também a loja montada dentro da propriedade que é administrada por Talita Bianchi, nora de Adilson. A família montou um espaço de visitação e comercialização de produtos, aproveitando o interesse pelo turismo regional, uma agregação de valor importante que transformou a propriedade em um modelo de gestão que é procurado por vários cursos de medicina veterinária para estudos.

Além do consumo próprio de leite para o processamento no laticínio, a família Bianchi comercializa o produto em São Paulo, Paraná, Rio Grande do Sul e para um parceiro de negócio que fica a 60 quilômetros de Lageado Grande.

O empresário Érico Tormem também é ovinocultor. Mantém uma cabanha em Chapecó com 900 ovelhas. Para difundir as qualidades do leite de ovelha montou no centro da cidade uma gelateria com produtos exclusivamente oriundos da ovinocultura.

Parte desses produtos vem do laticínio da família Bianchi. Essa parceria está possibilitando a criação de uma franquia de sorvetes e iogurtes da marca Bée, mas para isso, ele precisa iniciar a produção de leite em pó, que está projetada para 2024.

Na cabanha, Érico Tormem, que criou a Associação Brasileira de Ovinocultura, mantém parte do plantel para o desenvolvimento genético, comercializando embriões para várias partes do Brasil. O restante da produção vai para a industrialização do leite ordenhado do rebanho para abastecer a industrialização e garantir a demanda na gelateria.

**QRCODE 8**

Programa Agro Saúde e Cooperação – Conheça a criação de ovelhas em Santa Catarina

https://www.youtube.com/watch?v=zIEzfgUZlgA&t=37s

## Produção de bolachas, ovos e cooperativismo

O que começou com a produção caseira de bolachas há 14 anos, se transformou em uma pequena fábrica que hoje abastece várias regiões de Santa Catarina com esse alimento. Em Taió, na região do Alto Vale do Itajaí, a empresária e cooperativista, Raquel Silva Matos Rahn, aproveitou o conhecimento da família para produzir bolachas e biscoitos e resolveu investir.

Antes, a venda era de porta em porta, mas depois da montagem da fábrica, a produção ganhou escala e hoje produz 250 quilos do produto diariamente. A venda é feita nas regiões sul, norte e em todos os municípios do Vale do Itajaí. Além disso, Raquel abastece a merenda escolar de várias cidades.

O espírito empreendedor de Raquel Rahn não ficou só na fábrica, ela é presidente da Cooperativa de Pequenos Produtores de Taió, que recebe produtos da agricultura familiar de diversos produtores. Dessa forma, garante a comercialização de ovos, hortaliças, legumes e frutas de dezenas de famílias agricultoras, que antes tinham mais dificuldade em colocar os produtos no mercado. Atualmente, entregam o resultado da colheita para a cooperativa que se encarrega de fazer a venda.

Uma parte dos ovos que Raquel usa na fábrica para produção de biscoitos e bolachas vem de uma propriedade do município de Aurora, que fica na mesma região de Taió. A proprietária da granja é Celíria Bonatto que, há poucos anos, assim que o marido se aposentou, comprou uma propriedade e começou a criar galinhas poedeiras.

As duas mil aves produzem 1.200 ovos diariamente. Elas são criadas soltas, no estilo galinhas felizes. Os ovos que não são entregues na cooperativa são aproveitados na propriedade. Celíria está projetando a produção de massas caseiras, sem adição de conservantes, só com ovo e farinha.

**QRCODE 9**

Programa Agro Saúde e Cooperação – Mulheres Rurais
https://www.youtube.com/watch?v=I2jigIfL4CE&t=648s

## Laranja

A família Zanella, de Presidente Castelo Branco, um pequeno município do meio oeste catarinense, sempre diversificou as atividades no campo para garantir a subsistência. Com o envolvimento de toda a família, sempre criaram gado leiteiro, suínos e grãos.

O patriarca, Orelino Zanella, conta que isso era necessário, porque em épocas de crise em uma das produções, a outra supria as eventuais perdas. No início dos anos 1990, Orelino foi incentivado a cultivar laranjas.

Era mais um valor agregado para a propriedade. O primeiro pomar tinha apenas 120 plantas. Com o passar dos anos, a citricultura com a produção de laranjas deixou de ser uma atividade secundária para a família Zanella.

Atualmente colhem até 50 toneladas de laranjas por hectare. Porém, para gerar uma ligação entre a produtividade e o consumidor, foi preciso a intervenção de Maicon Zanella, que é neto de Orelino.

Ele entrou em contato com as fábricas de suco do litoral catarinense e garantiu o abastecimento das áreas de processamento dessas empresas. Para isso, reuniu os demais produtores de laranja da região meio oeste que tinham a mesma dificuldade em vender individualmente suas produções. Um dos problemas era a falta de mão de obra na hora da colheita.

Maicon montou uma espécie de integração cooperativa entre esses produtores que agregam o resultado da colheita à produtividade da família Zanella para entregar todas as cargas de laranja extraídas dos pomares para as fábricas de suco.

Uma forma de garantir a renda dos produtores e abastecer o mercado consumidor com um alimento saudável e muito apreciado. A iniciativa do Maicon, que é o sucessor na produção de laranjas da família Zanella, ajudou a todos os produtores que hoje vendem cada tonelada em torno de R$ 700,00.

**QRCODE 10**

Programa Agro, Saúde e Cooperação – Produção de Laranja
https://www.youtube.com/watch?v=ZmmNoiF1MFM&t=722s

## AGRICULTURA FAMILIAR NO MATO GROSSO

Já o especialista em Direito Ambiental, Cândido Rosa Junior, juntamente com 270 produtores de agricultura familiar, no Mato Grosso, criou o "Agro Evolui" **(Ver link ou qrcode 11)** portal que fornece produtos do nosso *terroir*, como cachaça e mel do Pantanal, produtos do Cerrado, chips, café, castanhas, hortaliças, ervas medicinas. Como diretor executivo da AgroEvolui, também ao lado do Serviço Brasileiro de Apoio às Micro e Pequenas Empresas (Sebrae), no programa "Inova Amazônia" **(Ver link ou qrcode 12)** levou os produtos da Amazônia para serem comercializados na plataforma. Um exemplo de legítimo marketing ético da agricultura familiar (Figuras 4.5 e 4.6).

## QRCODE 11

AgroEvolui
https://agroevolui.com.br

## QRCODE 12

Inova Amazônia
https://sebrae.com.br/sites/PortalSebrae/inovaamazonia

**Figura 4.5**

**Fonte: José Luiz Tejon/TCA Internacional**

**Figura 4.6**

**Fonte: José Luiz Tejon/TCA Internacional**

## Fator 7

## COMO SE SEGMENTA A AGRICULTURA FAMILIAR

Você está dentro de qual segmento? A quantificação e a qualificação da agricultura familiar. Pelo Censo IBGE de 2017 são 3,9 milhões de estabelecimentos. Como são segmentados todos esses produtores?

Você está integrado com cadeias alimentares crescentes? Ou seja, já está com vínculos com um sistema de produção e vendas de açaí, de batatas chips, de sucos diferenciados, como maçã (ou quem sabe jabuticaba, como no restaurante Dona Ana em Sinop)?

Você está muito especializado e avançado numa área da agricultura familiar? Orgânicos especiais? Ou você está em segmentos alimentares estagnados? Não estão crescendo. Mas tem muita competência neles. Se você está na aquacultura, não tenha dúvida, vai crescer muito esse sistema produtivo, pois nas pesquisas que realizamos com consumidores finais, quando perguntamos sobre a proteína animal mais saudável na opinião deles, o peixe aparece espontaneamente em primeiro lugar.

Existem, na verdade, oportunidades para todas as proteínas; será sempre uma questão de marketing definir ações que criem demandas por meio de percepções positivas mentais. A ovinocultura, por exemplo, um setor ainda muito pequeno no país, mas gigantesco em diversos países, como acabei de aprender agora mesmo enquanto escrevo este livro com minha aluna do *master of business administration* (MBA) internacional na França. Ela é da Mongólia, onde ovinocultura é a mais importante cadeia produtiva familiar do país.

E, sem dúvida, ouço constantemente a mesma ênfase do potencial da caprinocultura do Nordeste onde a palma forrageira foi desenvolvida brilhantemente pelos pesquisadores locais com apoio da Empresa Brasileira de Pesquisa Agropecuária (Embrapa). Com certeza há muito a fazer em todo sistema agroempresarial no entorno de uma produção agrícola, para que ela se transforme num sucesso.

Então, é de significativa importância considerar se o setor onde você está envolvido, a sua cadeia produtiva, ela é ascendente, crescente, se está estagnada, ou infelizmente decadente.

Vale lembrar o brilhante trabalho da Associação Brasileira dos Criadores de Suínos (ABCS) que conseguiu nos últimos 12 anos dobrar o consumo *per capita* dessa categoria.

## QUANDO O CONSUMO DA CARNE SUÍNA DOBROU DE TAMANHO: UM SUCESSO COM MILHARES DA AGRICULTURA FAMILIAR

Em 2010, o consumo per capita da carne suína no Brasil era de 13,7 kg/*capita*. Ao terminarmos de escrever este livro atingimos 21 kg/*capita*. Como isso foi possível? Ao voltarmos no tempo, a carne de "porco", cujo nome foi substituído por "carne suína", era inferior a 10 kg/*capita* mesmo já nos anos 1980 com ótimas tecnologias de produção, genética, manejo, granjas, integração e cooperativas.

Aí surge o segredo para todos da agricultura familiar: a união. Uma entidade, a ABCS, a partir de 2005, começa uma ação de "inteligência de marketing".

Rubens Valentini, à época presidente da entidade, iniciou a liderança desse trabalho. Chega Livia Machado a partir de 2010 como coordenadora de marketing e agora diretora.

A missão era mudar percepções, de uma carne que estava numa escala inferior de consumo, porém com ótima qualidade proteica, sanitária, e que no mundo estava na frente de todas as demais proteínas animais.

O gaúcho Barão de Itararé, um chargista espetacular, afirmava: "Tudo seria fácil não fossem as dificuldades". Os passos dessa ação, que transformou uma história de todo um macrossetor, agregando cerca de R$ 18 bilhões no período de 2015 a 2023, e no volume de produção significou 2.107.889 de toneladas.

Então, como foi? Primeiro desafio: reunir esses milhares de produtores para uma estratégia que elevasse a percepção e o consumo da categoria suinícola. A presidência da ABCS, em 2010, criou com o Sebrae nacional o projeto "Desenvolvimento da suinocultura no Brasil". Nessa conjunção, foi iniciado um trabalho de comunicação.

E onde?

O foco, conforme Livia Machado explica, foi criar materiais que evidenciassem os benefícios para a saúde humana, o sabor, a praticidade, enfim revelar como poderia ser fácil, saudável e gostoso consumir a carne suína. Nutricionistas foram envolvidos, açougueiros, médicos, chefs de cozinha, jornalistas etc.

Disso para a prática efetiva das vendas, como foi?

A decisão ABCS com sua diretoria de marketing, foi brilhante: "Conquistar o varejo brasileiro". Então, a Associação Brasileira de Supermercados (ABRAS), se engajou na ideia, numa perspectiva evolutiva do grande varejo do país. Marcio Milan, diretor executivo da ABRAS, sempre diz: "Além de pontos de venda, os supermercados são pontos de educação". E está correto, pois cerca de 27 milhões de brasileiros passam todos os dias nas suas lojas.

Engajar e treinar funcionários, equipes do varejo. Ouvir o pessoal que atendia os consumidores foi um passo essencial. A partir disso, programas de educação, os cortes, as partes, os bons conselhos aos clientes. Oficinas gastronômicas foram criadas nas lojas. A merenda escolar também foi alvo das iniciativas da ABCS.

A partir de 2015 foi criado o "fundo nacional de desenvolvimento da suinocultura". A contribuição é voluntária pelos produtores, suas associações, frigoríficos, e empresas da tecnologia, genética, nutrição, saúde animal, enfim todas as empresas fornecedoras de tecnologias.

Hoje a suinocultura brasileira está nas gôndolas das mais importantes redes do varejo, e podemos observar uma grande evolução nas formas de apresentações da carne suína, por exemplo: picanha suína, filé mignon, ancho, além de todos os derivados da carne suína, o que trouxe também uma presença da carne suína na proliferação do hábito dos churrascos no Brasil.

A Semana Nacional da Carne Suína foi em 2013, a primeira edição, com o grupo GPA (Pão de Açúcar), e hoje já na 12ª edição com a participação dos grandes grupos varejistas.

No Brasil, hoje, quase 70% dos suinocultores são integrados e/ou cooperados. O mercado interno consome 75% e exportamos 25% para os mais exigentes mercados.

O setor emprega mais de 1.250.000 pessoas diretamente na produção rural e gera enorme valor e empregos em todas as atividades impactadas, como frigoríficos, serviços, comércio, tecnologia. E esta iniciativa, que dobrou o consumo no país, permitiu a milhares da agricultura familiar uma expansão de competências, prosperidade e dignidade de vida. Hoje uma conexão de programas de biogás, como exemplo na Cooperativa Primato, de Toledo, com a MWM, criará uma nova unidade de negócios para os suinocultores transformando os dejetos em biofertilizantes, bioeletricidade e biometano.

Uma riqueza inovadora a partir do desenvolvimento tecnológico e de vendas da carne suína brasileira.

A reunião de núcleos da agricultura familiar, em grande parte, como no exemplo ABCS, evidenciam o futuro que está além de conquista de participação de mercado na demanda existente e, sim, de forma muito maior na ampliação desta sobre o potencial de consumo a ser desenvolvido.

Neste presente momento o presidente da ABCS, Marcelo Lopes, afirma: "Consumidores de hoje querem conhecer as produtoras e os produtores de hoje".

Infelizmente temos ainda no Brasil milhões de pequenos produtores em regime de praticamente "sobrevivência". Como ouvi do líder Alysson Paolinelli, *in memoriam*: "Temos ainda 4 milhões de pequenas propriedades famintas". E daí para baixo seriam segmentos de eficiência produtiva da média para menos, e em uma categoria mais de autossobrevivência, com produção comum chegando até nos "amadores rurais", pessoas que estão iniciando as atividades por gostarem do campo, mas sem experiência.

Porém, interessante observá-los. Pessoas que não vieram do campo, mas que começam a fazer uma atividade com ciência e tecnologia com ótimos resultados. Um amigo, o "Carlão", executivo de grandes companhias, apaixonado pelo campo, investiu numa propriedade de palmito "pupunha" no Vale do Ribeira, São Paulo, e está indo muito bem, apaixonado pelo rural.

Importante você se colocar, se está numa faixa A, integrado, cooperado ascendente, evoluído, capaz. Em uma faixa B, mediana competitiva em setores estagnados, não diversificado. Ou na faixa C, setores descendentes, caindo no consumo. Faixa D, sobreviventes e amadores rurais.

A importância dessa visualização é que o sucesso da agricultura familiar dependerá da imagem da região, da associação, da sua cooperativa, e não conseguimos sucesso sozinhos, precisaremos elevar todos os vizinhos da agricultura familiar. Esta classificação independe totalmente do tamanho da sua propriedade, serve para todas as categorias e portes.

A agricultura familiar, pelo Censo (IBGE) de 2017 empregava praticamente 10 milhões de pessoas e respondia por 40% da renda população economicamente ativa na agricultura.

## Fator 8

### OS FATORES DE PRODUÇÃO

Para produzir, precisamos de insumos, tecnologias, educação, assistência técnica, crédito, seguro e serviços. Não conseguimos sozinhos. A agricultura familiar se destaca em milho, mandioca, olerícolas, feijão, cana, arroz, café, trigo, mamona, fruticulturas e hortaliças; leite, gado de corte, ovinos, caprinos, suínos e aves. Nas culturas permanentes, agricultura familiar corresponde a 48% do valor da produção de café e banana. Nas culturas temporárias significa 80% do valor de produção da mandioca, 69% do abacaxi, e 42% do feijão. Também pelo IBGE, a agricultura familiar é a base da economia de 90% dos municípios brasileiros com até 20 mil habitantes.

Sobre os fatores de produção, as políticas públicas são muito decisivas, pois as estruturas do entorno das regiões com agricultura familiar são extremamente vitais para a prosperidade destas, assim como crédito, onde podemos destacar recentemente o ótimo papel das cooperativas de crédito do Brasil. A mecanização exige um olhar especial e ativo por parte da agricultura familiar. Até para cortar cana, onde não é possível mecanizar, precisamos descobrir alguma ferramenta inovadora para o cortador de cana se transformar em um novo personagem.

## Fator 9

### A REUNIÃO DAS POLÍTICAS AGRÍCOLAS NA SUA GRANDE SÍNTESE

O papel das lideranças das associações, sindicatos e cooperativas, integradas às suas federações estaduais e à Confederação Nacional da Agricultura e Pecuária (CNA) tem papel essencial no olhar atencioso da nação para este ângulo empreendedor básico e construtivo da sociedade, a agricultura familiar, ambiental e social, mas com vitalidade econômica.

O Ministério do Desenvolvimento Agrário (MDA), um ministério dedicado a esse macrossegmento tem muito a realizar, principalmente conquistando parcerias com todos os elos do sistema agroalimentar, energético e ambiental, e com a sociedade brasileira. Bem como criando acordos e canais de exportação dos produtos do "terroir tropical brasileiro" para o mundo. Com os alimentos seguem a cultura e os elos humanos do nosso povo multiétnico.

Dentro do sistema da política pública agrícola, considera-se pela lei um empreendedor familiar rural quem pratica funções no meio rural e que atenda às seguintes normas:

1. Não tenha área maior do que 4 módulos fiscais, dependendo do município varia de 5 a 110 hectares.
2. Que use majoritariamente mão de obra da família.
3. Que sua renda familiar seja majoritariamente das atividades ligadas à agricultura familiar.
4. Que a governança seja feita com a família.

Sobre as grandes propriedades, o Censo (IBGE) de 2017 aponta que 1% das propriedades somavam 51.203 estabelecimentos com 1 mil hectare ou mais, reunindo 47,6% da área total brasileira.

## Fator 10

### O SISTEMA DE INFORMAÇÕES, BANCO E DADOS, ESTATÍSTICAS E ANÁLISE PARA TOMADA DE DECISÕES

Empresas atuando com satélites, digitalização, inteligência artificial, monitoramento e robôs já estão no país, e teremos nos próximos 10 anos uma total revolução de rastreabilidade e digitalização.

A agricultura familiar pode ser de pequenas propriedades, mas precisa ser de grandes mentes. E para ser competitiva precisará atingir níveis elevados de gestão.

Uma pequena área bem administrada pode ser muito mais lucrativa e próspera do que grandes áreas que se percam da administração. Poderia dizer aqui que não existe agricultura familiar malsucedida, existe agricultura familiar mal administrada, ou sofrendo da inexistência de um planejamento como abordamos aqui neste livro. Dá trabalho monitorar, administrar, tomar decisões palmo a palmo, planta a planta e animal a animal, e ainda coordenar os fatores externos.

Conheci gente nos anos 1970 que já fazia agricultura de precisão "na mão", sem computador, sinal de telecomunicação ou celulares. Lógico, era na caderneta, no andar passo a passo no seu solo, no seu aviário, no seu curral. Com um poder descomunal de foco humano.

Agora é para o futuro, a inteligência artificial vai nos dar esse foco, e caberá a nós, seres humanos, sabermos tomar decisões a partir das nanoinformações que receberemos da nanociência. Portanto, a "tecnologia digital estará cada vez mais a serviço de um mundo analógico", Prof. José Carlos de Souza Junior, do Instituto Mauá de Tecnologia (IMT).

O Censo 2017 revela também o crescimento no uso da tecnologia, irrigação, defensivos. Também revelou que 52,8% dos produtores são pretos e pardos. Crescendo também as mulheres com praticamente 20% declaradas, mas aqui considero pessoalmente muito mais, pois as mulheres ainda fazem uma governança invisível na maioria das propriedades, principalmente nas familiares.

Coordeno o conteúdo do Congresso Nacional das Mulheres do Agronegócio (CNMA), ao longo de nove anos e posso dizer: "As mulheres são as grandes aceleradoras da inovação" e têm virtudes únicas na liderança e governança. As mulheres têm sete virtudes identificadas:

1. Liderança
2. Resiliência
3. Velocidade
4. Comunicação
5. Empreendedorismo
6. Afetividade
7. Responsabilidade

Mas o ponto é que o Brasil e o mundo amam a agricultura familiar. Sinônimo legítimo e automático de "amor" no alimento, o que representa saúde para todos os humanos vivos. E não nos esquecendo dos animais, onde Carmen Peres, produtora, é líder, tanto que se dedica ao bem-estar animal. Além disso, cresce muito o alimento para pets.

Dessa matriz, do fator 0, a nova consciência mundial de alimentos, energia, meio ambiente, responsabilidade social, totalmente favorável à agricultura familiar, vindo até o fator 10, onde precisamos reunir métricas, estatísticas e fatos concretos que mostrem e provem os avanços. Temos à disposição um potencial inimaginável para a prosperidade e dignidade humana no planeta Terra. Por um lado, a valorização e a correta mensuração do efeito agricultura familiar na economia e diminuição de riscos ambientais e do crime e terrorismo, e do sofrimento da imigração pela miséria, e por outro lado pelos benefícios alimentares e energéticos dos produtos ali originados, tanto para as sociedades locais quanto internacionais.

Afinal uma legítima champagne, indicação geográfica com denominação de origem, que constitui uma região francesa chamada Champagne, Ardenne, com uma população de 1,3 milhão de habitantes, com 30 mil hectares de vinhedos produzindo mais de 300 milhões de garrafas de champagne anualmente, podemos afirmar: "Nunca adoramos tanto uma agricultura local, feita pela agricultura familiar daquele local, que podemos saborear em todo e qualquer ponto do mundo, assim ele se transforma também aqui e ali, local e celebração familiar".

O Sebrae, no Brasil, está fazendo um extraordinário trabalho com indicação geográfica o que pode criar a denominação de origem. Em conjunto com o Instituto Nacional da Propriedade Industrial (INPI), o Sebrae desenvolveu um livro animado online onde se pode conhecer a história por trás de cada uma das

Indicações Geográficas (IGs) brasileiras, o território onde cada uma delas está inserida, as características dos produtos e os benefícios e resultados positivos que esse registro proporciona à comunidade.

**QRCODE 13**

Sebrae
https://sebrae.com.br/Sebrae/infograficos/livroanimacao/#/

Entre as IGs brasileiras destacam-se:

- Vale dos Vinhedos para vinhos
- Goiabeiras para panelas de barro
- Região do Cerrado Mineiro para café
- Canastra para queijo
- Divina Pastora para rendas
- Franca para calçados
- Linhares para cacau
- Salinas para aguardente de cana

Nada no mundo nasce grande. É concebido, desenvolvido no útero de nobres pessoas que pensam o bem e pensam grande. Depois aquele bebê vai crescer, mas para isso precisa de uma família, de uma vizinhança, do seu bairro e comunidade.

"Ninguém cresce sozinho", Shunji Nishimura.

## CONSIDERAÇÕES FINAIS

Neste capítulo trouxemos a visão ampla de tudo o que precisamos para fazer um plano de marketing. Serve para quem está na liderança das associações, cooperativas, de órgãos públicos, e serve para um pequeno negócio. Os exemplos relatados no capítulo são estimulantes e apontam para a possibilidade de sucesso em tudo o que formos fazer, desde que possamos planejar.

Agora vamos para o capítulo 5, onde agricultura familiar significa a marca mais amada pelo consumidor mundial.

capítulo 5

# Agricultura Familiar, a Marca Mais Amada do Consumidor:

## *New Love Brand*

Adélia Franceschini

### INTRODUÇÃO

Neste capítulo a pesquisadora Adélia Franceschini, uma das mais competentes nos estudos de comportamento dos consumidores e tendências no Brasil e dentro do agronegócio, nos apresenta este ângulo excelente para a agricultura familiar. Uma marca amada. *Love brand.*

Muito importante a leitura profunda deste capítulo para realizar o quanto existe de movimentos favoráveis à agricultura familiar, não só no Brasil, mas mundialmente.

*Love brand* significa que a marca extrapolou a sua relação de consumo estritamente operacional e utilitária do produto e marca com os seus consumidores e passa a representar um vínculo emocional de grande fidelidade com o seu cliente, criando uma relação amorosa muito mais forte que o simples consumo.

Obviamente, uma relação de amor não se sustenta em um único traço e requer uma multiplicidade de atrativos que cerquem a escolha do produto e marca, assim como seu consumo, com inegáveis pontos de diferenciação e distância dos demais concorrentes do mercado.

Considerando-se o agronegócio como um todo, podemos dizer que a agricultura familiar se reveste atualmente das características verdadeiras de uma *love brand.* Muitos indicadores, em diversos estudos de pesquisa de mercado, realizados me subsidiam essa afirmação, mesmo que ainda ocorra de maneira incipiente e sem a devida conscientização do mercado, tanto dos *players* como do lado dos consumidores – fato esse curioso. Na verdade, não houve um esforço mercadológico exercido para isso, mas muitos fatores se entrosaram num amálgama que gerou a situação excepcional, onde esse posicionamento vem crescendo e vai se materializando nessa posição de *love brand*.

Sem dúvida, não estamos falando de uma pequena parcela da produção, pois a agricultura familiar corresponde a 70% dos alimentos consumidos no país (proporção questionada por alguns) e agrega nada menos do que 10 milhões das pessoas que trabalham na produção rural, e isso significa 70% de quem trabalha no campo, segundo a Confederação Nacional dos Trabalhadores na Agricultura (Contag). Com os novos incentivos direcionados à produção rural é de se esperar que o volume de produção cresça ainda mais a partir de 2025.

Sem dar ordem de importância, seguem os pontos que detectados em estudos mercadológicos tanto junto ao trade quanto aos consumidores. Devo esclarecer que nenhuma dessas assertivas são absolutas na sociedade, mas apresentam índices progressivos no Brasil e em boa parte do mundo.

## A SAÚDE EM PRIMEIRO LUGAR

Um valor geral que permeia a sociedade e permite o desabrochar da *new love brand.*

Boa parte das classes mais instruídas vem alterando seus hábitos em geral para vivenciar um comportamento mais saudável. Não somente no aspecto alimentar, mas no geral, abrindo sua agenda para mais exercícios, caminhadas ou esportes, deixando de fumar – apresentando um incrível declínio nas últimas décadas, por exemplo.

Essa busca pela saudabilidade na vida, praticamente em todo o mundo ocidental, repercutiu também na agricultura e pecuária, criando um nicho que cresce muito a cada ano em busca de alimentos com selo de orgânicos, assegurando o consumidor do afastamento de produtos possivelmente altamente contaminados com agrotóxicos.

A valorização desse aspecto é tão alta que predispõe o cliente a pagar 30% mais em média do que o produto "normal", que muitas vezes é maior, mais fácil de achar e mais robusto. Esse patamar de preço dos produtos orgânicos também é maior em toda a Europa e isso caracteriza uma atribuição consciente de "mais valor" dado pelo consumidor.

Nem toda agricultura familiar trabalha com orgânicos, mas perfaz 75% das propriedades do Brasil que o fazem, ou seja, a grande maioria, e isso fornece o pano de fundo para esse segmento se valorizar frente à sociedade e garante uma maior lucratividade para o pequeno agricultor.

Até produtoras rurais já nos relataram em estudo junto a essa categoria que se sentiram muitíssimo melhor aceitas na sociedade em geral ao mudarem a sua cultura tradicional para uma atividade orgânica, que agora as valorizam muito mais socialmente como profissionais, além do aumento da receita pelo preço do produto. O inverso também detectamos no mesmo estudo: as produtoras rurais de culturas extensivas relatam, em boa parte, que se sentem pouco valorizadas socialmente, principalmente pela população urbana, apesar de apresentarem excelente posição econômica. Essa dupla constatação constrói o pano de fundo onde se gera esse crescimento da valorização da agricultura familiar.

Base para a lealdade com a marca.

## *SMALL IS BEAUTIFUL*

Condição intrínsica do negócio que valoriza a categoria.

A grande propriedade tem suas características econômicas de alta relevância, sem dúvida, mas agregam imagem cristalizada há séculos de exploração de trabalhadores, quando não de morticínio de escravos aprisionados. Curiosamente, a sociedade rural e seus representantes – que alteraram sobremaneira a forma e condução da produção agrária – pouco trabalharam uma mudança desses traços horríveis de imagem que estão pintados com todas as cores nas artes, na literatura, no teatro e retratados na história do Brasil por quase 400 anos, desenhando um perfil de fazendeiro algoz.

Claro que não se muda a história, mas não se tentou construir uma figura mais moderna, antenada com a sociedade e seus novos padrões sociais. Bateram apenas no volume de terras e riqueza criadas – que nem sempre revestem positivamente a imagem do empresário do campo, pois muitas vezes até antipatiza reiterando os traços do antigo perfil.

Os grandes produtores modernos, por outro lado, apresentam a tecnologia de ponta utilizando grandes máquinas e pouquíssimos empregados perto de um passado recente. Maior produtividade, maior rentabilidade econômica, mas que muitas vezes está associada a alto rendimento com a percepção de exaustão do solo por ampla cultura única.

Todo esse discurso ácido para contrapor a imagem da agricultura familiar de "pai, mãe e filhos" trabalhando diligentemente em uma área muito pequena de terra (definido o tamanho por lei), dando a percepção que eles mesmos fazem quase tudo sozinhos com muitos cuidados nas várias etapas da produção, pois são os primeiros a absorver essa produção de subsistência para revender o excedente ao mercado.

Menos máquina, mais atenção? Talvez não, mas estamos falando de construção de marca – a percepção geral é que a desenha de determinada maneira.

A agricultura familiar se caracteriza por desenvolver múltiplas culturas na pequena área, até 50 hectares, sem exaurir o solo e fornecendo à sociedade local sua produção que está à mesa das comunidades. De fato, segundo o Instituto Brasileiro de Geografia e Estatística (IBGE), 68% dos municípios do país tem até 20 mil habitantes e 90% da renda dos seus moradores vem da agricultura familiar, evidenciando uma proximidade inconteste dos produtores e das comunidades locais.

Recente pesquisa realizada em 2022 pela Kantar Group na Alemanha evidencia a importância que a agricultura familiar ganhou (nesta época de guerra da Ucrânia versus Rússia, em que houve falta de alimentos) pois 100% dos berlinenses pesquisados esperam que a agricultura lhes forneça produtos cultivados regionalmente. Essa mesma pesquisa demonstra como médicos e enfermeiros ganharam os postos mais elevados de admiração depois da Covid-19 e os agricultores ficaram em terceiro lugar como os mais admirados pelos alemães.

A marca está próxima de mim.

## OBJETIVOS DE DESENVOLVIMENTO SUSTENTÁVEL (ODS)

Está na academia, na rua, nas cidades e no campo.

Não, o consumidor não conhece as metas para 2030 com suas siglas e significados, mas depreende que a agricultura familiar desenvolve naturalmente um uso do solo mais equilibrado, que zela pela fauna e água de maneira cuidadosa, pois a área é menor e a única que dispõe para sua família. Vive ali no local e depende daquela específica produção. Portanto, não há como ignorar o tratamento a ser empregado.

Idem para a percepção dos aspectos sociais. Morar na propriedade o faz copartícipe do sistema oferecido pela cidade, quer seja de infraestrutura educacional ou de saúde, assim como o posiciona com menor diferença social com os empregados que venha a ter, já que divide o ambiente e compartilha da vida rural. Ou seja, fecha o *environment, social and governance* (ESG) – mais uma vez, e o público apenas intui o que nós estudamos com atenção, mas valoriza esses aspectos, atribuindo maior valor a esses impulsionadores das culturas locais.

Claro que a vida não é facil para a grande maioria dos agricultores que sofre todos os riscos da natureza, como qualquer outro produtor rural, e conta com muito pouco recurso próprio e com ausência de políticas perenes para a sua produção vingar, mas uma boa parcela tem descoberto que a formação de cooperativa pode exercer toda a diferença para o sucesso da sua atividade e a ampliação do rol de abrangência.

Muitas organizações diferentes estão se criando pelo mundo afora reunindo a produção de pequenos agricultores. Na Alemanha, desde 2005, surgiu a Ecoterra, em Epstein, que agrega à produção de produtos secos de agricultores certificados pela qualidade para distribuir para mais de 600 mercados. Seu requisito básico para a compra da produção é que o agricultor, mesmo que pequeno, cumpra o lema da organização: respeito pela natureza, pessoas e futuro, com certificações esmiuçadas sobre todos os desdobramentos na origem dos alimentos processados e vendidos na organização para garantir a qualidade.

Vale a pena verificar o site deles em:

**QRCODE 1**

Ecoterra
https://www.eco-terra.de/

No Brasil, sem dúvida, começam a aparecer várias iniciativas de fornecimento de produção da agricultura familiar como a plataforma www.edocampo.com.br que fornece mais de 250 produtos para todo o Brasil de agricultores familiares de Minas Gerais. Iniciativas como essa estão se multiplicando e devem ganhar uma nova dimensão.

Excelência de serviços prestados à sociedade.

## A AGRICULTURA FAMILIAR ALIMENTA O BRASIL

Não são *commodities*, está na nossa boca.

Cerca de 70% do que consumimos no Brasil foi produzido por esse segmento: verduras, legumes, leite, ovos e frutas, e no mundo inteiro é semelhante. Há discussões a respeito desse valor, mas todas as publicações que pude encontrar posicionam a produção para contrapor o consumo – coisas bem diferentes.

São principalmente os produtos da nossa mesa; nos relacionamos diretamente com essas categorias, quer as compremos ou não, comendo em restaurantes, lanchonetes e escolas públicas muitas vezes! Essa relação tão próxima com esses produtos diariamente é que propicia essa ilação emocional que temos com a agricultura familiar, pois esse é o fenômeno que abriga a construção de uma *love brand*.

Brasileiros, e quase o mundo inteiro também, sabem que os agricultores familiares cultivam esses produtos básicos da nossa alimentação diária. A soja, por mais forte economicamente que seja no mundo, não traz a familiaridade do consumo e não tem importância percebida na vida de um mortal consumidor.

Mas as categorias citadas anteriormente são descritas nas suas várias composições, selecionadas e escolhidas por milhões de pessoas diariamente e consumidas por todos. O brasileiro ama o seu arroz com feijão de cada dia que tem origem nessa agricultura familiar na maior parte das vezes. Em outros países também pode-se assistir a mesma dinâmica com outros produtos próprios da cultura local.

Os programas de compra de alimentos para fornecimento em escolas também priorizam a agricultura familiar, destinando as culturas próximas às escolas da região.

A marca desperta emoções, inconscientemente.

## A UNIÃO FAZ A FORÇA

Pequenos unidos chegam na ponta do consumo.

Em muitos lugares a agricultura familiar se reúne para colocar seus produtos na mão do consumidor final. Iniciaram-se com as feiras de orgânicos já há décadas, mas que foram se multiplicando em uma época em que os mercados ainda não abriam espaço para produtos "tão caros e esquisitos". Mas a vontade popular venceu e os grandes mercados iniciaram, de leve e com grande progressão, e hoje vemos os produtos orgânicos em praticamente todas as grandes redes de varejo, quase pelo Brasil todo, e podemos presumir que logo estarão mesmo com abrangência próxima a 100%.

Hoje as feiras continuam, mas os produtores se organizam um pouco mais, criando verdadeiras "quitandas eletrônicas" com *delivery* de frutas, verduras, legumes, ovos, e mais um cem número de produtos orgânicos e não orgânicos para entregas regulares nas casas dos consumidores finais. Pedido feito, compra entregue em casa!

Muitas organizações diferentes estão se criando pelo mundo afora reunindo a produção de pequenos agricultores. Na Alemanha, desde 2005, surgiu a Ecoterra que agrega a produção de produtos secos de agricultores certificados pela qualidade para distribuir para mais de 600 mercados.

Continuam inovando, pois já há no mercado brasileiro e no exterior também a venda de "assinatura" - cestas divididas por porte e quantidade e natureza de produtos pagos mensalmente e entregues com a periodicidade que o cliente quiser: semanal, quinzenal, mensal.

Essa, sem dúvida, é a prova de amor do consumidor, pois ele abre mão de escolher o produto na confiança de um quase perfeito atendimento, pressupondo qualidade e perfeita integridade dos alimentos, de olhos fechados.

Além das cooperativas que avançam a cada dia nesse terreno, temos iniciativas brilhantes que colocam a agricultuta familiar no coração dos consumidores. A ONG premiadíssima "faça um bem incrível“ coloca à venda a preço de custo, baixíssimo mesmo, o volume de legumes e verduras que cerca de 200 agricultores do cinturão verde de São Paulo – Mogi das Cruzes – não conseguiram vender nas Centrais de Abastecimento (Ceasa) e isso abate o custo geral deles e contribui para muitas cozinhas solidárias. Lealdade garantida da *love brand.*

## CONSIDERAÇÕES FINAIS

União, cooperativas, associações, ONGs, este capítulo motiva o leitor a reunir as peças que promovem os negócios da agricultura familiar. Este conceito de *love brand*, interpretado pela Adélia Franceschini, é sensacional e muito poderoso na estratégia do marketing ético, como é a configuração deste livro.

capítulo 6

# Agricultura Familiar com Qualidade Total Percebida.

## O *Show* da Rastreabilidade

GIAMPAOLO BUSO

### INTRODUÇÃO

Programa RAMA, Rastreabilidade e Monitoramento de Alimentos. Muito mais do que análise das conformidades de produtos químicos nas hortaliças e frutas, hoje este programa se transforma num ponto de educação tanto de consumidores de alimentos quanto de produtores. Giampaolo Buso é o responsável técnico, realizando a rastreabilidade e informações para os envolvidos ao lado da Associação Brasileira de Supermercados (ABRAS). São cerca de 95 mil lojas no país, por onde passam diariamente mais de 27 milhões de pessoas. Portanto, veja neste capítulo o caminho ao futuro de um marketing estratégico e ético.

## PROGRAMA RAMA DOS SUPERMERCADOS BRASILEIROS

As demandas da sociedade contemporânea têm desafiado pesquisadores, estudiosos e o mercado a compreender o equilíbrio dinâmico que vivemos. A população segue em expansão, porém, em diversos países, temos um decréscimo de natalidade e um alongamento da expectativa de vida, invertendo a pirâmide etária com uma base menos jovem.

O maior tempo de vida, ou seja, a longevidade do ser humano, traz à tona a urgência da atenção aos cuidados associados a uma boa alimentação, atividade física e cuidados com a saúde mental.

Indicadores mundiais apontam também para uma concentração da população nos centros urbanos, próximo a 80% até os anos 2050, ou seja, um processo de forte migração do campo para a cidade (Nações Unidas, World Urbanization Prospects, the 2014 Revision. Atualizado em dez./2017).

A preocupação com os aspectos ambientais, econômicos e sociais, pilares da sustentabilidade e mais recentemente atualizado na visão ambiental, social e governança (ESG; do inglês, *environment, social and governance*), crescem e tornam-se prioridade à medida que a população adquire base de conhecimento para questionar e exigir atitudes diferenciadas de todos os agentes que compõem uma sociedade.

**QRCODE 1**

International Finance Corporation (IFC)
https://www.ifc.org/en/insights-reports/2000/publications-report-whocareswins2005--wci--1319576590784

Na estrutura de cadeia de abastecimento ou suprimento, o supermercado tem uma relevância estratégica no serviço e produto que disponibiliza ao consumidor, seja no conceito de segurança alimentar assim como segurança do alimento. E ainda, sua proximidade com o consumidor, torna-se um facilitador de mudanças de comportamento, disponibilizando informação que gera conhecimento e impacta no comportamento.

Os dados da ABRAS informam que, diariamente, passam pelos supermercados dos seus associados 28 milhões de pessoas. No período de uma semana, praticamente temos a visitação de toda a população brasileira nas lojas dos supermercados.

**QRCODE 2**

ABRAS
https://www.abras.com.br/economia-e-pesquisa/ranking-abras/dados-gerais

Para os alimentos in natura, no complexo ambiente conectado, interdependente e desprovido de barreiras físicas e digitais, existe um aumento da exposição aos riscos conhecidos e desconhecidos. Surgem então, procedimentos de controle para monitorar e evitar exposições prejudiciais à saúde humana e do ambiente na sua íntegra.

Assim, por demandas legais, comerciais e da sociedade, o setor supermercadista tem adotado ações práticas por meio de políticas e ferramentas que repercutem em toda a cadeia de abastecimento dos alimentos e bebidas.

Segundo o documento do Fórum Econômico Mundial, "durante décadas, os executivos organizaram seus fornecedores com base em duas prioridades: confiabilidade e eficiência – um fornecimento confiável com o menor custo. Como resultado, as cadeias de suprimentos de hoje são esticadas, inflexíveis e perigosamente opacas". Uma pesquisa da Bain & Company identificou que até 60% dos executivos não têm visibilidade dos itens em sua cadeia de suprimentos, além de seus fornecedores de primeiro nível. A Covid-19 deu o golpe final nas cadeias de suprimentos que valorizavam apenas confiabilidade e eficiência.

A pandemia quebrou as frágeis relações em todo o mundo e tornou a resiliência – a capacidade de curar, redirecionar ou substituir – a principal prioridade dos líderes. Os autores observam que "[...] resiliência e sustentabilidade, no entanto, são quase impossíveis de alcançar sem visibilidade de como os materiais e mercadorias entram e se movem pela cadeia de suprimentos. As empresas devem ser capazes de ver o que está acontecendo em toda a sua cadeia de suprimentos e rastrear qualquer item – do campo à fábrica e ao cliente (e além). As tecnologias emergentes agora estão transformando essa necessidade em uma realidade operacional." (Visibility and Traceability: The Twin Engines of Sustainable Supply Chains: https://www.weforum.org/projects/circular-transformation-of-industries).

Rastrear pode ser compreendida como a "habilidade de seguir a movimentação de um alimento por estágios específicos de produção, processamento e distribuição" (FAO, 2008). Rastrear significa organizar-se, implementar disciplina e ordem ao processo. Rastrear também obriga o registro de informação com evidência das atividades executadas. O registro com evidência traz assertividade para a busca da causa raiz dos problemas e oportunidades de melhorias.

Segundo o professor José Luiz Tejon (https://tejon.com.br/), é necessário implementar uma nova inteligência pedagógica de negócios na atividade do agronegócio. Tejon (Guia Prático de Orientação para o Rastreamento, 2010), descreve que o "novo marketing exige transparência, desde os valores de quem produz, os processos utilizados, a origem das matérias-primas, insumos e equipes. É a era do processo rastreado, valorizado e administrado. E isto é muito bom para quem é bom".

A ABRAS, desde o ano de 2010 juntamente com seus parceiros, estudou, modelou, aplicou e validou o conceito do Programa RAMA.

No programa RAMA, o supermercado ao participar da sua implantação, orienta seus fornecedores a adotarem medidas de organização e controle a partir do rastreamento e o RAMA, em todos estes anos, desde a sua criação, manteve-se alinhado à missão e visão da entidade, conforme observamos na Figura 6.1.

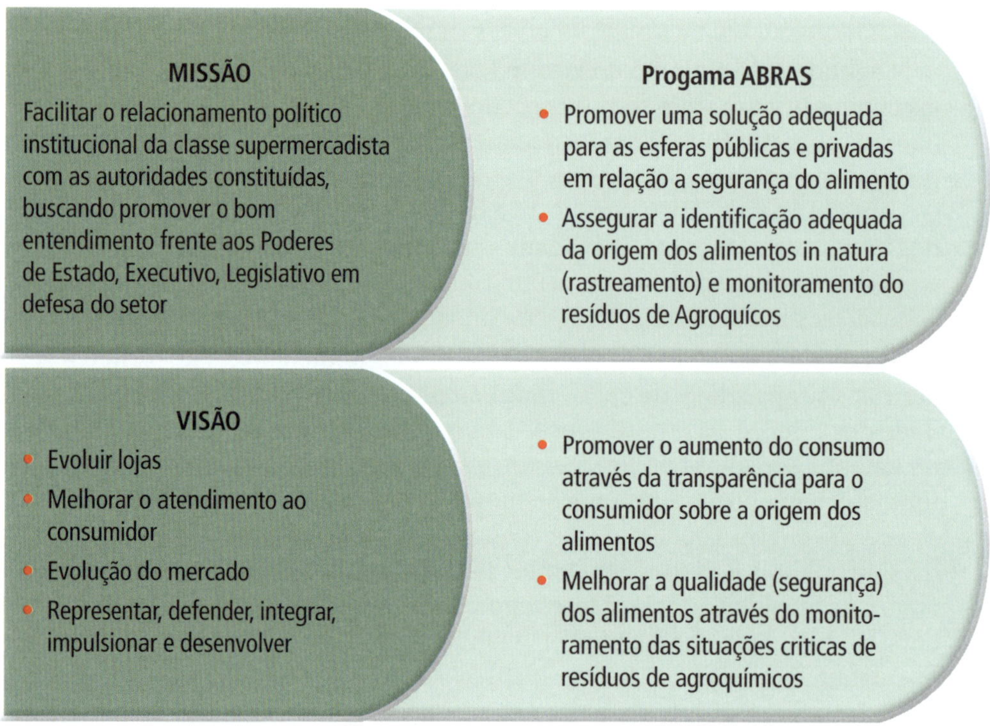


**Figura 6.1**

**Fonte: Giampaolo Buso**

## 1. PILARES DO RAMA

A ABRAS, por intermédio das suas lideranças, elegeu três pilares que sustentam e orientam o Programa RAMA:

- Comunicação: mantendo a sociedade informada sobre as ações e resultados do trabalho realizado;
- Transparência: disponibilizando a consulta e as bases técnicas utilizadas pelo Programa;
- Educação: construindo e incentivando conteúdos que promovam a aquisição de conhecimento para os agentes da cadeia de abastecimento – do campo à mesa – sobre segurança do alimento.

O propósito do RAMA é apoiar o agronegócio nacional na entrega da segurança do alimento para o consumidor.

## 2. RAMA

a. O que é o RAMA?

A ABRAS, as Associações Estaduais e os seus Supermercados associados, mediante um processo colaborativo de atuação, estruturaram o Programa RAMA, por reconhecerem a necessidade do cuidado e atenção com a origem dos produtos hortifrutigranjeiros e o acompanhamento laboratorial dos resíduos de defensivos agroquímicos.

Por meio do Programa RAMA, os supermercados têm acesso a um conjunto de informações que permite a seleção consciente de seus fornecedores para promoção e comercialização de alimentos com maior controle de qualidade, colaborando com as iniciativas governamentais

b. Os objetivos do RAMA

O Programa RAMA atende a uma necessidade crescente de monitoramento dos alimentos, com base nos produtos definidos pelo Programa de Análise de Resíduos de Agrotóxicos em Alimentos (PARA), da Agência Nacional de Vigilância Sanitária (Anvisa), identificando a origem dos alimentos e regiões de produção.

Os objetivos do RAMA são:

1.1 Desenvolvimento colaborativo da cadeia produtiva dos alimentos FLV (frutas, legumes e verduras) responsável pelo abastecimento das Redes de Varejo Associadas à ABRAS e à Associação Estadual, a partir do rastreamento dos alimentos e do monitoramento de resíduos químicos;

1.2 Atender à demanda por uma correta identificação das origens dos alimentos FLV e de suas possíveis inconformidades para os resíduos químicos analisados, contribuindo para aprimorar a sanidade dos alimentos comercializados;

1.3 Fornecer às partes que aderirem ao Programa RAMA, acesso à informação de produtores e comercializadores, produtos e resultados de análises de resíduos químicos para melhores decisões de abastecimento de alimentos FLV, tendo como base de referência o Programa PARA, da Anvisa.

## 3. PARIPASSU: LADO A LADO COM A CADEIA DE ABASTECIMENTO

PariPassu (https://www.paripassu.com.br/quem-somos) é uma expressão originária do latim que significa lado a lado, ao mesmo tempo e de maneira justa.

A PariPassu é a parceira técnica responsável pela elaboração do modelo aplicado no Programa RAMA bem como as soluções para a rastreabilidade do alimento e o fluxo de acompanhamento do monitoramento dos resíduos de defensivos químicos.

## 4. OS SISTEMAS PARIPASSU QUE COMPÕEM O RAMA

O Sistema de Rastreamento da PariPassu é orientado ao produtor e distribuidor para que, no seu dia a dia, realize a operação de rastreamento das frutas, legumes e verduras (FLV ou hortifrutigranjeiros) indicando origem e destino da mercadoria.

No Sistema de Rastreamento, o responsável pelo registro da informação da origem pode ser o produtor, o distribuidor, ou ambos, dependendo dos caminhos percorridos pelo produto. O processo de registro da informação é colaborativo e depende da participação interativa dos agentes da cadeia de abastecimento. O objetivo é estabelecer a relação direta com a base produtiva possibilitando sempre indicar a origem do produto. O processo de rastreamento do RAMA respeita os requisitos mínimos para a segurança da informação.

Ao Código de Rastreamento gerado pelo sistema de rastreamento da PariPassu estão atreladas as seguintes informações: origem do produto, o produto e a data da colheita e em determinados casos, o talhão ou parcela do produto, quantidade e destino. Qualquer alteração em alguma destas variáveis, altera-se, obrigatoriamente o código de rastreamento. Este código é único para toda a cadeia de abastecimento.

Para as situações em que o responsável pelo registro é o distribuidor, ou seja, não a base produtiva, ele (distribuidor) é quem deve buscar os dados da origem e arquivar a informação, não somente no sistema, mas também fisicamente com as notas fiscais ou Romaneios de Recebimento do Campo.

O outro Sistema que compõe o RAMA é o **Painel de Monitoramento de Resíduos**, Painel RAMA – ABRAS.

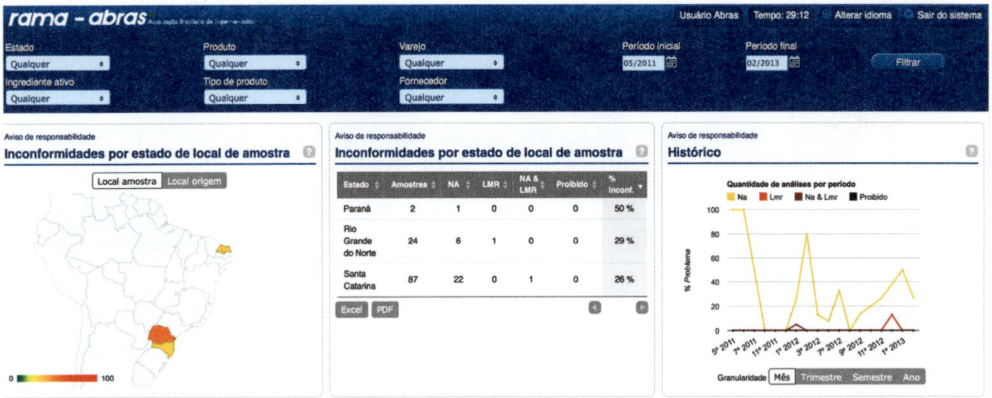


**Figura 6.2** RAMA.

**Fonte: Giampaolo Buso**

Com os produtos FLV identificados, ou seja, rastreados até os pontos de venda ou centrais de distribuição (CD), é possível coletar as amostras que serão encaminhadas para a análise de resíduos em laboratórios parceiros que atendem ao prerrequisito para análises multirresiduais em alimentos frescos, isto é, ser acreditado pelo INMETRO (Cgcre) na ABNT NBR ISO/IEC 17025 para a determinação de resíduos de agrotóxicos em alimentos para os mesmos testes de analitos rodados no PARA, da Anvisa.

A equipe de campo do Programa RAMA responsabiliza-se pela coleta amostral e envio para os laboratórios. Os procedimentos de coleta para análise do produto respeitam um protocolo-padrão de boas práticas e alinhado aos procedimentos operacionais padrões orientados pela Anvisa.

Todos os dados das amostras coletadas, assim como os resultados das análises residuais de agrotóxicos, são cadastrados no Sistema de Acompanhamento de Resultados das Análises (SARA) da PariPassu. No SARA, tanto o varejo onde houve a coleta, quanto o fornecedor do produto coletado, têm acesso às informações da amostra analisada e do laudo gerado pelo laboratório que realizou a análise.

A partir dos resultados dos laudos de análises laboratoriais, de forma automatizada, as informações são carregadas no Painel RAMA – ABRAS mantendo sempre o vínculo das informações por meio do código de rastreabilidade indicado nos produtos a granel e embalados.

## 5. RESPONSABILIDADES DENTRO DO RAMA

No Programa RAMA cada agente da cadeia de abastecimento tem sua responsabilidade estabelecida, de forma que colaborativamente, a junção das partes possa resultar na melhoria contínua dos resultados.

As responsabilidades são:

### ABRAS:

1. Desenvolvimento, implantação, controle e diretrizes gerais do programa.
2. Disponibilização do acesso ao Painel de Monitoramento RAMA - ABRAS no seu portal para os participantes do programa.
3. Disponibilização da arte e logos do material promocional e de comunicação sobre o programa.

### Associação:

1. Promover o programa junto aos associados e as entidades governamentais e órgãos públicos do seu Estado.
2. Convocar reuniões periódicas para avaliação e aprimoramento do programa.
3. Acompanhar o resultado do monitoramento de resíduos químicos dos associados participantes do RAMA.

### Supermercado:

1. Ser filiado à Associação Estadual.
2. Exigir dos seus fornecedores o atendimento às legislações vigentes que atendam ao RAMA.
3. Permitir a coleta de amostras (para análise de resíduos).
4. Acompanhar o resultado do monitoramento de resíduos químicos.
5. Exigir a resposta ao plano de ação de inconformidade.

### Fornecedores:

1. Participarem do programa RAMA.
2. Rastrearem e identificarem os produtos de acordo com o padrão estabelecido no RAMA.
3. Acompanhar o resultado do monitoramento de resíduos químicos dos seus produtos.
4. Responder aos planos de ação dentro do prazo estabelecido sempre que houver inconformidade.

**PariPassu:**

1. Implantação do rastreamento com capacitação dos supermercados e fornecedores sobre o processo de rastreamento e consulta aos resultados das amostras.
2. Coleta das amostras para análise.
3. Acompanhamento dos resultados dos laudos registrados no Painel de Monitoramento RAMA – ABRAS.
4. Garantir o fluxo de informação correto para a comunicação dos resultados para as Associações Estaduais, os supermercados e os fornecedores.
5. Auditar o processo de rastreabilidade para avaliação da informação declarada (auditoria de primeira parte) e orientar quando não estiver correta.

## CONSIDERAÇÕES FINAIS

Ao conhecer os aspectos deste capítulo anteriormente, a leitora e o leitor puderam ter uma visão ampla dos caminhos que nos levam ao futuro concreto das relações entre produtores rurais e consumidores.

Então se é verdade que agricultura familiar é a marca mais amada do mundo, não basta dizer, precisa comprovar. Por isso os programas reunindo áreas e entidades de agricultura familiar com pontos de venda precisarão cada vez mais estar ao lado da informação digital, da rastreabilidade e de GR codes, que permitam ao consumidor conhecer e conversar com o "seu" produtor de alimentos, energia, fibras, pois tudo isso significa saúde.

capítulo 7

# Conectando Agricultura Familiar com Grandes Corporações

Camila Macedo Soares

## INTRODUÇÃO

Na agricultura familiar temos estratégias que podem ser diretas do campo para a cidade, em feiras e eventos criados para isso. Pode ser para pontos de vendas, supermercados de vários tamanhos, pequenos feirantes, restaurantes, lanchonetes, *food trucks*; e pode ser como fornecedores de grandes agroindústrias.

As 500 maiores agroindústrias de alimentos e bebidas no mundo determinam praticamente 70% do impacto planetário do agronegócio. Portanto, no plano de marketing da agricultura familiar é importante considerar estratégias B2B - *business to business*, da produtora, do produtor com o comércio, serviços e a indústria, além de estratégias B2C - *business to consumer*, ou seja, direto da sua agricultura com consumidores finais. Mas lembrando sempre que o negócio de alimentos, bebidas, fibras, energias, meio ambiente será cada vez mais de pessoa para pessoa, quer dizer de quem produz, origina nos campos, águas e mares e com aquela, aquele que consome.

Neste capítulo você vai ver exemplos muito significativos na relação de agricultores com organizações empresariais.

Em tempos em que a sustentabilidade e a inovação se tornam cada vez mais cruciais para o futuro do agronegócio, histórias de pioneirismo, perseverança e transformação iluminam o caminho para um desenvolvimento agrícola mais responsável e tecnologicamente avançado. No Brasil, um país com rica tradição agrícola, indivíduos e organizações estão redefinindo o que significa cultivar a terra, combinando práticas sustentáveis com tecnologia de ponta, educação de qualidade e uma visão de longo prazo para a agricultura familiar.

Neste contexto, propomos uma jornada por meio de casos de sucesso e experiências transformadoras que refletem o potencial ilimitado para inovação e crescimento no setor agrícola brasileiro. De práticas revolucionárias em grandes corporações à resiliência e à inovação na agricultura familiar, cada história é um componente vital desse mosaico, ilustrando estratégias diversas para enfrentar os desafios contemporâneos do agronegócio. Essas narrativas não apenas evidenciam o impacto positivo da integração entre tecnologia, educação e sustentabilidade, mas também ilustram um retrato de um futuro onde a agricultura alimenta o mundo de maneira sustentável e inclusiva.

## A REVOLUÇÃO VERDE DA PEPSICO BRASIL NA AGRICULTURA FAMILIAR

A PepsiCo Brasil está redefinindo a agricultura sustentável, demonstrando que é possível alinhar produção em larga escala com práticas ambientais responsáveis e apoio contínuo à agricultura familiar. Anualmente, a empresa adquire aproximadamente 450 mil toneladas de insumos agrícolas, destinados à produção de alimentos de marcas icônicas como Lay's®, Ruffles®, Doritos® e Kero Coco®, com 99,6% dos ingredientes provenientes de fontes locais. Esse esforço não apenas suporta a economia local, mas também está em sintonia com a meta da empresa de zerar emissões de carbono até 2040.

Desde 1997, a PepsiCo mantém um robusto Programa Agrícola alinhado à Agricultura Sustentável (SFP - *Sustainable Farm Program*), colaborando com mais de 97 agricultores familiares. "Nosso compromisso com a sustentabilidade é intrínseco à nossa operação, abrangendo não apenas a proteção ambiental, mas também o desenvolvimento econômico e social de nossos parceiros agrícolas", afirma Ricardo Galvão, diretor de Agronegócio da PepsiCo.

A empresa é pioneira no desenvolvimento de práticas agrícolas que dobraram a produtividade por hectare nos campos de batata, introduzindo variedades adaptadas às condições brasileiras e otimizando o uso de água, solo e fertilizantes por meio da tecnologia avançada. "Nos últimos 20 anos, desenvolvemos práticas pioneiras que nos levaram a mais do que dobrar a produtividade por hectare", enfatiza a companhia, sublinhando a importância da inovação contínua.

No coração da estratégia de sustentabilidade da PepsiCo está o compromisso com a geração de emprego e o apoio à economia local. A cadeia produtiva da batata é responsável por mais de 2 mil empregos diretos e 5 mil indiretos no Brasil. Além disso, na produção de coco-verde para a água de coco Kero Coco®, a empresa adota práticas que visam ao reaproveitamento da casca do coco, reduzindo o uso de fertilizantes químicos e otimizando a eficiência da irrigação.

Projetos inovadores como o "Consórcio Coco-Cacau", em Petrolina (PE), exemplificam o esforço da PepsiCo em promover a regeneração do solo e aumentar a rentabilidade dos agricultores parceiros. Galvão ressalta: "Essa iniciativa não apenas melhora a saúde do solo, mas também prevê um aumento de até 60% na rentabilidade para as famílias agricultoras que adotarem o projeto, demonstrando nosso compromisso com a prosperidade compartilhada."

O caso da PepsiCo Brasil é uma poderosa demonstração de como práticas agrícolas sustentáveis e tecnologicamente avançadas podem ser implementadas em larga escala, beneficiando tanto o meio ambiente quanto as comunidades locais. A partir de sua visão de longo prazo e compromisso com a sustentabilidade, a PepsiCo Brasil está estabelecendo um novo padrão para o agronegócio global, provando que o sucesso empresarial e a responsabilidade ambiental podem caminhar lado a lado.

## FERNANDO MILAN: INOVAÇÃO E SUSTENTABILIDADE NO CORAÇÃO DA AGRICULTURA FAMILIAR

Fernando Milan destaca-se no cenário da agricultura familiar brasileira por sua trajetória de inovação, sustentabilidade e parceria duradoura com a PepsiCo. Sem origens agrícolas diretas em sua família, Milan embarcou no setor agrícola motivado por uma herança de seu avô e pelo seu casamento ainda muito jovem. Começando com a diversificação de culturas, rapidamente se especializou no cultivo de batatas, uma tradição em sua região, fornecendo para a PepsiCo há mais de 25 anos.

"Estava no lugar certo, na hora certa", Milan reflete sobre seu início com a PepsiCo, uma parceria que coincidiu com o início do programa de desenvolvimento de variedades de batatas pela empresa. Esse relacionamento não apenas solidificou seu caminho no agronegócio, mas também enfatizou a importância da inovação e do desenvolvimento contínuo.

A operação de Milan, localizada estrategicamente entre Campinas e Poços de Caldas, é um modelo de sustentabilidade e eficiência. Com 700 hectares dedicados à cultura da batata, alternando cultivo e descanso para preservar a saúde do solo, sua fazenda reflete um compromisso profundo com práticas agrícolas responsáveis. "Nós temos um programa elaborado com os funcionários, um programa de metas, de objetivos, de sustentabilidade", destaca Milan, evidenciando a integração da sustentabilidade em todas as facetas de sua operação.

Uma característica notável da jornada de Milan é a forte presença e apoio familiar. Com sua esposa gerenciando o aspecto financeiro e seu filho, formado pela Faculdade Insper e com experiência em *trade* de soja, contribuindo significativamente para a área comercial, a gestão da fazenda é um verdadeiro esforço conjunto. Ainda que seu filho tenha se aventurado recentemente em um empreendimento próprio, a conexão com o negócio familiar permanece inabalável, com reuniões semanais para alinhar estratégias e operações.

Milan ressalta a importância do apoio financeiro e técnico por parte da PepsiCo, notando que a sustentabilidade vai além das práticas agrícolas; ela deve ser economicamente viável. "A companhia realmente tem preocupação com a situação financeira do fornecedor, as pessoas são realmente bem engajadas", afirma, apontando para uma cultura de suporte que perpassa desde o CEO da PepsiCo até o produtor. Essa parceria estratégica não apenas promoveu o crescimento e a inovação, mas também incentivou uma abordagem sustentável e financeiramente saudável para a agricultura.

Com 123 funcionários e uma abordagem que equilibra inovação, sustentabilidade e compromisso familiar, Fernando Milan é um exemplo vívido de sucesso na agricultura familiar. Sua história é um testemunho de como a colaboração, a inovação e a sustentabilidade podem e devem andar de mãos dadas, resultando em um negócio agrícola próspero e responsável.

## ELAINE CRISTIANE: PIONEIRISMO E LIDERANÇA FEMININA NO AGRO

No coração de Petrolândia, Pernambuco, Elaine Cristiane se destaca à frente das operações de quatro fazendas produtivas do grupo familiar Os Cassemiro. Sua história começa em 1988, o mesmo ano em que a velha Petrolândia foi submersa pelas águas do rio São Francisco para dar lugar a uma barragem hidroelétrica. No seio de uma família com fortes raízes na terra e no trabalho rural, Elaine nasceu em meio a uma transição forçada, testemunhando a resiliência de seus pais ao recomeçarem do zero em um pequeno lote de oito hectares na nova Petrolândia. "Com pouquíssimo recurso, mas muita fé em Deus que ia dar certo", lembra Elaine com reverência às lutas e às conquistas de sua família.

Desde cedo, Elaine desenvolveu uma paixão indelével pelo campo, uma conexão que foi nutrida pela experiência prática e pelo exemplo de seus pais. Ainda menina, com apenas dez anos, ela já contribuía para a renda familiar, fazendo queijos para vender na cidade. Esse espírito empreendedor e a intimidade com as raízes agrícolas definiram o curso de sua vida e a forjaram como a líder que é hoje.

A saga de sua família continuou quando, em decorrência da salinidade e da baixa produtividade do solo de seu primeiro lote, seu pai, junto com o tio de Elaine, decidiram investir em uma nova propriedade em 2001. Mais uma vez, a família enfrentou o desafio de começar do zero, armados com determinação e esperança.

Hoje, sob a liderança de Elaine, as fazendas Os Cassemiro floresceram. A adoção de práticas sustentáveis e a automatização da produção representam apenas uma parte de suas inúmeras conquistas. A parceria estratégica com a PepsiCo, iniciada em 2009, marcou uma era de prosperidade e reconhecimento para Os Cassemiro, permitindo que a fazenda se consolidasse como uma referência no agronegócio.

Atualmente, Elaine não só se orgulha de sua liderança inovadora, mas também se vê como uma mãe que transmite ao seu filho, Antônio, os valores do trabalho e do respeito pela terra. Ela celebra o legado e a persistência da família, "Eu me sinto muito realizada nisso", expressa Elaine, contemplando a jornada que se estende desde os tempos desafiantes na velha Petrolândia até o presente próspero.

Elaine Cristiane, com sua história de superação e sucesso, fortalece o papel da mulher na agricultura familiar e serve de inspiração para as novas gerações que buscam abraçar o agro com amor, determinação e um compromisso inabalável com a sustentabilidade e a inovação.

## FUNDAÇÃO SHUNJI NISHIMURA DE TECNOLOGIA: SEMEADORA DE INOVAÇÃO E EDUCAÇÃO

A Fundação Shunji Nishimura de Tecnologia é um monumento vivo à gratidão, à inovação e à educação, estabelecida pelo visionário imigrante japonês Shunji Nishimura, fundador do Grupo Jacto. Com uma vida dedicada ao avanço da agricultura no Brasil, Nishimura, aos 70 anos, decidiu retribuir ao país que o acolheu, criando a Fundação em 1979 com recursos próprios. "Este gesto de generosidade de nosso fundador marcou o início de um legado duradouro, destinado a prosperar por meio das gerações, transformando o futuro da nossa sociedade pela educação e inovação", reflete Franklim Shunjiro Nishimura, presidente do Conselho Curador da Fundação.

**Figura 7.1** Fundação Shunji Nishimura.
**Fonte: Camila Macedo Soares**

Rapidamente, a Fundação Shunji Nishimura de Tecnologia se tornou um ecossistema de educação e inovação, apoiando jovens e contribuindo para o desenvolvimento tecnológico no Brasil. Com foco no contexto da bioconvergência, a Fundação atua como um ecossistema que articula atores da quádrupla hélice da inovação, em colaboração com instituições acadêmicas, empresas, governo e sociedade, com o objetivo de fomentar a educação, a pesquisa, a inovação e o empreendedorismo nas áreas do agronegócio, indústria de alimentos, saúde e tecnologia da informação.

Dentro de seu vasto ecossistema, a Fundação abriga instituições educacionais de renome, preparando jovens para carreiras nas indústrias agrícola e tecnológica. "Nossas parcerias estratégicas com importantes *players* globais do agronegócio e tecnologia asseguram que permaneçamos na vanguarda da inovação, oferecendo aos nossos alunos acesso a tecnologias e conhecimentos que definirão o futuro do setor", explica Elvis Fusco, superintendente executivo da Fundação.

Além de promover a educação, a Fundação mantém laboratórios avançados, ambientes de inovação e empreendedorismo e um museu dedicado à preservação da história de Shunji Nishimura, do Grupo Jacto e da própria Fundação. Mais do que uma instituição, a Fundação Shunji Nishimura de Tecnologia é uma expressão de fé no futuro, dedicada a semear conhecimento, inovação e oportunidades para as novas gerações.

A partir dos esforços contínuos da Fundação, o legado de seu fundador vive, transformando positivamente a sociedade e a agricultura brasileira. "Nosso compromisso inabalável com a educação e a inovação destaca a Fundação como uma pioneira, inspirando um caminho sustentável e tecnologicamente avançado para o desenvolvimento agrícola e para a formação das próximas gerações ", conclui Fusco.

## PEDRO SHUICHI: RENOVAÇÃO E TRADIÇÃO NA AGRICULTURA BRASILEIRA

Pedro Shuichi representa a junção perfeita entre tradição e inovação no coração do oeste da Bahia. Oriundo de uma família de imigrantes japoneses, com raízes profundas nas lavouras de café do Paraná, Pedro viu seu avô, um pioneiro visionário, transformar a terra virgem da Bahia em um negócio agrícola próspero. Hoje, com quase 80 anos, seu avô continua sendo a inspiração por trás da paixão de Pedro pela terra.

A história de Pedro é um testemunho do poder da educação e da inovação no desenvolvimento agrícola. Seu pai, um ex-aluno do Colégio Técnico Agrícola da Fundação Shunji Nishimura, absorveu conhecimentos que fundamentaram o crescimento e a sustentabilidade de suas atividades no campo. Essa mesma instituição, que posteriormente evoluiu para a Fatec Pompeia, moldou também o futuro de Pedro, criando um laço inquebrável entre as gerações por meio da educação.

Inicialmente destinado a seguir carreira militar, Pedro se viu atraído de volta às suas raízes agrícolas durante a pandemia. Influenciado pela tradição familiar e pelo novo curso de Mecanização em Agricultura de Precisão oferecido pela Fundação Shunji Nishimura, ele escolheu trilhar o caminho do agronegócio. "O meu pai me apresentou o curso. Eu me interessei, fiz inscrição e acabei passando", revela Pedro, destacando a influência decisiva da Fundação em sua escolha profissional.

Hoje, Pedro e seu pai gerenciam juntos a fazenda da família em São Desidério, próximo a Roda Velha, uma região conhecida por sua vocação agrícola. Com mais de mil hectares dedicados principalmente ao cultivo de soja, feijão e sorgo, a fazenda emprega cerca de 10 funcionários, mantendo o compromisso com a comunidade local e promovendo um ambiente de trabalho familiar.

O retorno de Pedro ao campo não é apenas uma escolha profissional, mas uma reafirmação de seu legado familiar. Ele vê na agricultura uma oportunidade de aplicar os conhecimentos adquiridos na Fatec, combinando tradição e tecnologia para enfrentar os desafios contemporâneos do agronegócio. "Estar dando continuidade para esse trabalho que meu avô começou", é como Pedro descreve sua motivação.

Pedro Shuichi e sua família exemplificam a importância da educação, inovação e resiliência na agricultura brasileira. Sua história ilustra como a Fundação Shunji Nishimura de Tecnologia serve como um catalisador para o desenvolvimento agrícola sustentável, ao mesmo tempo que preserva e renova a tradição familiar no campo.

As narrativas de Fernando Milan, Elaine Cristiane, Pedro Shuichi, a revolução verde liderada pela PepsiCo Brasil, e a inestimável contribuição da Fundação Shunji Nishimura de Tecnologia ao agronegócio brasileiro demonstram uma verdade fundamental: a inovação, sustentabilidade e educação são as chaves para um futuro agrícola próspero.

Essas histórias não são apenas testemunhos de sucesso individual ou organizacional; elas são faróis de esperança e modelos a seguir, destacando a importância de práticas agrícolas responsáveis, o poder da liderança feminina no agro, a transmissão de conhecimento por meio de gerações e o impacto transformador de parcerias estratégicas na promoção da sustentabilidade.

À medida que o Brasil e o mundo enfrentam desafios agrícolas contemporâneos, o legado e as lições contidas nessas histórias iluminam o caminho para um futuro onde a agricultura é sinônimo de inovação, cuidado com o meio ambiente e prosperidade compartilhada.

## COOPERATIVA PRIMATO INICIA PROJETO PIONEIRO DE BIOGÁS NO PARANÁ COM MWM

Enquanto tem muita gente focada na transição do agro, no oeste do Paraná acontece a realização dentro do mundo do AgroConsciente. Na Cooperativa Primato, e o seu presidente Anderson Sabadin, realizando um fato histórico fundamental para esse novo agro do ponto de vista da bioenergia, da agroenergia, e do mundo do biogás, que vai movimentar a proteína animal e que também ser fundamental para a saúde ambiental.

"A Primato, por meio de uma aliança, uma parceria com a MWM, iniciou em dezembro de 2022 a construção de uma unidade de uma usina que vai produzir energia por meio do desejo de suínos. É um projeto transformador para a região. A Cooperativa Primato tem mais de 9.400 cooperados com produção de suínos, de frango, de tilápia, de bovino de leite, e de ovino também, de gado, e é fundamental para nós essa economia circular de onde o nosso cooperado terá um novo momento de geração de renda visto que o desejo da pecuária passa a gerar energia consumida nas propriedades. O dejeto da pecuária passará a ser gerador de energia da frota de caminhões da nossa cooperativa Primato. Aquele mesmo caminhão que vai lá levar ração para a pecuária será abastecido por meio do biometano gerado pelo dejeto dos animais. Então isso é transformador para a região, gera renda, gera riqueza, melhora a qualidade de vida e também produz um alimento que eu diria que é verde, um alimento limpo, transformando a região e melhorando o nosso Índice de Desenvolvimento Humano (IDH). É esse o compromisso que assumimos", disse.

Segundo Sabadin, um selo verde será fixado na produção, a partir da utilização de todos esses dejetos que não vão mais para a atmosfera e isso vai ter benefícios também para o consumidor de São Paulo.

"Os produtos da Cooperativa Primato fazem parte de Central da Cooperativa Frimeza e esse produto chega em São Paulo e em outros locais. E é importante lembrar esse consumidor consciente que essa produção e esse produto vem com o selo verde, ele vem com sustentabilidade. Além da produção pecuária, da produção de energia para os caminhões e para a própria propriedade, vale lembrar que nós vamos ter uma usina que vai produzir biofertilizante. Nós vamos fazer um uso adequado desse dejeto, desse resíduo orgânico da pecuária, aplicando isso na soja, no milho, no sorgo, na produção de pastagem e fazendo o completo uso desse resíduo que em dado momento era destinado, inclusive, de maneira inadequada. Um grande desafio", concluiu Sabadin.

Isso mostra que enquanto tem gente esperando que o mundo resolva o seu problema, tem gente que está enfrentando a realidade e mudando o mundo para melhor! Parabéns e vamos para frente!

## CONSIDERAÇÕES FINAIS

Aqui você viu o exemplo de uma multinacional, a Pepsico, viu a importância da educação da Fundação Shunji Nishimura de Tecnologia, e acompanhou um caso que irá se multiplicar gigantescamente pelo país, o biogás a partir dos dejetos da sua propriedade, e o exemplo da associação entre a MWM e a Cooperativa Primato.

Muita atenção, leitora, leitor, visitei agricultura familiar do leite, por exemplo, uma delas em Presidente Olegário (MG). Com cerca de 90 vacas aquela família obtinha um resultado espetacular no leite, na lavoura utilizando o biofertilizante, com bioeletricidade própria e se preparando para usar também o biometano.

Pensem nisso, agricultura familiar integrando vizinhos e várias culturas no mesmo espaço. Tamanho não impede isso, ao contrário, a moderna tecnologia libera espaço útil, como nesses casos, das lagoas de dejetos.

No capítulo seguinte continuaremos inspirando você a uma visão cooperativista.

capítulo 8

# Conectando Agricultura Familiar com as Cooperativas

José Luiz Tejon

## INTRODUÇÃO

Cooperativismo é a alma do pequeno produtor e da agricultura familiar.

Para organizar uma cooperativa é necessário liderança, disciplinas e seguir firmemente os valores organizacionais do cooperativismo.

Mas vale a pena. Inspire-se nas boas cooperativas e pense como estar, criar e participar de uma.

O cooperativismo reúne, no mundo, mais de 1 bilhão e 200 milhões de seres humanos. Quando reunido o movimento econômico financeiro do cooperativismo é o maior negócio do planeta. No Brasil da mesma forma.

O total do movimento cooperativista ultrapassa R$ 700 bilhões, com 20 milhões de brasileiros, e a Organização das Cooperativas Brasileiras (OCB), e seu presidente Márcio Lopes, informam que a soma das cooperativas irá movimentar R$ 1 trilhão, com 30 milhões de brasileiros nos próximos cinco anos. Da mesma forma o maior negócio no país em seu somatório.

A agricultura familiar é a base do nascimento de todas as cooperativas. Começam com poucas pessoas, algumas famílias, e passado os anos, somam milhares, e algumas mais de milhão.

Para fomentar e criar bases de desenvolvimento da agricultura familiar é de singular importância o cooperativismo de crédito. A partir de decisões muito importantes de Roberto Rodrigues, quando ministro da Agricultura, com Ivan Wedekin como secretário de Política Agrícola, ocorreu uma legislação e um suporte que permitiu o desenvolvimento do cooperativismo de crédito. E hoje, as cooperativas de crédito caminham para significar cerca de 10% do sistema no Brasil e tem como meta atingir 20% nos próximos anos.

No crédito rural, observamos a presença de agências das cooperativas de crédito em cidades onde não havia nenhum banco. E ali, com os recursos reunidos na região serem aplicados na própria região, é notório a prosperidade surgir em pouco tempo. As cooperativas são admiráveis, e quando realizam a intercooperação, estimulam mais ainda a prosperidade para todos.

O Sistema Aurora, com seu presidente Neivor Canton, tem sido um exemplo de destaque. Cotrijal, com a Expodireto, em Não Me Toque (RS), com seu presidente Nei Manica, da mesma forma. Coopavel com a Show Rural e seu presidente Dilvo Grolli. Primato, em Toledo (PR), realizando uma *joint venture* com a MWM para o desenvolvimento do biogás, com seu presidente Anderson Léo Sabadin. Em Goiás, a Comigo, seu presidente Antonio Chavaglia, e sua feira Tecnoshow, e assim por diante, Coopercitrus em São Paulo com Fernando Degobbi. Cooxupé, a maior do mundo no café, Carlos Augusto Rodrigues de Melo. A Holambra tanto em flores como em grãos. A Cocamar com integração lavoura-pecuária-floresta (ILPF) forte. A maior do país, Coamo, com José Aroldo Galassini. Ao nomear esses líderes estamos somente fazendo jus ao aspecto vital do cooperativismo, o que deve estimular e inspirar a todos da agricultura familiar. Precisamos de lideranças comprometidas com a causa maior acima dos interesses particulares. "Os líderes cooperativistas merecem um nível da paz", afirma Roberto Rodrigues que já foi presidente da Aliança Internacional das Cooperativas na Bélgica.

O livro de Márcio Port, Cooperativismo Financeiro: uma história com propósito, ressalta o cooperativismo de crédito que hoje significa 7% total dos depósitos, com 2.300 agências novas, e tudo isso originado das reduções jesuíticas e a primeira cooperativa em 1902, a cidade de Nova Petrópolis, Rio Grande do Sul, a Sicredi, fundada pelo padre Amstad. Márcio Port, em seu livro, pergunta: "qual o maior concorrente do cooperativismo? E responde: é o desconhecimento".

Como exemplo a ser observado, dentre tantos ótimos, a Lar Cooperativa Agroindustria (LARCOOP), numa recente visita que fiz a eles, me deixou profundamente impactado de forma positiva e aqui o que escrevi para a revista Feed Food, edição 202, de fevereiro de 2024.

## LARCOOP, UMA MARCA QUE DETERMINA O AGROCONSCIENTE EXEMPLAR DO COOPERATIVISMO

Em Medianeira, Paraná, ao lado de uma liderança importantíssima do cooperativismo brasileiro, Irineo da Costa Rodrigues, presidente da LARCOOP, aquela que é a segunda maior cooperativa do estado, que começou com 55 cooperados, em 1964, e hoje são 14 mil e mais de 29 mil colaboradores, e atua com produtos, aves, suínos, grãos para o mundo inteiro, como está o cooperativismo.

Ele me respondeu: "Essa cooperativa nasceu de uma necessidade, 55 pequenos agricultores em uma colonização da igreja católica vieram do Rio Grande do Sul, com mala e cuia como se diz, às vezes com esposa grávida, com filhos, na boleia do caminhão trazendo desde uma vaca leiteira, suínos, aves, frango, para iniciar no meio do mato, como se diz vieram longe de tudo e perto do nada e começaram suas vidas, formaram a cooperativa da igreja católica do Padre José, que foi o primeiro presidente da cooperativa, e 60 anos depois ela se desenvolveu muito e é a terceira maior empresa de abate de frango do país. É a cooperativa que gera mais emprego no país; é a cooperativa que tem mais impactado de forma positiva a vida de pequenos agricultores e ela, embora com 60 anos e tenha um faturamento razoável, exporta para 80 países. Entretanto, ela é uma cooperativa raiz; tem um vínculo muito forte com as famílias associadas, com os jovens e com as mulheres que são uma realidade em nossos conselhos. Sempre vejo a presença de jovens e mulheres e não é por imposição, mas uma escolha nossa. A partir do trabalho que elas fazem, são reconhecidas e em uma votação secreta sempre surgem mulheres em nossos conselhos".

O cooperativismo é uma organização que além de promover desenvolvimento e riqueza, onde não havia nada como bem o presidente Irineo aqui nos traz, tem uma preocupação de desenvolvimento humano, pessoas têm que prosperar juntas nas cooperativas. Então quando falamos do agroconsciente nós estamos falando, necessariamente, de todo esse movimento cooperativista fundamental para enfrentamentos da desigualdade.

"Sim, a Cooperativa Lar nasceu na encíclica do Papa João XXIII que dizia que os pequenos têm de se reunirem ou por meio dos sindicatos com o objetivo de melhorar a vida ou mediante cooperativas para juntar forças e é isso que vemos que o nosso país precisa muito em qualquer situação. A cooperativa tem de nascer de uma necessidade, quando todos têm uma necessidade comum se juntam, formam uma cooperativa e prosperam e a Lar está hoje presente em todos os mercados. Podemos dizer com a marca Lar, que é o nome da nossa cooperativa, e tem tudo a ver com família, com carinho, e é isso que nós temos de transmitir às pessoas, formar cooperativas para atender às necessidades das pessoas, e que olhe, sobretudo, para o desenvolvimento das pessoas, não só o lado econômico, que é preciso porque é uma questão de sobrevivência", completou Irineo.

Presidente Irineo, e suas lideranças na LARCOOP, que de fato a marca LAR, que sem dúvida traz com ela a família, o amor, o humanismo fraternal, esteja cada vez mais presente nos corações e mentes dos consumidores brasileiros e do mundo inteiro. Cada vez mais marcas conectadas ao cooperativismo, ao capitalismo consciente, incluindo corporações não cooperativas mas que estabeleçam relações *business to business* no seu *supply chain* com cooperativas, onde os legítimos valores de um agroconsciente prevaleçam cada vez mais. Este será o caminho saudável para o futuro.

## CONSIDERAÇÕES FINAIS

Os líderes mencionados neste capítulo servem para nos encher de esperanças sobre a possibilidade humana da prosperidade. Esses líderes existem. Preste atenção neles e se transforme num ser humano com densos valores das forças do bem. O mal só vence onde o bem permite. Na sua cidade, na sua região, onde você está, exerça a liderança construtiva e criativa da agricultura familiar, voltado ao consumo familiar.

capítulo 9

# O Desafio Mundial

## O Futuro às Famílias Agrícolas Pertence

José Luiz Tejon

### INTRODUÇÃO

Não se assuste quando olhar exemplos de marcas que ficaram famosas no mundo. Todas elas começaram pequenas e por meio de um ou uma pioneira que poucos acreditavam nas suas ideias.

Não fique com síndrome de baixa autoestima. Seu negócio pode ser pequeno agora, em faturamento, ou volume, mas se você pensar grande ele será do tamanho da sua "cuca". Em Canudos, na Bahia, uma cooperativa reuniu poucos sertanejos e hoje vende para o mundo os seus "frutos do sertão". E tem loja on-line. Você pode adquirir doce ou cerveja de umbu em qualquer lugar do Brasil e do mundo.

Neste capítulo, o luxo é para todos. A qualidade para todos, a saúde para todos e a produção da pequena agricultura familiar, pura e saudável, de origem para todos. Boa leitura!

Neste capítulo, vamos discorrer sobre alguns pontos fundamentais para construir pontes para unir empresa e consumidor e propiciar um diálogo de sucesso entre eles. São os nossos chamados 4Ps:

- **Pessoas:** pessoas compram de outras pessoas.
- **Paixões:** o poder das comunidades reais e virtuais.
- **Produtos cultuados (*product placement*):** o poder de ter a marca inserida na cultura.
- **Pontos de encontro:** o poder dos ambientes de relacionamentos.

O que estamos vivendo é um momento em que mesmo as marcas que no passado conseguiram ter sucesso com a fórmula de marketing clássica (ótimo produto + grandes investimentos em propaganda e imagem = sucesso de vendas) são forçadas a repensar a própria abordagem, explorando novos caminhos. Isso vale para as marcas de luxo tradicional, muitas das quais veem as mudanças como ameaças, e vale também para as novas empresas do novo luxo, que vivem esse período como uma grande oportunidade.

O comprador clássico de luxo, caracterizado por alta renda e esnobismo, não é mais representativo. E mais: o poder do consumidor criou um momento de descontinuidade que está acarretando um crescente afastamento entre o antigo *status* do luxo e a nova dinâmica de influência do consumidor no mercado. Portanto, esses consumidores estão experimentando cada vez mais uma ruptura com a tradição, por causa do desejo de expressão pessoal e criatividade, algumas vezes ligado a um ou mais grupos.

Por exemplo, no que se refere ao mundo da moda, estamos vivendo os últimos dias daquela época em que um pequeno grupo de designers e editores de revistas importantes ditavam as ordens. Hoje é o consumidor que exerce o poder.

Os novos meios de comunicação social e a mídia estão fazendo acontecer algo que nunca teria sido permitido antes: finalmente, o consumidor decide. Eles são mais poderosos do que a marca. E eles querem tudo em grande estilo o tempo todo.

Antes da internet, sempre existiu um pequeno grupo de pessoas que ditavam as tendências a serem seguidas. Mas sob a influência das novas mídias e da globalização na última década, essa dominação teve fim. Segundo Robert Burke, diretor da influente consultoria de luxo Robert Burke & Associates, "todos agora têm uma voz, em razão da grande acessibilidade da moda em geral. Hoje em dia existem muitas opiniões diferentes e todas são importantes."

# PESSOAS

## Pessoas compram de outras pessoas

Muitas vezes dizemos (e muitas vezes nos esquecemos) que "as pessoas compram das pessoas". Depois de anos de monólogo com os clientes, os homens de marketing finalmente reconheceram a necessidade de um diálogo. Especificamente, no setor do luxo, nos referimos a esse dar e receber como um modelo de "imagem por meio da ação."

Imagem por meio da ação é uma equação de duas partes: a forma como o profissional de marketing conta a história da marca e como sua história é contada por outros. Ambos são igualmente importantes. O primeiro é, naturalmente, determinado pela capacidade da marca de começar um relacionamento pessoal e desenvolver isso com excelência; o segundo é o valor gerado pelas comunicações de igual para igual com o consumidor.

O marketing viral (o termo "vírus" é uma metáfora para indicar o modelo de difusão de uma ideia, segundo uma progressão exponencial. É o conceito-base do marketing viral, considerado um dos mecanismos mais potentes da comunicação) trata esses argumentos, onde os consumidores são porta-vozes da marca e contribuem para divulgá-la. As mensagens se transformam em verdadeiros vírus que a partir de poucas pessoas acabam por espalhar-se para a massa.

Para que se desenvolva esse efeito multiplicador, que permite às ideias se difundirem como verdadeiras epidemias sociais, é necessário identificar os "conectores" dessa estratégia, ou seja, as pessoas capazes de exercer uma notável influência nos grupos sociais dos quais fazem parte. Essas pessoas são chamadas de influenciadores e têm uma opinião forte sobre a marca, expressando-se frequentemente nas novas mídias sociais via internet. Uma das motivações desses agentes de difusão é ajudar os outros, fornecendo informações imparciais.

Na verdade, uma marca ou um novo produto representam fundamentalmente uma ideia. As ideias que têm capacidade para se divulgar têm maiores possibilidades de sucesso. Para definir as "ideias que se divulgam", Seth Godin, especialista em marketing de relacionamento, estipulou o termo "ideia-vírus". Segundo Godin, a propaganda direta enviada a todos é inútil. O melhor é enviar uma ideia-vírus para pessoas interessadas e influentes que espalham o vírus (Godin, 2004).

Se alguém está vendendo um produto por meio de uma mídia ou utilizando um modelo de venda direta, o valor agregado por pessoas no processo de venda é fundamental para o sucesso da transação comercial. As organizações mais bem-sucedidas nas marcas de luxo têm construído as melhores práticas para a formação adequada dos "embaixadores" da sua marca que, direta ou indiretamente, tocam o consumidor.

Mas muitas marcas de luxo tendem a ser passivas e, com o tempo, tendem a viver da glória do passado, usando somente sua imagem e patrimônio para criar um diálogo implícito ou explícito com o consumidor.

Gerentes de marcas muitas vezes costumam dizer que seu produto é diferente, ou melhor, porque "sua qualidade fala por si", ou "o produto é feito à mão, com os melhores materiais" ou "porque é da Suíça e é feito com precisão." Ou seja, focalizam muito no grupo do produto e subestimam os demais grupos de valorização da marca.

Para as marcas do novo luxo, conectar-se com os consumidores implica fazer parte das comunidades locais, em eventos beneficentes, sociais e culturais. No entanto, não há uma abordagem única para todas. Porém, jamais se deve esquecer que as pessoas conversam com outras pessoas e falam daquilo que lhes agrada ou desagrada. Por isso, é de responsabilidade de cada empresa ter sua marca inserida no contexto desse diálogo de maneira apropriada e desejável.

## O MARKETING DO DIÁLOGO

É inútil o envio massivo de informação, que como resultado causa uma saturação do mercado, com a consequente falta de atenção do consumidor para o que está sendo informado.

Criar diálogo com o consumidor significa conectar-se com ele e compartilhar conteúdos. Esses conteúdos têm de estar relacionados à cultura e ao contexto do cliente final.

Fazer marketing do diálogo significa saber contar histórias, criar enredos, acender o interesse do cliente. É lembrar que, antes de qualquer coisa, sempre que uma história for contada, ela tem que ser realmente interessante para o consumidor, de modo que ele venha a querer passar para outros. É preciso que seja divertida, plausível e memorável; que seja fácil contar para os outros, com um início e um fim.

Um exemplo de aplicação dessa técnica é o da Trader Joe's, empresa americana do novo luxo, especializada na distribuição de alimentos biológicos e de especialidades para amantes da cozinha. Em cada loja a apresentação dos produtos é acompanhada por uma narração das origens deles e de suas particularidades. Logo, fazer compras ali se transforma sempre em uma aventura rica de descobertas e surpresas.

Sabemos que os consumidores agem, em 70% das vezes, segundo as próprias emoções. O processo decisório racional, como demonstram os estudos de neuromarketing, é mera ilusão. Argumentações racionais acarretam emoções superficiais. O importante é não deixar o cliente entediado ou simplesmente indiferente ao seu produto.

# PAIXÕES

## O poder das comunidades reais e virtuais

A relação do consumidor com uma marca é normalmente compartilhada nas comunidades reais e virtuais. Então, se para criar fidelidade é necessário relacionar-se com as comunidades e compartilhar os seus problemas, a sua cultura, a sua linguagem, antes de tudo é necessário pertencer a uma delas. O que significa que o objetivo é investir nas comunidades, fundando-as e financiando-as, oferecendo sempre novos serviços, diferentes e específicos, para se transformar em seu principal ponto de referência.

A prática pelas empresas de construir grupos por afinidades, com objetivos comerciais, é chamada de marketing tribal e põe ênfase na ligação que vem a criar-se entre os consumidores em torno de um produto. Produtos e marcas se transformam em fatores de agregação de pequenas tribos de consumidores (Cova, 2003).

Para o sociólogo francês Michel Maffesoli, são três os passos a seguir na construção de uma comunidade em torno de uma marca:

- O primeiro passo é identificar eventuais tribos, já existentes, que manifestem afinidades com a identidade da marca.
- Depois de conhecer essas tribos, é preciso fidelizá-las, estudando os seus objetos de culto, seus lugares de preferência, suas gírias (fórmulas rituais) e suas imagens preferidas (mitos e ícones).
- Por fim, é necessário avaliar e reunir as competências da comunidade, ou seja, unir os membros, os especialistas, os apaixonados, que compartilham valores e produtos, visões do mundo e destinos em comum. A empresa deve então desenvolver técnicas de relacionamentos com essas comunidades. O sucesso dependerá da criação de destinos e interesses comuns entre a marca e os clientes membros da comunidade.

Estamos na era do consumidor que produz ativamente novas tendências de consumo e não as vive passivamente. A marca sobrevive e se amplia graças à relação com o cliente que participa na geração dos conteúdos para seus produtos. Quanto maior a integração social da marca com a comunidade, maior a disposição desta para comprá-la e promovê-la.

Como disse o *chief executive officer* (CEO) e *Chairman* A.G. Lafley, da P&G, tempos atrás, "Os consumidores estão começando a cuidar das nossas marcas e participar na criação de valores agregados a elas. Para as empresas, não existe outro caminho senão aceitar tudo isso e deixar que assim aconteça."

Por isso hoje é possível estabelecer um processo de comunicação que oferece possibilidades elevadíssimas para a marca. Pense um pouco sobre os tantos produtos e marcas que são verdadeiros "totens", em torno dos quais os indivíduos se reúnem para adoração.

## A EXPERIÊNCIA DA COMUNIDADE DA DUCATI

A comunidade dos Ducatistas existe muito antes que a empresa lhes dedicasse uma área do próprio site da empresa. Mas, o que liga esses indivíduos, espalhados pela Itália e pelo mundo? A paixão pela moto, a corrida pela vitória (ligada ao moto GP), o amor pelo *made in Italy*, estes são denominadores comuns de quem escolhe Ducati. Entretanto, não acaba aqui. A empresa soube reforçar estes elementos, criando momentos que poderiam ser vividos e renovados, como encontros para passeios, reuniões, eventos, festas. Isto é dar ao consumidor muito mais do que um ótimo produto. É dar a ele uma experiência de vida. Ter uma Ducati se torna, dessa maneira, o ponto de início na criação de um verdadeiro sentimento de pertencer a este mundo.

De tal forma esse marca consegue aumentar a ligação com os próprios clientes, valorizando os relacionamentos entre eles, em perfeita linha com o pensamento do marketing tribal, para o qual o consumo não é mais entendido como o fim, mas como simples meio para criar ligações sociais nas quais o produto e o serviço servem de suporte.

Neste quadro, é claro como a comunidade on-line da Ducati é uma evolução natural daquela já existente. Na sua criação foram seguidos os três passos indicados por Maffesoli (1998), ou seja:

- **Individualizar um grupo tribal:** isto é, a comunidade dos ducatistas, por suas atividades entre os clubes espalhados pelo mundo.
- **Oferecer ligações, mais do que somente bens:** isso é comprovado com a atividade de organização dos eventos Ducati, cuja visibilidade, graças ao site, é garantida 24 horas por dia, com a possibilidade de manter os membros constantemente atualizados sobre qualquer tipo de novidades do mundo Ducati. É necessário evidenciar que além dos eventos, verdadeiros rituais para os ducatistas, a empresa oferece tudo aquilo que é fundamental para uma tribo e para distingui-la: um objeto de culto – ou seja, a moto; um lugar de culto – Borgo Panigale, sede oficial onde existe o museu da história da Ducati; roupas que permitem aos ducatistas distinguirem-se dos outros e reconhecer-se entre eles.
- **Colocar em evidência as características da tribo:** a criação de destinos e interesses comuns entre a marca e os membros da comunidade, ou seja, agilizar as relações entre os membros já unidos por um imaginário comum, por uma paixão e por um determinado modo de viver a marca.

Ducati é uma marca viva. É uma experiência inesquecível. Uma história de sucesso de uma marca que envolve grandes paixões.

## SÓ SE É FIEL A QUEM SE AMA!

Existem clientes que não abandonam suas marcas. Não saem da Volkswagen, desde os velhos tempos do “fusquinha”. Amantes da manteiga Aviação, fãs eternos do Leite de Rosas, os apaixonados e tatuados da Harley Davidson, os loucos por BIC, os alucinados por Jaguar, Ferrari, canetas Parker, Sonho de Valsa, livros do Monteiro Lobato.

Cada ser humano e cada grupo desenvolve amores eternos por suas marcas. E, é verdade: nunca abandonamos aquilo que amamos verdadeira e profundamente.

Por mais de 50 anos acompanhamos em casa nossas mães assistindo ao Silvio Santos todas as tardes de domingo. Nunca abandonaram o Silvio. Uma relação de amor. Consistência, coerência e não traição. Mas não foram os consumidores que não traíram as suas marcas do coração. Foram as suas marcas que jamais os abandonaram nem os traíram. O amor nasce da marca. A fidelidade da marca que ama seus clientes provoca e cria o amor em reciprocidade. Coisa de causa e efeito. Essas marcas amadas e não abandonadas sempre deram aos seus consumidores prazer, estima e percepções verdadeiras de qualidade e de superação.

Tal como na vida, a paixão pelas marcas não é um resultado da quantidade, mas da qualidade intrínseca da oferta. Este paralelismo permite-nos entender que o posicionamento das marcas não é mais do que a imagem percebida pelos seus clientes. O conceito de valor resulta não daquilo que se diz ter, mas do que as marcas souberem demonstrar que são capazes de oferecer.

Cada vez mais importantes são também os aliados da marca. Agem como defensores apaixonados e costumam ser líderes de opinião e grandes conhecedores do mundo da marca. Eles podem dedicar anos pesquisando todos os modelos produzidos por um relojoeiro ou um fabricante de carro. Podem saber mais sobre a marca de que o próprio gerente dela.

Com base nas próprias experiências pessoais, cerca de 83% deles recomendam serviços e produtos[1] de sua marca preferida. São pessoas respeitadas pelos seus pares, pelo seu conhecimento. Indivíduos com grandes paixões raramente permanecem isolados, pois tendem naturalmente a compartilhar o que sabem com as pessoas de mesma opinião.

Entre os consumidores de uma marca o percurso natural é: adotar a marca, tornar-se um adorador dela e, finalmente, ser um aliado da marca. Quanto mais as empresas se relacionam com esses clientes, mais fácil fica determinar as prioridades do que deve ser feito quanto aos grupos consumidores.

---

1 Fonte: Agency.com, agência de comunicação e marketing com sede a New York: http://www.agency.com/facts/press_release.asp?pid=102.

Esses apaixonados, por meio do boca a boca na internet, podem reforçar ou destruir a reputação de uma marca ou de um novo produto. Mensagens comunicadas a partir de *blogs* e outros fóruns on-line tornam-se cada vez mais poderosas, mais mesmo do que em uma transmissão na TV, rádio, ou anúncios nos jornais. Considere-se que somente 14% das pessoas que assistem uma propaganda na TV têm confiança que a marca esteja dizendo a verdade. Mas 91% das pessoas preferem comprar depois de ter pedido sugestões para um conhecido (Kirby; Marsden, 2006). Segundo o Princípio de Pareto[2], 20% dos consumidores exercem influência sobre os outros 80%.

Exatamente porque esses apaixonados podem tornar-se os melhores defensores da marca, ou piores inimigos desta, as empresas precisam prestar muita atenção a eles. Isto significa apoiar associações formais de consumidores, monitorando e participando de fóruns on-line ou meios de comunicação tradicionais que promovam os seus produtos e marcas.

A maneira com a qual as organizações irão dialogar com os consumidores será o grande diferencial dos próximos anos. A mídia escolhida para esse diálogo irá fazer cada vez mais a diferença. Não podemos ignorar o fato de que o consumidor médio é atingido por um número enorme de informações e propagandas todos os dias. Isso significa uma saturação de informações e a consequente dificuldade em obter a atenção do consumidor por meio das mídias tradicionais.

As empresas precisarão estar cada vez mais próximas de seus consumidores.

## REDES VIRTUAIS

Na era da convergência digital o homem também se torna digital e cria parte dos seus *links* sociais via internet. Os meios a partir dos quais ele se socializa na rede são muitos e cada um corresponde a um nível de complexidade, de interação e de evolução diferente.

Para analisar a extensão das redes sociais via internet, podemos aplicar também a teoria dos sei graus de separação, do sociólogo Stanley Milgram[3],

---

2 A Lei de Pareto (também conhecido como princípio 80-20), afirma que para muitos fenómenos, 80% das consequências advém de 20% das causas. A lei foi sugerida por Joseph M. Juran, que deu o nome em honra ao economista italiano Vilfredo Pareto.

3 Stanley Milgram desenvolveu o primeiro experimento para observar o grau de separação entre as pessoas: cartas enviadas aleatoriamente a vários indivíduos, pedindo que eles a enviassem a um alvo específico que, caso não conhecessem, deveria ser acionado por meio de outra pessoa. Conclusão: das cartas que chegaram ao alvo final, a maioria havia passado por um pequeno número de pessoas. Isso indicaria que essas pessoas estariam a poucos graus de separação umas das outras. Por isso a ideia de "mundo pequeno". Esse modelo pode ser especialmente aplicado às redes sociais: cada indivíduo tem amigos e conhecidos em todo o mundo, que por sua vez, conhecem outras pessoas. Assim, todos estaríamos "conectados", o que evidenciaria a existência de poucos graus de separação entre as pessoas no planeta.

segundo a qual com somente seis passos é potencialmente possível encontrar qualquer pessoa no mundo.

Os seis graus de separação referem-se à ideia de que, se uma pessoa está a um passo de cada pessoa que ela conhece e a dois passos de cada pessoa que é conhecida por uma das pessoas que ela conhece, então todo mundo está há uma média de seis "graus" de separação de cada pessoa na Terra.

As redes sociais on-line são então uma excelente forma de comunicação, próprias para criar modernas tribos, cujos membros, unidos pela experiência, interesse e paixões comuns, podem interagir e multiplicar as próprias relações.

Ainda neste sentido, segundo o sociólogo americano Mark Granovetter, as relações pessoais são integradas em redes sociais que geram confiança e criam relações de intercâmbio diferentes daqueles típicos da racionalidade econômica. Para Granovetter, os indivíduos com laços fracos, baseados em amizades não profundas, têm maiores possibilidades de acesso a informações e de encontrar trabalhos mais interessantes do que aqueles que investem socialmente somente em laços fortes (familiares, parentes e amizades íntimas).

Se, em média, uma pessoa tiver entre 11 e 12 contatos íntimos, 150 contatos sociais e de 500 a 1.500 relacionamentos superficiais, esses laços fracos serão muito mais importantes que os laços fortes na manutenção de uma rede social, pois se conectariam a pessoas de grupos sociais diversos, dando aos grupos características de rede. Conceitos, como tempo de dedicação, similaridade, hierarquização espontânea e transitividade, explicam a força dos laços e a fragilidades deles[4].

## 55 MILHÕES DE INFLUENCIADORES

Um estudo sobre mais de dois milhões de mensagens na internet constatou que 27% dos *posting* eram originados por pessoas que participavam do grupo apenas uma vez. Por outro lado, 3% dos participantes mais ativos contribuíram com 25% das mensagens[5]. Na rede, como em outras comunidades humanas, alguns indivíduos participam mais do que outros. A única diferença está nos números: se em 2007 na net havia cerca de 1,3 bilhão de conversas entre os usuários da Web, cerca de 55 milhões destas conversas eram criadas pelos assim chamados "geradores de conteúdo", que influenciam as opiniões dos outros usuários.

O gerador de conteúdo gosta de ser socialmente útil, com uma rara veia altruísta e um interesse pelo ambiente. Ele costuma tomar uma posição sobre certos assuntos, chegando ao ponto de protestar em público, se necessário. É um não conformista e quer se destacar da massa.

Os geradores de conteúdo da net são consumidores desconfiados. A internet é a sua principal fonte de informações sobre empresas e produtos. No

4 The Strength of Weak Ties. **American Journal of Sociology**, v. 78, n. 6, May 1973.

5 Fonte: useit.com Oct 2006.

entanto, eles confiam somente nas informações fornecidas por outros consumidores, com quem trocam ideias e discutem na rede. O gerador de conteúdo é também um inovador no coração. Ele quer ser o primeiro a experimentar coisas novas e quer estar permanentemente na vanguarda. Os consumidores copiam comportamentos dos geradores de conteúdo e, seletivamente, propagam esse comportamento.

## IMPLICAÇÕES PARA AS MARCAS

O primeiro fator que as marcas devem ter em conta é que, mesmo a influência do gerador de conteúdo sendo forte, suas opiniões não são representativas do mercado. Embora esses geradores, muitas vezes, estejam dispostos a contribuir para a revisão dos produtos e a participação de pesquisas sobre inovações, eles não são toda a população de consumidores da internet, que é muito maior. Suas opiniões, portanto, devem ser compensadas pelas outras que representam a maior parte da população, mesmo que sejam mais passivas. O foco só na opinião do líder é sempre um erro.

Por outro lado, o gerador de conteúdo faz parte de uma comunidade que não quer se submeter a controles. Entrar em contacto com eles não é fácil porque implica transparência e intenções verdadeiras.

## BENEFÍCIOS DO DIÁLOGO COM A COMUNIDADE E COM OS GERADORES DE CONTEÚDO

Os benefícios que advêm da criação de um "círculo virtuoso" com as comunidades podem ser muitos:

- Reduz o risco de ter que descobrir ou adivinhar o que lançar. Compartilhar ideias de maneira aberta com a comunidade irá ajudar a identificar os desejos, problemas e valores dos consumidores.
- Leva o ciclo de produção a ser mais rápido e eficiente.
- Transforma o cliente em aliado.
- Possibilita ter o apoio público por meio da própria comunidade.
- Permite reduzir custos de propaganda tradicional, graças às ações da comunidade.
- Propicia reduzir custos de suporte ao usuário, graças ao trabalho dos próprios clientes especialistas que, nas redes virtuais, *blog* da empresa e fóruns, irão responder perguntas e ajudar os menos conhecedores a resolver os problemas.

A web tornou-se um verdadeiro espaço de influência, onde as conversações acontecem em grande velocidade. Essas trocas seguem as regras tradicionais:

um pequeno número de pessoas monopoliza as conversas, que são ouvidas e em alguns casos seguidas pelos outros.

Mas, atenção: a influência desses geradores de conteúdo é uma realidade. Portanto, as marcas têm muito a lucrar, mas também muito a temer, com relação a esses influenciadores. Primeiro, porque eles representam a si próprios; segundo, porque, no caso de sentirem-se enganados, a sua capacidade de ser incômodo é superior ao seu potencial de contribuição positiva.

Comunidades de indivíduos apaixonados por marcas podem ser grandes ou pequenas, mas são altamente influentes e vêm crescendo dia a dia.

## E-COMMERCE: O PODER DA VENDA ON-LINE

Os consumidores não fazem distinção entre os canais de acesso aos produtos. Para o cliente, a mídia é simplesmente um canal de diálogo com a empresa, e não uma estratégia de marketing.

Como a web continua a crescer como canal de vendas, isto pode se transformar em um efeito positivo mesmo para as vendas off-line, no caso de estratégias multicanais.

Considere o crescimento da internet no Brasil: 34% da população em 2010 acessam a net, mais de 66 milhões de internautas, compostos por acessos de todos os ambientes, sejam eles residências, locais de trabalho ou locais públicos, e nos próximos anos isso irá aumentar muito, considerando-se a alta percentual de crescimento dos últimos 10 anos[6].

A quantidade de pessoas que compraram pela internet em 2009 foi de 17,6 milhões, representando um aumento de 33% em doze meses. Interessante destacar que houve um crescimento expressivo da população de classe baixa que passou a comprar pela internet. Do total de novos consumidores virtuais, 60% são das classes C e D.

Se for tomado o período 2001-2007, o crescimento total foi de mais de 1.000% – número extremamente expressivo, levando em consideração o curto espaço de tempo.

## A IMPORTÂNCIA DA INTERNET

Em termos de comportamento de consumo, estudos demonstram que os consumidores preferem comprar artigos que foram vistos no website da empresa. De

6 Os dados da World internet User Statistics foram atualizados em 30 de setembro de 2009. A informação do usuário mais recente vem de dados divulgados pela Nielsen On-line, União Internacional de Telecomunicações, relatórios nacionais oficiais, e outras fontes de pesquisa. Agradecimentos à internet World Stats pelos dados.

10 europeus, quatro em geral buscam informações na internet antes de fazer uma compra: destes, 57% pensam que a rede propõe melhores oportunidades e 53% acreditam que a internet dispõe de produtos não achados em outros lugares. Dos que procuram por um produto on-line, 54% compram off-line. E são 37% os que buscam off-line e compram on-line[7]. As oportunidades são muitas:

### Vendas

- Aumento das vendas (o e-commerce continuará a crescer).
- Alcançar clientes em áreas não cobertas pelos canais tradicionais ou pela força de venda.
- Loja on-line aberta 24h por dia, durante sete dias por semana.

### Canal diferenciado

- Reduz os custos de comercialização (força de venda, lojas etc.).
- Ações de marketing que podem atingir os clientes de imediato (contato direto com o cliente final).
- Aumentar a satisfação do cliente oferecendo novos serviços.
- Possibilidade de criar uma rede social onde compartilhar opiniões e dar conselhos sobre o consumo do produto.

### Quanto ao cliente

- Criação de um banco de dados com os perfis e comportamentos dos internautas, para personalizar a oferta e proporcionar uma nova experiência de compra.
- 73% dos clientes preferem navegar on-line para decidir sobre a compra: eles parecem ser mais propensos a comprar itens vistos no site da marca.

## ALGUNS ASPECTOS CRÍTICOS

### Quanto ao canal

- Possibilidade de conflito com o canal tradicional.

### Quanto à questão de preços

- É preciso cuidar da segurança em questão de gestão de pagamentos.

7 Mendelsohn. **Tendências 2006: Multichannel Retail**, January 20, 2006.

- Risco de concorrência maior, pois os clientes podem facilmente comparar preços (entre canais diferentes ou concorrentes) e se tornarem mais sensíveis a isso.

### Quanto ao comportamento dos clientes

- Não é possível experimentar os produtos.
- Perde-se a experiência de loja (incluindo o aspecto social das compras).
- Adia a gratificação de compra do cliente (tem que esperar para receber o produto).
- A questão de confiança ou de conflitos entre os canais de venda, do ponto de vista do cliente (promoções e preços diferentes entre o site e a loja física podem ser irritantes e frustrantes).

A web pode ser vista como um rival ou um parceiro das lojas nas vendas de produtos e serviços. Transformar essa relação em oportunidades dependerá das estratégias de multicanalidade das empresas e do investimento em instrumentos que permitam oferecer uma experiência diferente, mas não menos importante, por meio da internet.

Existem três ferramentas que ajudam a melhorar a experiência de compras do consumidor, nesses casos:

- **Compras em conjunto:** este recurso é útil para compras em grupo. Os clientes podem copiar e colar imagens do produto, enviá-los para amigos on-line, a partir de e-mails ou programas de mensagens instantâneas, usar câmeras de vídeo e, dessa maneira, viver uma experiência de compra em conjunto com os amigos.
- **Combinação de produtos:** para as empresas que procuram vender seus produtos não somente de maneira isolada, mas também formando conjuntos, é possível oferecer várias combinações de artigos, possibilitando, assim, a criação das combinações preferidas do cliente, o que pode levá-lo até a um aumento do volume de compras.
- **Customização:** a personalização fornece um valor agregado para muitos consumidores. Ela representa uma oportunidade para envolver os clientes emocionalmente no ato da compra, aumentando a preferência pela marca graças às possibilidades de diferenciação do produto.

## A MULTICANALIDADE

Para as empresas que operam com canais off-line e on-line, a melhor maneira para obter sucesso e evitar conflitos entre os canais é assumir uma abordagem integrada. Transparência é fundamental, tanto para os clientes como para a própria rede de vendas.

Uma das maiores barreiras para a adoção da web como canal de vendas, ainda é a necessidade de garantir que os canais sejam geridos de maneira consistente. Na verdade, existem muitos preconceitos e temores por parte dos executivos das empresas que para "evitar conflitos", perdem grandes oportunidades.

Os relacionamentos e os papéis dos canais on-line e off-line podem ser fundamentalmente diferentes, dependendo da estratégia de canais da empresa:

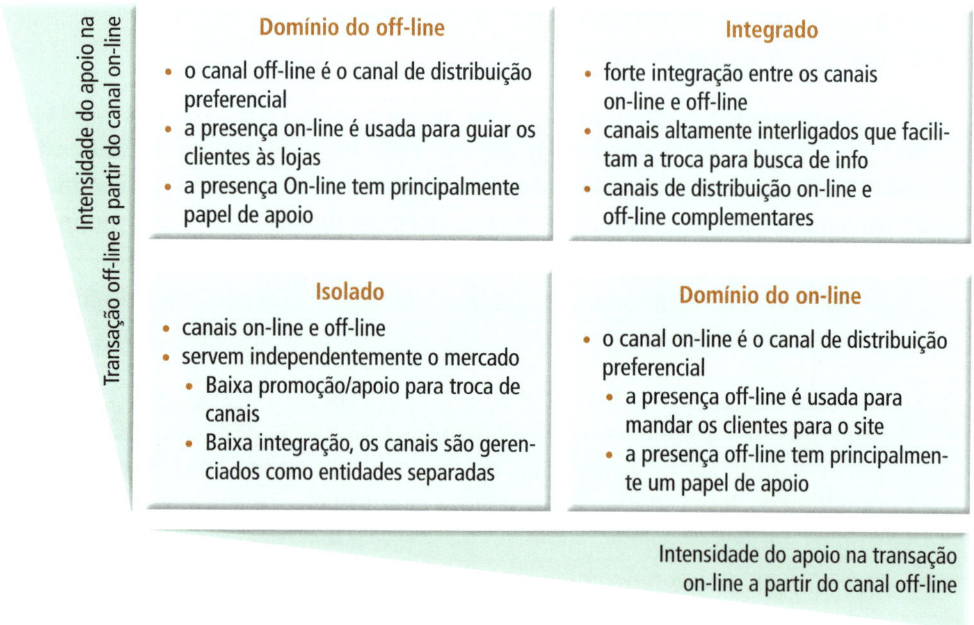


**Figura 9.1** Multicanalidade.

**Fonte: modelo de estratégia multicanal de Muller-Lankenau, Klein e Wehmeyer (2004)**

Alguns exemplos:

**Gestão off-line:** a Aldi, cadeia de supermercados alemã, opera quase que exclusivamente com uma estratégia off-line. O site só oferece detalhes de onde se encontram as lojas.

**Gestão isolada:** Algumas organizações operam tanto on-line como em off-line, mas escolhem uma abordagem isolada onde operam de maneira separada com marcas distintas off-line e on-line.

**Gestão on-line:** Marcas como a Amazon só existem em um ambiente on-line.

**Gestão integrada:** Em uma organização integrada, os canais usados são tanto o on-line como o off-line, de maneira coerente. Por exemplo, a empresa Tesco usa suas lojas para servir tanto os canais on-line quanto como os off-line e os clientes são incentivados a alternar-se entre ambos os canais. Já a Argos permite que os clientes verifiquem o estoque das lojas off-line pelo próprio site, e então façam uma reserva e possam recolher a mercadoria na loja mais próxima, caso não queira esperar a entrega pelo correio.

Estes exemplos mostram como o uso de diversos canais de vendas, quando feito com transparência, não apenas cria benefícios para a marca, mas também para todos os envolvidos.

Bruce Merrifield, especialista em multicanalidade, diz: "Cada empresa que tem uma marca memorável deve estar preparada para os usuários finais que irão procurá-la no seu site, com a esperança de encontrar informações sobre seus produtos. Esses clientes na internet também esperam poder ter acesso a serviços de pré ou pós-venda. Alguns usuários finais poderiam até descobrir e querer comprar produtos que eles não sabiam existirem. A empresa deve responder a essas expectativas para proteger e melhorar o valor da marca".[8]

Em síntese, o crescimento do comércio digital traz novas oportunidades de negócios. Para isso, é necessário um novo marketing de diálogo com os usuários, sejam eles indivíduos ou comunidades. Um marketing de compartilhamento de conteúdo, que use o próprio site para vender e que aproveite das novas tecnologias para oferecer sempre maior personalização de seus produtos, de acordo com o interesse de cada consumidor.

É importante lembrar que:

- É fundamental desenvolver novas competências internas na empresa.
- É preciso colocar todos os catálogos de produtos on-line, considerando a web como um novo canal de oportunidades para servir mais consumidores.
- Preços diferentes para cada canal não são fáceis de justificar para o cliente.
- Uma boa estratégia multicanal pode transformar compras on-line em novas compras nas lojas off-line.
- Canais integrados evitam conflitos.
- Canais integrados necessitam de uma comunicação integrada: promover o website de com a mídia off-line e vice-versa.

---

8 http:// www.merrifield.com.

# 9.1 *Small is Beautiful.* O Futuro e as Famílias Agrícolas

Coriolano Xavier

Nos anos 1970, um livro escrito pelo economista Ernst Friedrich Schumacher impactou o pensamento econômico ocidental, e ecoou pelos meios intelectuais do mundo, propondo um novo olhar sobre a organização da produção e do abastecimento alimentar, que valorizasse o pequeno agricultor e a produção local de alimentos. Na verdade, o livro apontava para algo mais abrangente e que começava a receber atenção de setores acadêmicos: o consumismo na moderna civilização ocidental. Era uma reflexão a respeito dos impactos da sociedade de consumo sobre o meio ambiente e o uso dos recursos naturais, trazendo um alerta pelo fim do consumo excessivo que se delineava nos países desenvolvidos, mas já se espraiava também para outros quadrantes do mundo.

*Small is beautiful – a study of economics as if people mattered.*

Este livro de Schumacher foi publicado em 1973, durante a crise mundial de energia (mais conhecida no Brasil como "crise do petróleo"). Suas ideias ganharam então notoriedade internacional e estão associadas ao surgimento de conceitos hoje bem conhecidos – como "comércio justo", "compre localmente", "capitalismo cassino" e "mamutes corporativos do desperdício". Ideias que naquela época encontraram terreno fértil para se propagar mundo afora, durante a efervescência política e libertária dos anos 1970 e 1980, principalmente entre a juventude.

"O negócio é ser pequeno" (como foi lançado no Brasil), colocava em debate a possibilidade de se ter um crescimento econômico mais responsável e melhor balanceado entre as necessidades das comunidades e do ambiente. A partir desse pilar, a obra desenvolve suas reflexões, conectando-se inclusive com a questão da pequena agricultura familiar, que de certa forma ficou à margem da onda tecnológica e de capitalismo intensivo que tomou conta de boa parte da agricultura mundial, com o advento da chamada "Revolução Verde", na parte desenvolvida do mundo ocidental. Aqui no Brasil também tivemos esse capítulo em nossa economia agrícola, com o desenvolvimento da chamada "revolução agrícola tropical sustentável", a partir de meados dos anos 1970, que deu ao país o seu protagonismo atual no cenário global da produção agrícola: quarto maior produtor, maior saldo de balança comercial agrícola e fiador da segurança alimentar mundial.

Foi uma revolução de tecnologia, produção e produtividade, que em nosso país vem sendo sustentada e expandida por cerca de 850 mil propriedades rurais, em avaliação do Professor ex-Ministro da Agricultura Alysson Paolinelli – visionário e líder do grande salto agrícola brasileiro nos anos 1970. Ele também afirmava, até sua morte recente (2023): "Políticas de apoio ao pequeno produtor precisam chegar a milhões de propriedades que ainda estão fazendo extrativismo ou agricultura de subsistência, com subalimentação e nutrição péssima em função, que não usam tecnologia e não tem acesso ao conhecimento. Isso é fundamental."

O professor lembrava, ainda, que, de acordo com os critérios definidos pela legislação, a agricultura familiar ocupa área de quase 81 milhões de hectares, ou seja, 23% da área total dos estabelecimentos rurais brasileiros. São perto de quatro milhões de propriedades, representando 77% do total. A maioria tem área pequena, convive com déficit educacional e técnico e pratica um cultivo de menor competitividade. Um quadro que remete ao imperativo de se apoiar mais e desenvolver a agricultura familiar, mas se não houver uma visão estratégica e mercadológica precedente às iniciativas, de nada adiantará o esforço.

O próprio Paolinelli sugeria um caminho: "Nos países ricos, os consumidores, especialmente os mais jovens, estão muito exigentes em relação à qualidade e à forma dos alimentos. Precisamos fazer com que os pequenos produtores enxerguem esse mercado e produzam um alimento diferenciado, de qualidade, seguro e o mais natural possível. Mas eles vão precisar de apoio para aproveitar essa oportunidade". E tudo com sustentabilidade, acrescentava: "No Brasil, há potencial para atender à significativa parcela das novas demandas globais por alimentos e, ainda assim, assegurar a conservação ambiental por meio da adoção de modelos de produção de baixa emissão de carbono".

Ou seja, agregar valor aos produtos cultivados é um desafio inerente ao desenvolvimento dos produtores de pequeno porte, quer dizer da agricultura familiar. É assim que ela constrói competitividade, já que escalabilidade e capital intensivo estão distantes do seu alcance. E aqui – além de fomento técnico, econômico e social – estamos falando também de marketing. Não apenas o pensamento mercadológico para identificar e entender os mercados, abrir caminhos de oferta e posicionar de modo diferenciado os produtos brasileiros, mas também no sentido de um endomarketing consistente e voltado à família agricultora, com o objetivo de preparar, motivar e engajar os pequenos produtores nas trilhas da agricultura mais competitiva e global.

Para a agricultura familiar chegar a produtos de valor agregado e alcançar novos mercados, é essencial criar políticas públicas, programas estruturantes da produção, mecanismos financeiros e prover assistência técnica. Com o tempero do planejamento estratégico e tático de marketing, para construir a diferenciação de nossa oferta e a percepção positiva dos alimentos produzidos pela pequena e média família rural brasileira. É isso que vai permitir que a esses produtores ingressar na dinâmica planetária do mercado alimentar, evoluindo com base na ciência e tecnologia e assim tentando cruzar a fronteira da prosperidade.

E aqui nos reconectamos com ideias do livro "Small is beautiful" na agricultura e podemos perguntar: por que essa bandeira de pensamento progressista e desenvolvimentista não vingou e ainda se observa grandes níveis de desigualdade econômica e social no campo, em várias áreas do planeta, ao mesmo tempo em que hoje – como se fosse ironia – o mito da pequena agricultura familiar volta a ganhar corpo pelo mundo?

Sem mergulhar nas transformações imensas e profundas ocorridas na economia, ciência e tecnologia nos últimos 50 anos (afinal, não é o objetivo deste capítulo), pode-se dizer que o surgimento das cadeias globais de produção alimentar, os novos padrões de escalabilidade de produção, a revolução tecnológica no agro, mudanças disruptivas nos métodos de gestão, o terremoto da tecnologia da informação e posterior digitalização dos mercados – tudo (entre outros fatores) isso deixou seu cadinho de contribuição para o insucesso ou hibernação do ideário *small is beautiful*.

Hoje o mundo é outro e o próprio entendimento do conceito ganhou variáveis novas. A percepção mudou, mas sua força ética e inspiracional não. Tanto que estamos aqui, neste livro, refletindo sobre agricultura familiar e buscando rotas para resgatar seus valores e pontos fortes para a construção de uma consciência agrocidadã do século XXI. E o curioso é que facetas daqueles fatores que ajudaram a congelar o espírito *small is beautiful* talvez sejam, hoje, elementos contributivos no resgate da pequena família rural produtora. É o que vamos discutir nas próximas páginas.

## INTEGRAÇÕES COM O PÓS-PORTEIRA

No século XXI, o resgate da agricultura familiar tropical se fará em parte com a mão visível do Estado, por meio de políticas públicas clássicas de fomento, crédito, educação, inclusão tecnológica e de mercado, porque o desafio é gigante, o país é enorme e a modernidade não está distribuída de modo igualitário pelo país. Há áreas e rincões do Brasil onde o século XXI ainda não chegou e tem obstáculos para chegar.

Contudo, em que pese essa dívida histórica com a agricultura familiar de subsistência ou extrativismo, o mundo andou muito rápido nos últimos 50 anos e todo esse resgate será tanto mais eficaz, rápido e sustentável quanto mais estiver associado a mecanismos de integração mercadológica, conectividade, diversidade produtiva e agregação de valor.

Como parece acontecer em alguns exemplos que vamos visitar a seguir.

A integração direta entre corporações agroindustriais ou de abastecimento e produtores rurais é uma das oportunidades de crescimento da agricultura familiar voltada a produtos com maior elasticidade de valor agregado. É um modelo que veio evoluindo no mercado ao longo das últimas décadas, como estratégia das corporações do pós-porteira para reorganizar e dar mais eficiência as suas cadeias de fornecimento. A PepsiCo, por exemplo, já é um clássico nessa abordagem, internacionalmente e aqui no Brasil.

Em serviços de alimentação há o exemplo histórico também do McDonalds, que criou elos de integração com o campo na originação de ingredientes para seus hambúrgueres. E, no abastecimento alimentar, temos a referência do programa de integração com produtores de hortifrutis organizado pelo do Pão de Açúcar, tempos atrás. Nele, além dos quesitos clássicos de integridade, qualidade e aparência dos produtos, foi dada ênfase ao conceito de alimento seguro, com foco sobre a sanidade dos produtos, incluindo monitoramento e capacitação dos produtores parceiros em práticas de manejo fitossanitário das lavouras (em parceria com o programa Aplique Bem, UPL).

Tenho um grande amigo (Tejon) que ao acompanhar sua mãe na feira e ajudá-la a escolher os produtos, quando criança, quase sempre escutava um sonoro e vigilante: "Presta atenção nas batatas!", ele conta. Pois deve ter sido algo assim que passou pela cabeça da PepsiCo ao implantar um bem-sucedido modelo de parceria com agricultores, em 1997, no mercado de batatas. Foi quando a empresa percebeu que poderia ser vantajoso integrar e gerenciar uma cadeia de fornecedores desse ingrediente, para não correr riscos de fornecimento e obter também maior segurança nas negociações de preços. Com essa mudança em sua estratégia de suprimentos, a empresa passou a estabelecer contratos diretos com os produtores e, hoje, 100% das 100 mil toneladas de batata consumidas pela PepsiCo, no Brasil, são adquiridas nesse modelo de negócios[1].

A família agricultora também pode ter uma porta aberta para capacitação técnica de seus membros, pois em geral os esquemas integrados de fornecimento a agroindústrias têm foco forte na qualidade e sustentabilidade, na medida em que estão mais próximos da pressão das expectativas do consumidor. Em tese, isso é positivo para o agricultor, que tem acesso a técnicas produtivas e ferramentas de gestão favoráveis à sua evolução tecnológica. Fechando o círculo, seus campos de produção recebem monitoramento por drones durante o ciclo das plantas, dentro de uma filosofia de manejo preventivo e tempestivo da cultura. A estratégia é não se dar tempo ao problema.

Com esse suporte tecnológico e potencial de capacitação, a família agricultora pode cruzar fronteiras de conhecimento. Neste exemplo nosso da PepsiCo pode até acontecer de se integrar a programas globais de capacitação organizados pela indústria – como Cover Crops e Bee PepsiCo, para coberturas de solo

---

1 Modelo Agro da PepsiCo transforma agricultor em "sócio estratégico" com lucro no campo, AgFeed Negócios, 14-02-2024. Acesse em: https://agfeed.com.br/negocios/modelo-agro-da-pepsico-transforma-agricultor-em-socio-estrategico-com-lucro-no-campo/#.

em manejo fitossanitário e para proteção de abelhas polinizadoras, respectivamente.

Essa inserção potencial da agricultura familiar em uma dimensão de alta eficiência agronômica e competitividade também pode se sustentar via política de inovações. Segundo relata a empresa, de 25 novas tecnologias de manejo testadas em suas fazendas demonstrativas (*demo farms*) até agora, 15 já experimentam uso comercial, o que não é pouco, proporcionalmente. A indústria também informa investimentos de 27 milhões de dólares em 11 países (Brasil inclusive) até 2026, na busca de melhores práticas agrícolas e iniciativas de agricultura regenerativa, para seus programas de integração.

## MARKETING COLETIVO, CERTIFICAÇÕES, SELOS IDENTITÁRIOS

No sentido inverso das parcerias mencionada anteriormente (agroindústria-campo), um grupo de agricultores da região Sudeste nos traz um interessante exemplo de associação mercadológica e de marketing, com o objetivo de posicionar seus produtos (frutas) no topo da percepção de qualidade. Esses produtores se uniram e organizaram um portfólio de oferta alinhado às expectativas de produto mais altas do mercado. E fizeram isso dentro de uma visão de cadeia produtiva, cuidando da excelência produtiva (agronômica) de sua produção, mas também da rastreabilidade de ponta a ponta dos produtos e de aspectos de marca ("Vegetais Saudáveis") como logotipo, selo de identificação, embalagens próprias, identidade visual e enxoval promocional para ponto de venda.

**Figura 9.2**

**Fonte: Coriolano Xavier**

Nessa iniciativa, os parceiros não integraram seus sistemas de produção, não abdicaram de suas marcas próprias, mas colocaram a comercialização sob um conceito de imagem diferenciada e de status (a marca promocional "Vegetais Saudáveis"), como estratégia para aumentar visibilidade, melhorar o valor percebido de suas frutas e estimular o giro nos canais de venda, em particular supermercados. O interessante é que o raciocínio estratégico por trás da ideia pode ser reproduzido para outras situações de marketing coletivo – atreladas, por exemplo, a certificações de origem geográfica, de qualidade, de tipologia de produto, culturais etc.

Na perspectiva da agricultura familiar, o sentido estratégico de uma iniciativa como Vegetais Saudáveis guarda semelhança com o modelo de integração agroindústria-campo, em alguns aspectos. Ambos estabelecem uma ponte direta com organizações atuantes na ponta do abastecimento e consumo alimentar, cultivam diferenciação de produto, buscam agregar valor em suas produções e são, por assim dizer, empurrados para correr atrás de competitividade. É como se a exposição direta ao mercado e o *punch* extra adquirido com a união de esforços mercadológicos impulsionassem a gestão de cada parceiro na direção da eficiência e inovação, aumentando seu potencial de crescimento.

## PILARES E AMBIENTE DE NEGÓCIOS

Se tentarmos enumerar os principais pilares desses modelos de integração do campo com o pós-porteira, identificaremos aspectos, como: estudos de custos precisos, margens com fundamento histórico, evolução tecnológica contínua dos agricultores e cultivos, competitividade progressiva, visão de longo prazo e confiança institucional.

O ambiente de negócios também é importante: mercados ascendentes e produtos com potencial para agregar valor são condições que facilitam a diferenciação de oferta e a efetividade de ações de marketing indutoras de valor percebido no mercado consumidor.

No exemplo da PepsiCo a protagonista é a batata, no do Pão de Açúcar os hortifrutis. Mas a receita pode valer para outros alimentos, principalmente aqueles altamente perecíveis, cujas cadeias produtivas, em tese, poderiam estar mais sensibilizadas pelo atrativo da estabilidade de preços e de suprimentos.

## MERCADOS ESPECIAIS E COOPERATIVISMO

Ao se pensar em mercados com oportunidades de alavancagem para a agricultura familiar, uma das lembranças naturais é a fruticultura, setor no qual o Brasil é o terceiro maior produtor mundial, embora ainda seja o 24º exportador, com vendas de US$ 1,23 bilhão em 2023. O país tem vários biomas, diversidade de clima e solo, além de expertise produtiva para produzir grande variedade de frutas durante o ano inteiro. No mercado externo, as frutas tropicais vão ganhando reputação crescente e a fruticultura, nessa perspectiva de comércio internacional, tem o potencial de viabilizar pequenos produtores pelo alto valor dos produtos.

Nesse sentido, o ex-Ministro da Agricultura e professor emérito da Fundação Getulio Vargas, Roberto Rodrigues, costuma destacar que "na fruticultura o exportador é o próprio produtor e as tradings são bem menores do que as que operam em outros mercados agrícolas[2]. Por isso é fundamental que os produtores, especialmente os pequenos, se organizam em cooperativas que desenvolvam habilidades para acessar o mercado internacional". E, também, para organizar a logística interna com uma bem estruturada rede de frio, que amplie a nossa competitividade para exportar.

Também há mercados emergentes da nova economia verde, com o mesmo potencial de alavancar famílias rurais produtoras. Por exemplo: produtos nativos como castanhas, frutas, sementes e óleos não são mais utilizados apenas na produção artesanal de alimentos, como nos acostumamos a ver em narrativas tradicionais ou romantizadas do campo. Agora, as novas tecnologias, valores de consumo e mercados são disruptivos e produtos como esses assumem o papel de ingredientes orgânicos para a indústria de alimentos, de soluções para tratamento de água e matéria-prima na indústria farmacêutica veterinária.

Esse tipo de matéria-prima vem de vários biomas – Mata Atlântica, Cerrado, Caatinga e Amazônia. E os produtos dela originados crescem no mercado interno e hoje já chegam a Alemanha, Itália, Reino Unido, Emirados Árabes, Estados Unidos e Canadá. Uma das organizações desse novo cenário de mercado é o Grupo Sabará, que em 2024 começou a operar uma nova fábrica (Concepta Ingredientes, Valinhos/SP), onde foram investidos 25 milhões de dólares[3]. E o que fica no radar do nosso tema, neste capítulo, é que indústrias como essa, emergentes, preveem integrar agricultores familiares e extrativistas nos seus sistemas de suprimento, com matérias-primas dos quatro biomas já citados e tendo na mira também os Pampas e o Pantanal. A nova economia é inovadora e holística.

## ATALHOS DA DIGITALIZAÇÃO

A transformação digital dos negócios é outro caminho estratégico que pode alavancar a vida da agricultura familiar para uma direção mais próspera, por apresentar hoje caminhos alternativos para viabilizar o seu acesso e ingres-

2 Rodrigues R. Estratégias para frutas. In: O Estado de S. Paulo, edição de 9 de março de 2024, p. B3. Disponível em: https://www.estadao.com.br/economia/roberto-rodrigues/estrategia-para-frutas/.

3 Grupo Sabará aposta em produtos do extrativismo para crescer aqui e lá fora. O Estado de S. Paulo, Economia & Negócios, Broadcast Agro, edição de 26-02-2024, p. B10. Disponível em: https://www.estadao.com.br/economia/coluna-do-broadcast-agro/grupo-sabara-aposta-em-produtos-do-extrativismo-para-crescer-aqui-e-la-fora/.

so aos mercados modernos ou mais maduros de alimentos. E faz isso de um modo rápido (quando comparamos com as possibilidades históricas anteriores) e direto, unindo campo e consumo sem mediação, com velocidade e interação – o que é importante na perspectiva do feedback, inovações e adequações de oferta.

A plataforma Supercampo é uma dessas realidades novas, nascida a bordo da digitalização do agro e dos negócios: 12 cooperativas agroindustriais de produtores, com cerca de 80 mil agricultores por trás delas, se uniram e criaram uma plataforma comercial, uma espécie de shopping virtual dessas grandes cooperativas, que começou a operar em 2022 e já projeta para 2024 faturamento perto de meio bilhão de reais[4].

A proposta reflete os conceitos cooperativistas de união, integração e sinergia, temperados por racionalização operacional e de custos, mais escalabilidade. A Supercampo é formada por lojas (plataformas) exclusivas de cada cooperativa participante. É um marketplace com enriquecimento das ofertas por meio de fotos, fichas técnicas e até ferramentas de gestão acopladas. Além dos diferenciais que o marketing cooperativista de cada um dos participantes permite em *pricing* e *branding*.

Esse formato de plataforma pode vir a ser uma alternativa fértil para os desafios da agricultura familiar, pois pode apresentar bom potencial de crescimento nos próximos anos. E, independentemente do grande porte dessa plataforma de cooperativas já consolidadas, outros formatos podem brotar com focos mais específicos de mercado. Por exemplo, plataformas para famílias produtoras de uma região, ou dedicadas a produtos com indicação geográfica de origem, ou praticantes de algum tipo especial de manejo da produção ou dos produtos etc. O conceito seria sempre o mesmo: conexão direta da agricultura familiar com o mercado consumidor, agora via digitalização.

Nesse tipo de ferramenta, a família agricultora contaria com suporte técnico digital e apoio em habilidades de marketing, engajando-se como uma espécie de sócio parceiro e desenvolvendo a sua própria gestão comercial e de marketing. Naturalmente, precisaria adaptar o seu sistema produtivo à nova configuração de demanda e oferta. Mas essa retaguarda produtiva e agronômica poderia ser equacionada via modelos associativos (como o cooperativismo e outros). Afinal, a sabedoria da história ensina que a melhor saída para os pequenos ou mais desafiados passa pela união.

---

4 Shopping virtual de grandes cooperativas, Supercampo mira meio bilhão em 2024, AgFeed Negócios – 15-02-2024. Disponível em: https://agfeed.com.br/negocios/shopping-virtual-de-grandes-cooperativas-supercampo-mira-meio-bilhao-em-2024/#.

## OLHANDO A TRAVESSIA

O conceito *small is beautiful* dos anos 1970 ainda retém sua vitalidade quanto à proposta de sustentabilidade na produção de alimentos, consciência alimentar, consumo responsável, bem-estar ou – muito mais do que isso – saúde do ser e do viver. Mas novas realidades do sistema alimentar trouxeram obstáculos às bandeiras do livro de Schumacher – como a globalização das cadeias produtivas, a escalabilidade como norma competitiva, a explosão tecnológica do setor. Mais recentemente, e agora já com a urgência do enfrentamento climático, emergiram os gigantescos desafios de sustentabilidade planetária e descarbonização da economia, sem contar o onipresente olhar crítico dos consumidores exercendo as novas expectativas de uma espécie de cidadania agroalimentar.

O espírito do *best-seller* de 1973 acho que não desapareceu de todo. Mas talvez precise se reinventar também, como todos nós viajantes do planeta Terra fomos obrigados a fazer. *Small is beautiful but must reinvent itself*. E essa transformação se dará com um mergulho do conceito em um outro conceito seminal do sistema alimentar contemporâneo: *agricitizenship*, cunhado em Harvard (ver capítulo 3 deste livro).

No mundo contemporâneo, as condições específicas de tecnologia e escala de produção condicionam as escolhas e as possibilidades das sociedades em diferentes momentos. A incorporação ao mercado dos 3,5 milhões de propriedades rurais com agricultura familiar de subsistência e extrativismo – em condições de competitividade para gerar renda e com produção e exportação de alimentos de valor agregado (como nos casos comentados neste capítulo), poderá contribuir para a construção e expansão de um novo espaço de mercado doméstico de bens de consumo, inclusive com impacto positivo no Índice de Desenvolvimento Humano (IDH) das comunidades.

Falar de resgate, integração mercadológica e fortalecimento da agricultura familiar é muito mais do que política agrícola, estratégia de segurança alimentar ou planejamento estratégico de marketing, ainda que todas essas dimensões estejam presentes na questão. É justo dizer que pode ser até uma política de nação, olhando a travessia do século XXI.

### CONSIDERAÇÕES FINAIS

Neste capítulo ensinamos pontos fundamentais para construir pontes unindo empresas e consumidores, e propiciando um diálogo de sucesso entre eles, sempre por meio do conhecimento dos 4Ps: pessoas; paixões; produtos e pontos de encontro.

Na segunda parte do capítulo, o professor Coriolano Xavier dá uma aula sobre as possibilidades de transformar o que antes era e também parecia pequeno, em agora pequeno mas que parece desejável, grandioso e com muito poder de vendas e marketing.

Significa que para conquistarmos as mentes precisamos chegar nos corações primeiro. E precisamos usar todos os meios modernos a disposição, mas a agricultura familiar tem uma extraordinária vantagem: é querida, uma *love brand*, marca amada como já escrevemos capítulos atrás.

Não tenha medo do seu tamanho, você é muito maior do que se percebe.

## capítulo 10

# Planejamento Total de Marketing, um Modelo Universal

Doly Ribeiro e José Luiz Tejon

## INTRODUÇÃO

Já falamos em capítulos anteriores sobre a importância de fazer um planejamento de marketing da sua atividade. E existem disciplinas, metodologias para isso. Neste capítulo você receberá tudo o que precisamos considerar para ter um plano competente de marketing.

Você vai ter dificuldades iniciais para reunir as informações solicitadas. Não se preocupe, comece. É começando que vamos aprimorando, e depois de uns anos você terá um diferencial enorme competitivo na sua empresa, entidade, cooperativa.

## ROTEIRO E MÉTODO PARA O DESENVOLVIMENTO DE UM PLANO DE MARKETING

### Sumário

Deverá conter uma relação dos principais blocos de informação, enfoques de análise, conjunto de estratégias e programas de ação.

### Sumário executivo

É uma síntese das conclusões de análise, objetivo, metas e ações propostas no plano. Eventualmente, pode-se dividi-lo em blocos distintos para curto, médio e longo prazos, mas sempre deixando claro o elo entre as estratégias e metas de curto e longo prazos.

### Objetivos corporativos

São os grandes alvos da organização: cobertura/presença no mercado, *corebusiness*, crescimento, retorno sobre investimentos, lucratividade etc.

### Situação do mercado (onde está, para onde vai)

Esta etapa do plano de marketing deve conter:

- Análise do ambiente econômico, político, legal, comportamental e das tendências do agronegócio, assim como do ambiente competitivo da empresa.
- Levantamento de dados sobre o mercado do produto/serviço/empresa, reunindo informações sobre seu tamanho, taxas históricas e projeções de crescimento, ciclo de vida, competidores, macrotendências econômicas, demográficas e tecnológicas.

Não se deve esquecer que tal abordagem deve ser feita preferencialmente sob um guarda-chuva integrado da cadeia produtiva à qual o mercado analisado pertence.

## Evolução e tendências de macroambientes

Nesta etapa, deve-se:

- Identificar as ameaças e oportunidades advindas de variáveis incontroláveis, como mudanças no ambiente político, econômico, legal, sociocultural e tecnológico.
- Analisar o comportamento dos consumidores e dos agentes de distribuição (distribuidores, revendas, cooperativas, *tradings*, lojas de autosserviço.

## Análise interna de marketing

Nesta etapa, deve-se:

- Levantar os pontos fortes e fracos da empresa — produtos e linha (comparativamente à qualidade/imagem percebida da oferta concorrente e sempre pelo filtro das segmentações).
- Avaliar todos os serviços que estão sendo oferecidos aos clientes (também comparativamente à qualidade percebida para os serviços da concorrência e sempre pelo filtro das segmentações).
- Verificar participações de mercado e detalhar aspectos de qualidade percebida de produto/oferta, imagem percebida de marcas, índices de satisfação comparada de clientes (versus concorrentes e com o filtro das segmentações).
- Consolidar dados sobre volumes comercializados, geografia de vendas, perfil de giro, sazonalidades comerciais, *pricing* comparado (versus concorrentes e por segmento).
- Analisar a situação dos produtos/serviços na receita e na contribuição para o lucro da empresa (lucro econômico), de uma perspectiva dos últimos três a cinco anos.
- Fazer uma análise estratégica de portfólio de produtos (por exemplo, matriz BCG), identificando suas principais forças, gargalos e potenciais.
- Utilizar, sempre que possível, pesquisas de mercado para obter maior qualidade/profundidade nos dados e análises de marketing.
- Analisar a equipe de vendas e os canais de distribuição do produto/serviço/linha/empresa.
- Levantar oportunidades de lançamento de produtos.
- Identificar ações e sinergias que possam ser exploradas (em parceria) para promover o crescimento do produto (linhas complementares) ou a expansão do mercado.

## Diagnóstico da concorrência

Nesta etapa, deve-se:

- Descrever/avaliar os principais concorrentes nacionais e internacionais, diretos e indiretos.
- Identificar os principais pontos fortes e fracos desses concorrentes.
- Relacionar fatos importantes e recentes da concorrência – como participação de mercado, *share of voice* no setor, lançamentos de produtos e serviços.
- Relacionar também ações de marketing, de estrutura de canais, de equipe de vendas e estratégias comerciais da concorrência.
- Insight sobre linha de produtos concorrentes, seu *market share* – geral e individualizado por produtos, ciclo de vida, imagem percebida.
- Selecionar, entre os concorrentes, aqueles com as melhores avaliações em áreas importantes do atendimento ao mercado para serem usados como *benchmarking*.

Esse mesmo tipo de análise e seleção também pode ser feito com empresas não concorrentes.

## Síntese da competitividade por segmentação

Neste ponto, deve-se:

- Apresentar um resumo estratégico das forças e fraquezas de marketing da empresa, pelo filtro das segmentações – geográfica, de mercados, de tipificações ou de valor para os clientes etc. Essa síntese será extraída das análises feitas nas duas etapas anteriores.

## Síntese de ameaças e oportunidades

Nesta etapa, deve-se:

- Sintetizar os principais problemas e oportunidades encontrados nas análises feitas nas etapas anteriores – e que, portanto, serão privilegiados no planejamento.

## Objetivos gerais de marketing

Esta é a parte de quantificação do plano, em que os principais objetivos devem ser definidos e quantificados. Deve-se apontar, por exemplo:

- Metas de vendas por produto/serviço, segmento de consumo, regiões e territórios comerciais, segmento de canais ou cada canal.

- Participação de mercado projetada por produto/serviço, segmento de consumo, região/território e canal.
- Alvos de cobertura comercial (geográfica e em número de canais) e entrada em novos mercados.
- Participação nos investimentos em serviços de marketing do setor, como propaganda, promoção, *merchandising* etc.
- Índices de participação na mente dos consumidores, como *recall* e *share of mind*, imagem percebida de marcas, *goodwill* corporativo etc.

É desejável que se estabeleçam os alvos mencionados anteriormente com um bom nível de detalhamento para que possam ser acompanhados com mais facilidade ao longo do período e também constatados na avaliação final do planejamento.

## Resultados esperados

Esta também é uma etapa de quantificação de alvos, uma espécie de desdobramento da etapa anterior, porém elaborada pelo ângulo e na sintonia fina das finanças. Estamos falando, por exemplo, de índices como giro dos inventários, giro de contas a receber, fluxo de caixa, margem bruta, Raji e Roae, entre outras ferramentas de mensuração de resultado financeiro. Essas mensurações podem ser feitas por produto/serviço, linha ou empresa. As metas relativas a esses índices podem ser acompanhadas em todo o período, como um termômetro contínuo e preventivo do sucesso do planejamento.

## Estratégias de marketing

Nesta etapa, deve-se:

- Apresentar as principais estratégias definidas para atingir os objetivos de marketing, sob o enfoque da segmentação de mercados, da seleção de mercados-alvo, da diferenciação e do posicionamento de linha/produto/serviço.
- Além da segmentação de mercado, construir as estratégias já estabelecendo o mix de marketing para cada segmento, ou seja, o portfólio de oferta (produto/serviço), os posicionamentos, a política de preços, a força de vendas, a estrutura de canais e a comunicação mercadológica.
- Sinalizar o que será feito para alcançar os objetivos de marketing, buscando sempre uma otimização/*upgrade* de eficácia nos padrões da empresa em diferenciação de oferta (produto/serviço); distribuição; competitividade em *pricing* (preço e condições comerciais); propaganda e promoção; sistema de avaliação do plano; e auditoria anual de marketing.

- Contemplar aspectos de recursos humanos, treinamento, tecnologia, produção, finanças (entre outros), sempre de maneira sintética e respondendo à questão: "O que será feito?"
- Apresentar um panorama dos planos de ação que darão corpo às estratégias e que estarão detalhados na etapa seguinte.

## PLANOS DE AÇÃO

Para usar uma síntese e facilitar a percepção do todo, podemos dizer que os programas de implementação mostram como será realizada a estratégia, ou seja: o que será feito exatamente (em detalhes), quando, onde e quem fará.

Sob esse guarda-chuva, temos, então, uma boa diversidade de campos de ação para serem planejados e gerenciados:

- Produto, tecnologia, produção, gestão do produto e ações para seu desenvolvimento no mercado.
- Vendas, canais, distribuição, programas de incentivo a canais e pós-venda (incluída aí a assistência técnica).
- Programas de melhoria de custos e qualidade.
- Comunicação mercadológica – propaganda, promoção, programas de incentivos ao cliente/consumidor, relações institucionais e web marketing.
- Recursos humanos, motivação e treinamento.
- Sistemas de informação de marketing, organização e tecnologia de informação.
- Avaliação e controle – controladoria de marketing, administração de vendas, pesquisas de mercado etc.

Todos esses campos de ação – desenvolvidos, integrados e orçados – darão origem a planos específicos de produto, vendas, distribuição e comunicação.

### Plano de produto

- Posicionamento.
- Decisões com relação à tecnologia.
- Decisões relativas a marcas.
- Decisões relativas a embalagens.
- Desenvolvimento do produto nos clientes/mercados.
- Preço e condições comerciais.
- Pacotes de oferta.
- Lançamento de produtos.

- Serviços oferecidos.
- Metas de imagem e ações promocionais.

O enfoque pode ser no produto ou em uma linha de produtos, bem como em serviços complementares para agregação ao valor percebido da oferta. Serviços ou linha de serviços, isoladamente, também se encaixam no raciocínio tático-operacional embutido nos aspectos e fatores citados.

### Plano de vendas e distribuição

- Decisões de canais, tipo e número de pontos de venda.
- Metas comerciais (produto e valor) por região, território e canal.
- Políticas comerciais, serviços e incentivos ao canal.
- Objetivos de distribuição, estrutura e gestão de logística.
- Definição de força de vendas (tamanho e perfil de equipe, metas de cobertura e frequência de oferta comercial).
- Cotas de vendas e outros indicadores de desempenho.
- Remuneração da equipe, recrutamento, seleção e programas de treinamento.

Apresentamos aqui apenas um panorama geral do planejamento de vendas.

### Plano de comunicação

- Definições de público-alvo.
- Objetivos de comunicação (conhecimento e imagem de marca, percepção de produto etc.)
- Conceito estratégico da mensagem e campanha.
- Decisões sobre mix de comunicação, mídia e investimentos.
- Instrumentos de avaliação de resultados.

## SINTONIA FINA

O orçamento de todas as variáveis e ações previstas é pressuposto de qualidade total em qualquer plano de marketing. Sem isso, o resultado fica difuso, e a eficácia do planejamento, sem transparência integral. Análises de fluxo de caixa, retorno sobre vendas e lucro (só para citar alguns filtros de avaliação financeira) fazem parte do jogo e são tão fundamentais quanto a criatividade mercadológica.

Desde o início da execução do planejamento, precisam estar definidas as ferramentas e os parâmetros para seu controle e avaliação, seja com respeito à auditoria de marketing, seja com respeito à performance (quantitativa e qualitativa) de vendas.

Outro ponto decisivo para a pertinência e a eficácia das ações de marketing: o planejamento estratégico da empresa deve ser um horizonte constante. É preciso sincronizar, estabelecer cronogramas, controlar e avaliar a eficácia da ligação entre o planejamento estratégico e o plano de marketing o tempo todo. Esse processo não para e está sempre sujeito a refinamento, aprimoramento, ajustes de rota e contínuas mudanças.

## DESAFIOS DO MARKETING DO PRODUTOR RURAL

O produtor rural é o centro da cadeia do agronegócio. Ele recebe a tecnologia gerada antes da porteira e entrega as matérias-primas vegetais e animais à agroindústria, aos processadores, aos restaurantes e a todo tipo de transformação realizada no pós-porteira das fazendas. O produtor rural também pode estar envolvido em uma atividade em que seu produto segue *in natura* para o mercado consumidor, o que acontece com flores, frutas e hortaliças.

Apesar de ser o ponto mais importante da cadeia, o produtor rural enfrenta vários desafios de marketing:

- Isolamento e possibilidade mais remota de ativar o marketing sozinho.
- Ele é antecedido por grandes grupos econômicos, detentores de alta tecnologia, e vende sua produção para outras grandes corporações, com baixíssima possibilidade de diferenciação de marca.
- Ele depende fortemente de políticas agrícolas e de planos de financiamento.
- Para a estruturação e a logística das safras, ele depende de ações públicas e governamentais.
- Fatores incontroláveis, como clima, câmbio, oferta e demanda de *commodities*, competição globalizada, legislação, doenças, pragas, custo da produção, decisões de fornecedores e política tributária, entre outros, fazem com que a atividade rural isolada seja muito arriscada.
- Dependência de associativismo e de lideranças capazes para a orquestração de planos de marketing da produção agropecuária.
- Distanciamento dos mercados consumidores finais.
- Vocação e foco voltados para a produção.
- O fato de as novas mídias sociais terem sido apenas recentemente viabilizadas pela internet.
- O fato de as disputas comerciais e estratégicas que utilizam o marketing como conhecimento serem muito recentes para a grande maioria dos produtores rurais.

No entanto, apesar desses grandes desafios, notadamente de forma isolada, a utilização do marketing tornou-se possível a partir da revolução da informação e do barateamento do custo do acesso à informação.

No Núcleo de Estudos do Agronegócio da Escola Superior de Propaganda e Marketing (ESPM), diversos sites de marcas agrícolas são monitorados. Houve uma explosão da visibilidade e da criação de *brand* por parte da atividade dentro da porteira das fazendas. No século XXI, tornou-se possível a ação de marketing dos produtores rurais, mesmo que individual, o que pouco tempo atrás era uma iniciativa viável apenas por meio de associações e cooperativas.

Para elaborar um plano de marketing individual, o produtor rural deve seguir várias diretrizes:

- Conhecer os planos estratégicos dos principais fornecedores de insumos e equipamentos.
- Acompanhar e monitorar os progressos da pesquisa científica e tecnológica que antecedem o dentro da porteira.
- Aprofundar-se nos detalhes das informações genéticas dos diferentes ofertantes, sempre mantendo áreas de teste para novos materiais em sua propriedade.
- Realizar *benchmarking*, estudos comparativos de custos, produtividade e resultados com propriedades vizinhas e com dados de produtores de outras áreas do país e do mundo.
- Desenvolver a agricultura de precisão para conhecer profundamente a resposta aos investimentos de sua área de produção.
- Manter um banco de dados dos fatores incontroláveis de sua atividade, como: oferta e demanda, curva de preços, interferências do mercado de investimentos e futuro, custo da tecnologia, câmbio, tendências dos consumidores finais, principais atividades dos grandes "fazedores de moda" dos derivados dos produtos agropecuários (McDonald's, Starbucks, Nestlé, Unilever, Bunge, Sadia, Procter & Gamble e Coca-Cola, entre outros).
- Montar um banco de dados de intermediários, compradores e cerealistas para antever seus procedimentos a partir dos registros históricos ano a ano.
- Eleger um grupo seleto de fornecedores de insumos, máquinas, processadores e corporações agroindustriais para ser visitado anualmente e, também, para que os relacionamentos sejam criados e mantidos.
- Relacionar alguns eventos internacionais de participação obrigatória, para adquirir informações e acesso a mercados.
- Acompanhar as ações das ONGs na região e/ou área em que atua e suas influências nos mercados e clientes com quem opera ou pretende operar.
- Montar um sistema de acompanhamento de artigos e de publicações dos principais especialistas de sua área de atividade e cultura.

- Participar de redes sociais, nacionais e internacionais, com afinidades e conexões voltadas à mesma atividade.
- Criar um padrão visual da sua propriedade – equipamentos, uniforme, cartão de visita, materiais administrativos, sacaria e embalagens.
- Ter uma marca e aplicá-la em tudo, definir missão, visão e valores da propriedade e ter uma boa história para contar sobre sua marca e seu compromisso com o futuro.
- Compreender os elos da cadeia produtiva do agronegócio ao qual pertence, conhecer as conexões e as pessoas-chave em todo o sistema, tanto no antes da porteira como no pós-porteira, e as lideranças dentro da porteira das fazendas.
- Participar de movimentos associativos profissionais e de interesse da classe, classificá-los e definir tempo para as iniciativas cooperadas.
- Estudar sempre, até por cursos a distância, on-line.
- Conhecer toda a rede de revendedores e distribuidores de insumos e máquinas, observar seu movimento competitivo e procurar bons negócios nos momentos de lançamento de produtos, estoques altos e aproveitamento de oportunidades tecnológicas.
- Manter vínculos sólidos com os agentes financeiros da área e acompanhar o histórico dos acessos às linhas de financiamento e posturas de execução de dívidas nos momentos críticos.
- Criar um time coeso e bem preparado para fazer o dia a dia e operar a propriedade, liberando tempo útil para a visão e as tarefas estratégicas.
- Compreender seu estilo e perfil de produtor: ousado versus conservador, diversificado versus especializado, *commodity* versus agregador de valor. Aprender a tomar decisões levando em conta seu estilo, mas ponderar e considerar a preservação do negócio, tomando parte de suas decisões de forma mais ou menos conservadora.
- Montar um site, ser interativo e buscar relações negociais globalizadas nas oportunidades criadas por clientes que procuram diferenciação na produção já na origem das matérias-primas agropecuárias.

O marketing de origem é um instrumento fortemente utilizado nas marcas e diferenciações rurais.

## O PLANO DE MARKETING DA PRODUÇÃO AGROPECUÁRIA

O grande trabalho de marketing para o produtor rural é feito por meio de entidades, cooperativas e associações de classe ou mesmo por uma combinação entre governo e órgãos representantes de segmentos produtivos.

Países como Estados Unidos, Inglaterra e Holanda, por exemplo, mantêm estratégias de marketing "nacionais" articuladas com todos os setores envolvidos e informam a sociedade com relação a elas. Nesse sentido, um plano de marketing para a produção agropecuária brasileira precisa considerar vários aspectos:

- Diagnóstico das ações dos principais países concorrentes.
- Mudanças nas atitudes e nos hábitos de consumo nos principais países demandantes.
- Database sobre a rede de varejo, agroindústrias, processadores e agentes influenciadores dos países demandantes.
- Marcas e posicionamentos estratégicos dos diversos países e suas ações de marketing de origem, bem como das iniciativas privadas com poder para influenciar a percepção de consumidores e intermediários.
- *Likes* e *dislikes* dos produtos de origem brasileira. Nível de percepção positivo, negativo ou indiferente.
- Visibilidade dos competidores na mídia global.
- Mapeamento e monitoramento dos sites de cada segmento.
- Mapeamento e monitoramento das ONGs, entidades de defesa do consumidor e associações de produtores rurais competidores, avaliando procedimentos, valores, atitudes, lideranças e sucessores.
- Compreensão da competição interna entre culturas, regiões e tendências de consumo no próprio país.
- Análise dos ofertantes de tecnologia estratégica e do quanto atuam em relação aos compromissos com o agronegócio do país.
- Avaliação de busca de projetos e acordos bilaterais por segmentos de mercado, tanto oficiais quanto comandados pelo mercado, com a iniciativa privada.
- Mapeamento e monitoramento da legislação de importação e de exportação de produtos do agronegócio. Estudos sobre as diferenças entre as teorias e as práticas reais.
- Estudos sobre o impacto das decisões de agronegócio em cada país demandante e concorrente, sobre o ambiente político, as eleições e a opinião pública local.
- Definição de estratégias comerciais segmento a segmento, país a país, agente econômico a agente econômico.
- Construção de recursos humanos com forte carisma e vigor para a ação de vendas em alto nível.

- Avaliação de verbas de ativação de marketing, pesquisas de mercado e estudos, comparando o comportamento dos concorrentes quanto aos investimentos em marketing.
- Estratégias de assessoria de imprensa priorizadas e definidas em âmbito global.
- Correção dos pontos fracos do país, com fundamento em percepções versus realidades, para priorizar investimentos estruturais ou sistêmicos.
- Manutenção de um grupo de inteligência e de coordenação de marketing da produção agropecuária do país, não sujeito a alterações de acordo com mudanças político-partidárias.
- Definição de um plano de marketing para o envolvimento com os agentes do antes da porteira (genética, adubo, máquinas, crédito, seguro, tecnologia), outro para a produção agropecuária propriamente dita, interna e externa ao país, e outro para o envolvimento com os grandes conglomerados processadores e demandantes da matéria-prima vegetal e animal.

O que vemos neste século XXI é uma possibilidade real de marketing para os produtores rurais, mesmo como indivíduos, e a necessidade vital de planejamento de marketing para as associações, as entidades e os órgãos oficiais do governo relacionados ao agronegócio de outros países.

*Agriwar* é a guerra de marketing pela percepção dos consumidores globais. Ela não nasce somente na arte publicitária ou em vendas; já vem embutida na linha da pesquisa genética da semente ou na estratégia de logística do fertilizante, bem como no design dos equipamentos rurais, preparados por engenheiros mecânicos, e na organização de portos e estruturas pós-porteira das fazendas, por exemplo.

## VALORES DE COMPETITIVIDADE PARA AS COOPERATIVAS

O cooperativismo já envolve no mundo inteiro cerca de 1 bilhão de pessoas. Trata-se de uma fórmula de organização que resistiu ao tempo e aos modismos – e que só não consegue resistir à ausência de lideranças preparadas. Os valores do cooperativismo passam pela união e pelo sentido comum de horizontes, e a clareza da missão é essencial. Colocar sempre a obra, a causa, acima dos interesses pessoais e de grupos é uma das mais difíceis tarefas para o êxito das cooperativas.

As cooperativas bem-sucedidas revelam uma liderança coesa, comprometida com o ideal cooperativista. Alguns dos valores fundamentais para a competitividade das cooperativas são a não tolerância da mediocridade; o combate à zona de conforto e à acomodação; a rejeição ao paternalismo, ao populismo, e à tentação de querer agradar a curto prazo e provocar rombos insuperáveis a longo prazo, além do estabelecimento de um saudável regime sucessório. Todos esses são ingredientes *sine qua non* para o êxito no ambiente cooperativista.

As cooperativas não podem raciocinar estrategicamente como as corporações não cooperativas. É fundamental que a conscientização e a educação façam parte permanente do seu DNA. Para o lado de dentro, elas precisam de fortes programas culturais e educacionais – o endomarketing; para o lado de fora, necessitam de um projeto de longo prazo, envolvendo toda a sociedade.

Com relação aos seus clientes, a formação de vendedores cooperativistas passa por uma seleção e uma preparação diferenciadas dos demais vendedores de outras organizações. Os planos de comunicação dos produtos de cooperativas precisam sempre de um envoltório de cidadania, de altruísmo. As cooperativas não têm apenas uma missão voltada para dentro, para os seus cooperados; elas devem levar o espírito cooperativista a todos os elos da cadeia do agronegócio, do antes ao além das porteiras das fazendas, bem como cultivar a mesma disposição para o uso das ferramentas modernas de gestão.

É necessário crescer com um foco claro e determinado; não trocar o que tem de ser feito por aquilo que distorce e desvia as atenções. Deve-se preparar um projeto de marketing extremamente cuidadoso, com consciência de que se enfrentará as principais organizações globais e nacionais, que têm poder de decisão mais rápido e cultura de riscos mais desenvolvida.

Outra questão importante de uma cooperativa é ter clareza de sua vocação. Caminhar para a industrialização, o varejo ou os serviços, avançando na agregação de valor no pós-porteira das fazendas, exige talento, vontade, convicção competitiva e a montagem de um processo decisório de ações e reações à concorrência, nos moldes de uma empresa não cooperativada. Alianças estratégicas e parcerias são alternativas inteligentes, se considerarmos uma definição de vocação e talentos para a produção agropecuária diferenciada, o que viabiliza acordos especiais de contratos e de comercialização.

As cooperativas, independentemente de irem ou não ao consumidor final, devem lutar para estabelecer imagem e visibilidade de marca.

A origem, a procedência do cooperativismo, deve ser considerada ao longo da cadeia de valor. Pessoas consomem valores, percepções, sentidos, significados. A cooperativa é um símbolo de evolução humanista e tem um espaço crescente e fundamental nos próximos anos do agronegócio, quando precisaremos atender cerca de 9 bilhões de pessoas na Terra e incorporar milhões em regimes de produção. A organização cooperativa está preparada para esse fim.

Os valores de competitividade das cooperativas podem ser sintetizados em 10 visões vitais. Evidentemente, há aspectos administrativos, legais e de gestão que são inerentes ao funcionamento correto de uma organização cooperativa. Não pode haver ignorância sobre os quesitos umbilicalmente ligados ao funcionamento do segmento: a sua contabilidade, o seu regime de contas. Essas 10 visões vitais estão mais voltadas para os desafios estratégicos e competitivos:

1. Consciência de liderança e da necessidade de formação de líderes para integrar a missão cooperativa ao lado da necessária competitividade, tanto interna quanto externa.
2. Criação de um plano de marketing de cooperativa. Ou seja, o plano de marketing de uma cooperativa nunca pode ser igual ao da empresa não cooperativada no tocante a linha de produtos, embalagem, comunicação, estabelecimento do *pricing*, política de ponto de venda, formação dos vendedores.
3. Atuar com velocidade na tomada de decisões competitivas. O tempo pode ser um dos principais ativos e diferenciadores estratégicos para o sucesso nos dias atuais. Organizações que adotam o estilo de preparação perpétua já têm endereço certo: a tumba.
4. Ter executivos e recursos humanos cooperativistas e competitivos. Cuidar extraordinariamente para que todos os talentos humanos que trabalhem em uma cooperativa sejam envolvidos com um senso superior de doação e de sentido de vida. Ao mesmo tempo, o corpo de colaboradores precisa ser firme e vigoroso para não ser dominado pela tendência de uma mediana de baixo desempenho.
5. A cooperativa precisa ter sistemas claros de expurgo. Nem todos servem para o movimento cooperativista. Uma organização deve ter mecanismos de atração de novos membros e um código de ética e de eliminação claros e justos.
6. Para atender distintas vocações e desejos de seus membros, é importante que uma cooperativa propicie uma saudável diversificação de culturas e de negócios. Uma boa cooperativa é a que permite e amplia a possibilidade de sucesso dos seus cooperados. Existem produtores que podem ser mais vocacionados para a produção artesanal, outros para a extensiva e de escalabilidade, outros ainda para inovações e projetos de maior agregação de valor por unidade produzida. Ter tantas linhas de negócios quantas forem as vocações regionais ou de seus membros amplia a chance de negócios, diversifica os riscos e agrega mais êxito e felicidade na cooperativa.
7. Uma cooperativa precisa ter alguns grandes vendedores. São membros da sua diretoria ou o seu próprio presidente. Pessoas que reúnam senso da missão, atuação com responsabilidade do conjunto técnico e da administração e uma dose certa de carisma, ou seja, capacidade para chegar ao cérebro dos outros pela via do coração. Esses vendedores pre-

cisam visitar os altos dirigentes das maiores organizações que estão no antes e no pós-porteira das fazendas e tratar com eles. São as pessoas para as representações perante a sociedade, incluindo as demandas junto aos governos.

8. Uma cooperativa precisa adotar a visão de segmentação e identificação de fornecedores, clientes e consumidores, bem como de cooperados, dentro da perspectiva de valores, atitudes e estilo de vida. Precisa também promover os negócios em um composto de valores e de gestão de marca (*branding*), conectando seus interesses com os dos setores em que haja uma vantagem de vínculos por afinidades. A cooperativa deve ser uma porta aberta para o surgimento de novas tecnologias e novos fornecedores, bem como ter atitudes concretas e diferenciadas para as organizações de consumo e de processamento.
9. A cooperativa precisa ter convicção de sua vocação e do seu talento competitivo, sem adotar modismos. Se for atuar competindo na industrialização, no varejo e nos serviços do pós-porteira das fazendas, precisa ter recursos humanos e análises profundas de *benchmarking* (indicadores completos das ações competitivas) para não confundir projetos de agregação de valor com ilusão e utopia. Dominar seus pontos fortes e promover alianças e parcerias e procurar diferenciações percebidas ao longo da cadeia são atitudes essenciais.
10. Deve ser saudável financeiramente. Íntegra. Ética. Fora da ética não existe chance de êxito para nenhuma cooperativa. A vigilância permanente é obrigatória. Cooperativismo é negócio com missão humana – e perdê-la significa perder o negócio.

Os valores competitivos das cooperativas são desafiadores, porém plenos de uma grande riqueza, humana e real. Incorporar o estado da arte da gestão moderna, sem perder as raízes da sua essência, e transmitir essa cultura para todos os seus membros internos e para toda a rede externa da organização é o caminho. E tudo isso em alta velocidade, pois o mundo mudou e muda constantemente, o que torna vital o papel do líder.

Há várias estratégias no âmbito do marketing do produtor rural. Uma das mais interessantes e poderosas é a do marketing de origem, que veremos detalhadamente a seguir.

## MARKETING DE ORIGEM

Em um mercado globalizado, no qual a informação se espalha progressivamente, o acesso a produtos e serviços é cada vez mais fácil e a diferenciação entre eles, cada vez menor. Assim, o conceito de procedência vem ganhando mais e mais espaço no mercado de alimentos, tornando-se um poderoso instrumento de marketing. A estratégia da origem, aliás, é particularmente eficaz para o segmento dos produtores rurais, pois, além de agregar valor aos produtos, tem inspiração coletiva e ajuda a superar a histórica limitação do setor em gerar recursos para fazer marketing.

Resumindo, já que está cada vez mais difícil construir e sustentar a diferenciação no mercado de alimentos, uma boa alternativa estratégica de marketing é voltar-se para o ambiente e focar as peculiaridades de origem do produto, fazendo disso um valor. Quando esse tipo de estratégia começou a ganhar visibilidade, utilizou primeiro a forma simples dos chamados selos de procedência. Com o tempo, foram sendo incorporados novos enfoques e tecnologias de ativação mercadológica, dando-se corpo ao hoje valorizado marketing de origem, uma das armas de elite na *agriwar* planetária. Seu papel é criar uma percepção de qualidade para um produto ou grupo de produtos a partir das características geográficas, ambientais, produtivas e/ou culturais de determinada região. Ou seja, a origem confere valor, prestígio e confiabilidade ao produto. Exemplos desse tipo de estratégia são os vinhos de Bordeaux ou de Champagne, o charuto cubano, o bacalhau norueguês, o presunto de Parma, o café colombiano Juan Valdez, as maçãs e peras de Washington, as uvas passas da Califórnia e as frutas do Chile, entre outros.

No Brasil, não são muitos os casos bem-sucedidos de marketing de origem. Um destaque são os vinhos da Serra Gaúcha, que ganharam competitividade e notoriedade por meio de um trabalho bem-feito de valorização da origem conduzido pela Associação dos Produtores de Vinhos Finos do Vale dos Vinhedos (Aprovale).

Várias outras trilhas estão sendo abertas ou consolidadas nessa direção, como a cachaça de Minas, o vinho de São Roque, o café do Cerrado e os hortifrutis da região de Vargem Grande, mais voltados ao mercado interno. De olho no mercado internacional, temos as frutas do Vale do São Francisco, o boi verde ou orgânico (criado em regime de pasto) e os cafés especiais da *Brazil Specialty Coffee Association*, entre outros.

## ORIGEM DE MELHORES VENDAS

A legislação de propriedade industrial no Brasil prevê duas modalidades de certificação de origem: a indicação de procedência e a denominação de origem.

- **Indicação de procedência:** é a mais simples das certificações e materializa-se por meio de selo indicativo da origem geográfica do produto, concedido quando a maior parte da matéria-prima é produzida na região em questão. Os vinhos da Serra Gaúcha encaixam-se nessa categoria de certificação.

- **Denominação de origem:** expressa a região de origem de 100% da matéria-prima utilizada no produto e determina suas características de produção e qualidade. Ou seja, delimita claramente a geografia da matéria-prima e requer o cumprimento de normas e processos na produção para garantir certo padrão de homogeneidade e qualidade dos produtos.

Como se vê, a busca pela certificação de origem, no seu estágio mais elaborado, transforma-se também em fator evolutivo do setor ou região, pois obriga os produtores a se organizarem (agindo de forma coletiva e cooperada) e a melhorarem os processos e padrões que caracterizam o perfil da procedência, o que, na prática, impõe ganhos de gestão e qualidade a todo o conjunto envolvido no projeto.

## CONSIDERAÇÕES FINAIS

Neste capítulo você viu como planejamos marketing nas empresas, para agricultores, associações, cooperativas, ONGs.

Olhando pela primeira vez ficamos com uma sensação de ser muito complexo. E vem a pergunta no nosso ouvido: será que isso é para mim?

Sim, é para você, leitora, leitor da agricultura familiar, pois quando você for conversar com uma empresa, que pode vir a ser sua cliente, saiba que essa empresa está utilizando esta listagem de fatores para tratar com você. Então você estará, na pior das hipóteses, pronta e pronto para ter uma conversa num nível muito superior, e, claro, negociando positivamente também a seu favor.

capítulo 11

# Perspectivas de um Sistema AgroFamiliar

José Luiz Tejon

## INTRODUÇÃO

Agronegócio é um sistema, sempre. Da semente, da genética animal, dos defensivos, insumos, máquinas, passando pelas produtoras e produtores que são fiéis depositários da ciência aplicada nos campos, águas e mares, e esse sistema continua depois da produção rural atingindo indústrias, feiras, comércio e ainda é envolvido pelos serviços, transporte, seguro, crédito, educação, comunicação etc. Um sistema sempre.

O Anuário Brasileiro da Agricultura Familiar é uma publicação extraordinária para termos a dimensão e o potencial da agricultura familiar no Brasil. Neste capítulo utilizamos muitos dados e informações extraídos com autorização do ótimo Anuário 2024.

Compreender marketing é muito mais do que simplesmente criar aleatoriamente peças de comunicação, ou dizer: "eu existo", o como e o por que eu existo será mais ou menos percebido, até amado ou não tolerado, dependendo da forma do jeito de dizer e da reputação e imagem de "quem diz".

Reitero que o Anuário Brasileiro da Agricultura Familiar, da editora Bota Amarela, com o seu diretor executivo Hélio Rubem Corrêa da Silva, é uma fonte fundamental para penetrarmos mais profundamente nas grandes estratégias de um Planejamento de Marketing de toda essa sociedade e cidadania de um agroconsciente. E ele me autorizou a publicar aqui de forma integral meu artigo: "Terra uma cooperativa humana" (Abaf, 2024, p. 314), no qual evidencia-se o fator econômico e social, pois 70,6% das propriedades vinculadas às cooperativas tem áreas entre 1 e 50 hectares.

É, então, de prioritária importância acompanharmos, exatamente naquele "A" que mencionei páginas atrás, da Análise, dos fatores incontroláveis para ali buscarmos alianças e parcerias estratégicas que irão impulsionar nosso agrofamiliar quando decidimos na sua adaptação e criação.

Existe um Ministério do Desenvolvimento Agrário e Agricultura Familiar (MDA). O ministro nesta data é Paulo Teixeira. O ministro aborda instrumentos específicos para a política pública do setor: Certidão de Agricultor Familiar (CAF), importante esse cadastramento que pode ser feito pela internet.

Os programas de apoio são: Programa de Aquisição de Alimentos (PAA); Programa Nacional de Alimentação Escolar (PNAE); Programa de Compras Públicas, em que está envolvido o Pronaf e o Programa Mais Alimentos, e as entidades conectadas a esses programas são o Sebrae, o Senar, com apoio da Assistência Técnica e Extensão Rural (ATER) e da Agência Nacional de Assistência Técnica e Extensão Rural (Anater).

Significa no nosso Plano de Marketing da Agricultura Familiar termos a clara gestão da busca desses suportes de forma organizada e administrada. Por isso, o valor do associativismo e do cooperativismo.

A política nacional de agricultura familiar e empreendimentos familiares rurais é uma Lei nº 11.326, de 24 julho de 2006. Existe a Secretaria da Agricultura Familiar e Agroecologia (SAF). Esta secretaria tem como uma missão, dentre outras, a de coordenar toda agenda de pesquisa e inovação. Tem ainda o "selo biocombustível social", em que há um enfoque da transição ecológica. Como apoio ao setor, existe ainda o Programa Garantia Safra, e o seguro rural – Proagro Mais.

Importante uma leitura dinâmica nos dados do Censo do IBGE (2017): 579,5 mil estabelecimentos associados às cooperativas. Houve um aumento de 67,3% face ao último Censo. Cerca de 70,5 milhões de hectares estão associados às cooperativas e, dentre eles, 70,6% com áreas de 1 até 50 hectares. Do produtor cooperado, 96,4% sabe ler, e 71,2% dos estabelecimentos cooperados são do tipo agricultura familiar.

O total brasileiro reúne 351 milhões de hectares de todos os estabelecimentos agropecuários. 85%, ou seja, 296 milhões de hectares são de área própria. Desse total, cerca de 70% de 1 a 50 hectares. De 25 a menos de 65 anos reúnem 74,8% das pessoas. E nesse total, 77% sabem ler e 23% não. O número de pessoas ocupadas em atividades nos estabelecimentos é de 15,1 milhões com uma diminuição de 8,8% perante o último Censo.

E 77% dos estabelecimentos, são considerados agricultura familiar, significando 3,9 milhões de propriedades. A agricultura familiar ocupa 67% de todo pessoal ocupado no país 10,1 milhões. O Nordeste envolve 46,6% desse total, e o Norte, 15,4%. Sudeste 16,5%, Sul 16% e Centro-Oeste, 5,5%.

Acre, Amazonas, Ceará, Paraíba, Pernambuco, Piauí, Rio Grande do Norte, Rondônia, Santa Catarina, e Sergipe são os 10 estados que mais concentram agricultura familiar no Brasil. O valor da produção agropecuária brasileira originada na agricultura familiar responde por 23% de toda produção, sendo que 20,3% dos estabelecimentos são dirigidos pelos casais. Nordeste e Norte reúnem percentual maior de mulheres na direção, de 25% a 30%: 1,7 milhão de propriedades produzem milho, e 173 milhões de cabeças de gado foi o efetivo do rebanho no Censo.

Estímulo à agricultura de baixo carbono foi formado entre os ministérios do Desenvolvimento Agrário e Agricultura Familiar, da Fazenda, do Meio Ambiente e Mudança do Clima e da Agricultura e Pecuária. O acordo objetiva estimular a expansão da agricultura de baixo carbono.

Biodiesel é outro programa para estimular a renda da agricultura familiar. O presidente do Conselho de Administração da Associação dos Produtores de Biocombustíveis do Brasil (Aprobio), Francisco Turra, diz que, a cada ponto percentual que a mistura seja autorizada no diesel, ocorre a inclusão de mais 7,7 mil famílias no Programa Nacional de Produção e Uso do Biodiesel (PNPB). Erasmo Carlos Battistella, presidente da Be8, espera chegarmos a 15% de mistura rapidamente.

Diversas ações multissetoriais desenvolvem o Índice de Desenvolvimento Humano (IDH) de muitas cidades. O Plano Brasil Sem Fome objetiva combater a fome, e, nesse âmbito, a agricultura familiar é a raiz fundamental para isso.

O Ministério do Desenvolvimento Social e Assistência Social e Combate à Fome tem como competência fortalecer as políticas nacionais de desenvolvimento social, de segurança alimentar e nutricional, de assistência social, de renda de cidadania, e a articulação com os governos federal, estadual, do Distrito Federal e municipais e a sociedade civil, onde a agricultura familiar entra nesse elenco em diversos programas.

A Companhia Nacional de Abastecimento (Conab) volta a fortalecer políticas públicas para a agricultura familiar. O Programa de Aquisição de Alimentos (PAA) voltou, ofertando cerca de 250 mil toneladas de alimentos, com 400 produtos diferentes.

## PRODUÇÃO AGROECOLÓGICA DA REFORMA AGRÁRIA

O Incra está realizando aperfeiçoamentos no sistema nacional de concessão de créditos de instalação para viabilizar novas operações. O Programa Nacional de Alimentação Escolar tem sido o principal meio para distribuição do arroz agroecológico.

## OBTENÇÃO DO CADASTRO NACIONAL DA AGRICULTURA FAMILIAR

O Ministério do Desenvolvimento Agrário e Agricultura Familiar (MDA) publicou a Portaria nº 20, de 27 junho de 2023, que torna mais simples e facilita a obtenção do Cadastro Nacional da Agricultura Familiar (CAF). Este cadastro é vital para que produtoras e produtores familiares acessem as políticas públicas, para a agricultura familiar e reforma agrária. Inclua-se o Plano Safra.

A Agência Nacional de Assistência Técnica e Extensão Rural (Anater) oferece serviços gratuitos para agricultura familiar pequena e média. A Anater aprimora seus técnicos e tem programas voltado às mulheres, como a chamada pública mulheres rurais: autonomia, alimentação e vidas saudáveis.

Política de empreendedorismo para jovens no campo é a Lei nº 14.666, com o objetivo de preparar jovens com a idade entre 15 e 29 anos para serem agentes de desenvolvimento rural.

A Associação Brasileira de Entidades de Assistência Técnica e Extensão Rural, Pesquisa Agropecuária e Regularização Fundiária (Asbraer) é uma organização apartidária, sem fins lucrativos, trabalhando em prol de um modelo de desenvolvimento ambientalmente sustentável, economicamente viável e socialmente justo, priorizando a agricultura familiar.

Existem propostas públicas que asseguram igualdade de gênero no campo. No Censo de 2017, mulheres foram identificadas como gerentes em 18,7% dos 5,07 milhões de propriedades rurais. Um grande crescimento perante o Censo anterior de 2006; eram 12,7%. Existe o Pronaf mulher e também o Pronaf mulher microcrédito.

A Lei nº 14.660, de 24 de agosto de 2023, prioriza grupos de mulheres da agricultura familiar na venda de produtos da merenda escolar. A Lei estabelece que um mínimo de 50% da venda de famílias para o Programa Nacional de Alimentação Escolar (PNAE) será registrada em nome da mulher.

A Confederação Nacional dos Trabalhadores Rurais, Agricultores e Agricultoras Familiares (Contag) trabalha pela ampliação dos direitos de mais de 15 milhões de pessoas distribuídos em mais de 4,3 milhões de estabelecimentos rurais. A Contag é filiada à União Internacional dos Trabalhadores da Alimentação (UITA). O Programa de Aquisição de Alimento é um gigantesco programa de compras relançado na atual gestão.

O Proagro é administrado pelo Banco Central do Brasil e tem como objetivo mitigar o risco de crédito atuando como uma forma de seguro rural.

O Pronaf tem também como objetivo estimular a geração da renda e a evolução na utilização da mão de obra familiar.

A Secretaria da Governança Fundiária é responsável por grande parte de iniciativas voltadas à gestão de terras do país. O secretário de governança fundiária do MDA, Moisés Savian, explica: "o MDA é o órgão responsável pelo planejamento e pela definição mais macro, da política, e o Incra a executa" (ABAF).

O Programa Mais Alimentos apoia a agricultura familiar e objetiva estimular a indústria nacional a oferecer aos agricultores e agricultoras familiares máquinas e implementos destinados principalmente às mulheres rurais e jovens. O acesso à tecnologia é essencial.

"Agricultura é indústria", afirma João Carlos Marchesan, presidente Associação Brasileira da Indústria de Máquinas e Equipamentos (Abimaq). Educação, crédito e conectividade são os três aspectos fundamentais para levarmos tecnologia à toda base da agricultura familiar. Diversas indústrias brasileiras de máquinas e equipamentos esperam atender cada vez mais a agricultura familiar, pois tem uma gigantesca capilaridade no país e enorme potencial.

O Banco do Brasil tem sido o parceiro número 1 da agricultura familiar brasileira, registrando destinação de recursos para 106 mil agricultores familiares em 2023. O Banco do Nordeste se destaca no setor na região. O Banco da Amazônia na região representa 66,59% do crédito de fomento no Norte. Mais de 119 mil contratos com quase R$ 4 bilhões para a agricultura familiar.

As cooperativas de crédito crescem, e Sicredi informa ter disponibilizado R$ 11,8 bilhões para a agricultura familiar. Sicoob, outra cooperativa de crédito, também se posiciona ao lado da agricultura familiar.

Banrisul, é outra instituição financeira, na região Sul. A Caixa é outro órgão financeiro de governo que tem compromissos com a agricultura familiar. A Agenda 2030 para o desenvolvimento sustentável pede: "ninguém será deixado para trás". A Caixa promete se inserir nesse contexto: R$ 35 bilhões são destinados à agricultura familiar. BNDES realiza aumento de 277% no Norte e Nordeste para a agricultura familiar.

Cultivos especiais despontam como oportunidades de mercado e grande potencial: o algodão agroecológico potiguar, iniciativa do Nordeste em cultivo consorciado; a banana gaúcha; agroindústria familiar no Rio Grande do Sul; mulheres do café do Norte pioneiro no Paraná; o setor do leite que necessita de cooperação, e protocolos na biosseguridade para buscarmos mercados globais; o setor de suinocultura que dobrou o consumo per capita nos últimos 12 anos; o cooperativismo, a Embrapa com desenvolvimento da mandioca no semiárido; a Rede bioFORT com alimentos básicos muito mais nutritivos; tecnologias da Embrapa sendo transferidas para quilombolas; produção precoce do pinhão; produção de hortaliças no canal do sertão no semiárido alagoano; BRS Pranoá, pesquisa para a cenoura na produção orgânica; BRS araçari, uma cultivar de pimenta para agricultura familiar; apicultura e meliponicultura, pela Embrapa Alimentos e Territórios para agricultores familiares e membros de comunidades tradicionais; a Embrapa Alimentos e territórios desenvolve ainda ações de pesquisa, desenvolvimento e inovações junto com a Escola de Gastronomia Social Ivens Dias Branco; aprimoramento de processos na produção de derivados de jabuticaba em Alagoas com a Embrapa Alimentos e Territórios, com a Embrapa Uva e Vinho, Embrapa Agroindústria de Alimentos, Embrapa Semiárido, e Embrapa Meio Ambiente; a cafeicultura familiar responde por cerca de 20% do café brasileiro, emprega 1,8 milhão de pessoas e 44% da área colhida com café no Brasil, os desafios passam por agregação de valor desde a originação; a cotonicultura em consórcio com outras culturas agroalimentares como o Projeto Agroecológico do Seridó, no Rio Grande do Norte; a mandioca de mesa pode dobrar de produtividade no Cerrado; a primeira soja brasileira para ser consumida verde, o "edamame", pesquisa da Embrapa Soja de Londrina Paraná; o turismo comunitário no Nordeste; a cultura como pinturas rupestres permitindo educação patrimonial e ambiental no sertão alagoano; parceria público-privada na cadeia produtiva do pinhão, Embrapa e Avon com a coordenação da vitrine da biodiversidade brasileira, o Projeto Mulheres e a Cultura do Pinhão envolvem municípios do Paraná, Santa Catarina, Rio Grande do Sul e São Paulo; trançado do Ouricuri do sul sergipano criando arte com palha e linha.

São centenas de aberturas para a agricultura familiar olhar, associar com suas vocações e realizar. Mas todas elas listadas aqui, e muitas outras, exigirão o talento das disciplinas de marketing, e o plano, como mostramos neste livro.

Rede de pecuária de corte familiar agroecológica no Rio Grande do Sul com a Embrapa Pecuária Sul e a Fetag RS; biofiltro reaproveitando água doméstica para produção de alimentos e forragem com a Embrapa Semiárido; a pupunha cresce gerando emprego e renda no litoral do Paraná com a Embrapa Florestas; e o sistema Erva-20 aumenta a produtividade de ervais plantados.

Todas essas oportunidades de nichos e segmentos de mercados têm ainda a necessidade de ações para criar as demandas. Por isso, a organização, a associação e o cooperativismo com planos de marketing são instrumentos essenciais objetivando obter sucesso, e não frustrações.

Também nas ações estruturantes, a área de bioinsumos oferece redução de custos e segurança ambiental, como o trabalho da Embrapa Arroz e Feijão revela no laboratório multiusuário para pesquisa e desenvolvimento de bioinsumos (Biofablab).

As fossas sépticas biodigestoras adaptadas em diferentes regiões da Amazônia geram adubo orgânico, num desenvolvimento da Embrapa Amazônia; a polinização do açaizeiro, outra ação da Embrapa, apoiando a produção sustentável do açaí na região do estuário amazônico. O cultivar guaranazeiro; o beneficiamento de ovos em unidades produtivas de pequena escala – ovo limpo; novos cultivares de soja mais produtivas e resistentes à ferrugem e a nematoides; sorgo, milho com mais potencial produtivo pela Embrapa Milho e Sorgo de Minas Gerais; capim BRS capiaçu em Paracatu (MG) permite alta produtividade em forragem durante a seca; a pitaya geneticamente superior da Embrapa Cerrados; pequi sem espinhos; opções novas de bananeira tipo terra; goiabeira resistente ao nematoide-das-galhas; os sistemas informatizados para a gestão no pêssego, morango, uva, maçã; vinhos com uva desenvolvida pelos pesquisadores brasileiros, a BRS Bibiana, no programa uvas do Brasil da Embrapa; o leite em situação sempre difícil exige cada vez mais gestão e a Embrapa Gado de Leite ensina métodos de eficiência e eficácia; o tambaqui em tanques, redes, peixes ornamentais. E a macaúba, ótima alternativa para produção de óleo e de querosene para aviação com mercados abertos internacionalmente.

Colocamos essa lista de peças do nosso lego *design thinking* de segmentos e de nichos para a agricultura familiar, e revelando o quanto temos à disposição, principalmente na Embrapa, de oportunidades que precisam ser transformadas em mercados e negócios. Uma multiplicidade de potenciais, que ao serem analisados e contemplados com associação e cooperação, servirão para inclusão e prosperidade de milhões de seres humanos dentro e fora da porteira a partir da agricultura familiar, pois com esta derivamos centenas de outros núcleos familiares, desde insumos, equipamentos, estruturas físicas, transportadores, comerciantes, agroindustriais, feirantes, prestadores de serviços. Uma agricultura familiar gera milhares de oportunidades para milhares de outras famílias.

E nos aspectos estruturantes, o biogás é o combustível, o biofertilizante; a bioeletricidade, o biometano do futuro, que já está aqui no presente. Significa economia, redução de custos, deixar áreas livres para o crescimento da suinocultura, gado de leite, avicultura transformando as lagoas de dejetos com geração da riqueza do biogás e ainda permitindo a uma região estar pronta para usufruir do mercado de carbono.

Dentro das possibilidades estruturantes, desde políticas públicas, iniciativas à disposição da pesquisa, esforços da sociedade civil organizada para desenvolver a agricultura familiar, com ONGs, entidades sem fins lucrativos, parcerias empresariais, tudo isso exige liderança e competência na realização de planos de marketing envolventes e criadores de desejos, vontades e percepção positiva dos produtos originados pela agricultura familiar. E como vimos aqui neste livro, agricultura familiar por si só é uma "*Love Brand*". Uma marca de amor. Uma marca que é amada. Para ser amado, ame muito também. Quem ama aperfeiçoa e busca a perfeição.

## CONSIDERAÇÕES FINAIS

São centenas de exemplos positivos ótimos para serem imitados. Diversas políticas públicas à disposição da agricultura familiar. Precisamos de um olhar que transforma dificuldade em oportunidade, pois essa é a luta pela vida na terra ao longo da sua eternidade.

Busque exemplos positivos onde você está, onde você vive. Compare com exemplos mencionados neste livro e neste capítulo. Com certeza a vida sempre foi e será difícil, mas tenha certeza, os nossos pioneiros e pioneiras de 100, 70, 50, 30 ou 20 anos atrás tinham uma condição muito pior do que temos hoje. Os bons exemplos estão aí à disposição.

capítulo 12

# Amor e Alimento se Unem para Sempre

José Luiz Tejon

## INTRODUÇÃO

Neste capítulo temos a contribuição da juventude e de estudantes internacionais. Pedi a alguns que descrevessem o que é agricultura familiar nos seus países. E algo sensacional aconteceu numa aula com eles: ao pesquisar as palavras com maior número de visibilidade na ferramenta de busca Google, surgiram amor e alimento. E essa descoberta deu o título a este capítulo. Aproveitem as inspirações positivas relacionadas abaixo.

Vamos lá, vamos fazer, realizar o marketing com a ética, e do setor onde amor e alimento se unem para sempre. Alguns alunos internacionais mandaram algumas frases para nos inspirar a respeito da importância da agricultura familiar em seus países. Vamos começar com essa juventude, pois juventude atrai juventude:

"Na Guatemala a agricultura familiar é um dos pilares da geração de produtos de qualidade, e, acima disso, a geração de empregos é que gera renda em todo seu sistema de distribuição". Carlos Eduardo Garcia Quiros, estudante da Guatemala, *Food & Agribusiness Management, Audencia & Fecap.* "Agricultura familiar na Itália é o envolvimento da tradição a partir das gerações que agora se funde com a inovação e exigências do mercado. Para nós a família agrícola tem o orgulho de mostrar para o mundo nossa excelência e práticas". Edoardo Toninelli, estudante da Itália, FAM/Audencia & Fecap.

"Na minha conclusão, agricultura familiar define bem o que ela é: o que movimenta minha família é muito mais do que a simples visão do lucro. A família agrícola traz dentro de si a sua reputação moral, a sua honra, por isso se dedicam a ela de forma muito mais intensa, carinhosa, e é, sim, amor. Amor pelo que fazemos e o que oferecemos para a comunidade onde sempre nos lembramos dos nossos ancestrais e seus sacrifícios. Quando você come um alimento vindo de uma agricultura familiar, você está comendo mais do que comida, ali está honra e amor". Aldana Pietro Bada, estudante da Argentina, FAM/ Audencia/ Fecap.

Podemos ver e entender como existe algo mais do que somente "negócio". Claro, precisamos ter resultados, lucros, para perpetuar a nossa empresa familiar, mas entramos com nossa alma, nossos antepassados nesse ramo da agricultura familiar.

**QRCODE 1**

Dr. Ray Goldberg
https://www.youtube.com/watch?v=Wl5rvodJlis

Por isso, precisamos nos adaptar aos novos tempos, mudar, porém saber separar aquilo que vai mudar todos os dias daquilo que não mudará nunca, a nossa reputação, honra, moral, o nome da nossa família.

Conversava com uma jovem filha da agricultura familiar, e ela me dizia: "Eu quero e precisamos ter um sistema de administração na nossa agricultura". Claro que sim, eu disse, óbvio, os sistemas nos ajudam a ver com precisão de detalhes e o tempo todo o que antes poderia passar despercebido. E qual o problema? Ela disse: "Meu pai não se entusiasma tanto". Então respondi: "Sim, seu pai, mãe trouxeram a sua agricultura familiar até aqui. São sábios. Venceram muitos obstáculos. Eles são importantes, e ouvi-los é também sabedoria para uma jovem como você. Por isso precisamos combinar uma coisa na tão importante sucessão familiar". Eu disse: "80% dos trabalhos seus pais sabem e decidem. Mas tem 20% que é o novo, que eles não sabem e que cabe a você, jovem, lidar, liderar e cuidar. Então faça o acordo 80 x 20. Tem 80% em razão de quem nos trouxe até aqui, útil, eles não deixarão cometermos os mesmos erros, nos livrarão deles. Porém tem 20% que é o futuro, e que as gerações mais antigas não conhecem, e isso é seu, minha jovem sucessora. Eles representam a segurança do passado que nos trouxe ao presente, mas você representa a viagem ao futuro que eles não conseguirão fazer".

A jovem saiu radiante com a estratégia 80x20. Portanto, para irmos ao futuro da agricultura familiar, precisaremos da mudança criativa. Uma mudança para aperfeiçoar o que já realizamos. E marketing é uma missão na qual escutamos o invisível. Ouvimos aquilo que os consumidores querem, mas ainda não sabem bem explicitar. Porém, temos na agricultura familiar a nosso favor esse desejo já dentro dos consumidores, a presença humana cuidadora no alimento, pois alimento significa a minha vida, a vida dos meus filhos, a minha saúde.

Então somos e fazemos isso, mas precisamos ser percebidos. Em cada cidade, em cada local. Ação fundamental: se você não conquista a cidade onde mora, não irá conquistar o vizinho ou o mundo. Tudo começa aqui e agora onde você está. Associativismo e cooperativismo são essenciais para a agricultura familiar. Tem a ação individual que você pode fazer e, ao fazer, fará um grande bem a todos.

Portanto, procure os restaurantes da cidade onde vive. Ali na sua cidade cada restaurante deveria escrever no menu, na placa da porta: "Usamos produtos produzidos pelos nossos agricultores da região". E se aí na sua região já existir algo característico, típico, próprio, indicação geográfica, saliente esse produto no cardápio. Essa iniciativa será boa para os agricultores familiares da região e também para o comerciante, pois as pessoas e os turistas gostam de ter essa experiência única, como eu mesmo sempre tenho quando passo em Maracaju, Mato Grosso do Sul, e eles dizem lá, a melhor linguiça do mundo. Então agricultura familiar usada na própria cidade onde ela está agrega valor para todas as pessoas desse lugar.

Portanto, conquistar restaurantes, pousadas, hotéis, o turismo, ou seja, o comércio e o serviço que envolvem a agricultura familiar. Passo seguinte: toda cidade tem uma rádio local, ou em uma cidade próxima que fala com a sua cidade também. Você conhece o dono da rádio? Conhece o radialista? Os funcionários da rádio? Conquiste-os. Vá lá, visite o pessoal, leve uns produtos e mostre para eles como ali tem saúde, qualidade, sabor, e com o nome da sua terra, da sua cidade. Ali na sua cidade pode ter também um jornal, revista. Algum internauta local com sua rede social. Pode até ter um escritório ou uma base de uma televisão. Conquiste o pessoal da mídia da sua cidade, da sua região para que falem de você, da sua colheita, da produção.

Com certeza você tem aí na sua cidade escolas. Crie vínculos com as professoras, funcionários. Faça dias de campo com as crianças, convide os pais das crianças. Mostre a agricultura familiar dali, de onde eles vivem. Crie orgulho e respeito pelos produtos locais da sua região feitos com o amor das famílias que ali vivem.

Na sua cidade deve haver alguma festa, feira, celebração. Conquiste o prefeito, os vereadores. Faça com que os poderes municipais se aproximem de vocês. E ao lado do Sebrae, Senar, Sescoop, o pessoal dos supermercados, das cooperativas de crédito, todos vejam na agricultura familiar da sua cidade e região um patrimônio que eleva o Índice de Desenvolvimento Humano (IDH) de todos, e a saúde da sua população.

Participe ativamente das ações sociais da sua cidade. Conheça as agroindústrias. Aqueles potenciais clientes que ao lado da sua agricultura irão criar valor e expandir os negócios, pois agricultura familiar com agroindústria familiar formam um ótimo casamento.

Na cidade de Lages, em Santa Catarina, participei de uma ótima iniciativa dessas onde um sistema envolvendo agricultura familiar com agroindústrias familiares se reuniram para uma cooperação de negócios. Convoque o sindicato rural e, com ele, a associação comercial e industrial da sua cidade.

A agricultura familiar pode e deve estimular uma cidade a ser familiar, uma região a prosperar familiar. A agricultura familiar deve agir para unir um mundo que anda muito dividido. E isso não vai começar em Paris, Londres, Istambul, Pequim, Tóquio ou São Paulo, e nem deve esperar por governos. Como a agricultura familiar representa a única fórmula para atuar contra a pobreza e a miséria no mundo, onde a pior de todas as misérias ainda se encontra nos minifúndios de subsistência famintos do planeta, é de significativa importância que as estratégias de marketing desse magnânimo setor se cristalizem na sua cidade, na sua região, pois aquele que não conquista e não vence no seu bairro não saberá como fazer isso no bairro vizinho.

Portanto, lição de casa fundamental para o fazer, realizar, aqui é agora. Começar no lugar em que você está. Conquiste todos da sua cidade, não esqueça dos taxistas, também.

Vi e acompanho iniciativas grandes, por exemplo, das associações norte-americanas de frutas, e de produtos agrícolas dos Estados Unidos. Eles trazem para as gôndolas dos supermercados do mundo exatamente o que fazem de diferente nas suas localidades. Pude assistir iniciativas das peras americanas serem muito bem-sucedidas em supermercados do nordeste, por mostrarem aos consumidores nordestinos as características únicas daquelas peras que eram plantadas em solos vulcânicos de uma particular área dos Estados Unidos.

Lá eles chamam essas organizações de *comissions*. Tem para tudo que é produto americano. E enaltecem exatamente o local de origem e as famílias agrícolas norte-americanas que respondem pela imagem desses produtos. Preste atenção em você mesmo. Vamos comer um chocolate. Preferimos imaginar pessoas preparando, colhendo cacau com dedicação, não gostamos da ideia de vermos uma máquina produzindo aquele chocolate divino. Certo?

Esse fenômeno é genial para a agricultura familiar. Estava no aeroporto e parei em frente a uma vitrine com um Cognac 12 mil euros. Uma garrafa.

**Figura 12.1** No Duty Free Brasil, Cognac Jean Martell a 12 mil euros.
**Fonte: José Luiz Tejon Megido**

A vendedora se aproximou muito simpática, e perguntou: "Gostou dele?". Eu disse: "Adorei, mas muito caro". Ela me disse e explicou sua origem, falando de todo procedimento carinhoso, cuidadoso, pessoal ao longo de anos, para que chegasse ali perfeito. Ela não mencionou em nenhum momento um procedimento com algum maquinário moderno, ou mesmo uma métrica digital de algum *software*. O tempo todo naquele Cognac de 12 mil euros, havia a presença, o amor e o segredo humano. A magia.

Por isso podemos assegurar que agricultura familiar trata de algo mais e maior do que uma atividade de pessoas para pessoas. É da alma das pessoas que conversa e dialoga com a alma de outras pessoas, pois na agricultura familiar impera, de fato, o sentido e significado maior da palavra "amor".

Agora a atividade de marketing da agricultura familiar precisa ser "orquestrada". Imagino meu amigo, o maestro João Carlos Martins, regendo uma orquestra onde cada um faz o que quer? Sim, pessoalmente e sozinho, você pode e deve mostrar seu produto, seu queijo, como o que recebo semanalmente da Goldy, de Itu, do extraordinário produtor familiar William Labaki. Com suas vacas Jersey, produz o próprio leite e prepara as manteigas e queijos simplesmente únicos e deliciosos. William participa das iniciativas da cidade, dos eventos. Tem sua marca.

**Figura 12.2** Queijos e doces de leite produzidos na empresa Goldy, de William Labaki.
**Fonte: Produtor William Labaki.**

Tem um teleatendimento, vende e entrega em casas comerciais de maior renda do consumidor. Esse é um exemplo de um agricultor familiar que busca seu nicho e segmentos e atua independentemente. Outra fórmula é, além de atuar independentemente, buscar uma orquestração onde a agricultura familiar de uma determinada comunidade possa elevar o prestígio dos seus produtos e criar uma marca regional.

Nessa hora surge a necessidade do maestro. Precisa reunir os diversos músicos com seus instrumentos, ter um padrão de qualidade, ou seja, todos irão tocar na mesma nota. Os instrumentos precisarão estar afinados no mesmo diapasão. Uma partitura com as mesmas músicas e, atenção, todos tocando juntos. Dessa forma poderemos ter uma variedade de produtos com a mesma marca regional, gerando volume e escala, pois para atender mercados grandes, a escala e a segurança da oferta são cruciais.

Uma associação foi criada, chamada "Vegetais Saudáveis" (https://www.vegetaissaudaveis.com.br/). Reúnem ali diversos itens e produtores sob um selo que assegura qualidade de origem e traz o tema da saúde.

**Figura 12.3** Homepage do site da Associação Vegetais Saudáveis.
**Fonte: Divulgação/Portal Vegetais Saudáveis**

Desde bananas diferenciadas, até tomates, essa organização procura "orquestrar" o marketing de agricultores familiares e desenvolver o consumo *per capita* brasileiro de vegetais, que ainda se encontra a níveis inferiores aos solicitados pela Organização Mundial da Saúde (OMC).

A *Produce Marketing Association* (PMA) é outro modelo de iniciativa nesse "marketing de orquestra", reunindo e integrando agricultores familiares no campo da hortifruticultura.

Na cidade de Bastos, estado de São Paulo, temos a maior produção de ovos do país. Da mesma forma, o sindicato local busca a criação e identidade de uma marca de originação de ovos em Bastos.

Turismo é gastronomia, é *terroir* (definição francesa para produtos locais feitos por agricultura local), o que significa também uma cultura. Quer dizer que agricultura local é um patrimônio dos valores e da cultura.

Fazendo uma viagem pelo Brasil, vamos encontrar em cada cidade alguma coisa única. Em algumas cidades, já assistimos até um grande fluxo turístico com pousadas e resorts extraordinários nascidos em função de uma qualidade única de um produto ali originado. Estive em Espírito Santo do Pinhal, para ver os cafés especiais do lugar, e fui surpreendido pela arte dos vinhedos e vinhos locais. A cidade se transformou em uma rica atração turística exatamente por reunir um "Marketing de Orquestra" para o seu diferencial.

É o que vemos nas ostras de Santa Catarina, da Praia da Pipa no Rio Grande do Norte, nas geleias e chimias das Serras Gaúchas, no piqui do norte de Minas, nos queijos da Serra de Estrela, nas cachaças, nas famílias da Amazônia.

E vou mostrar aqui uma agricultura familiar, quilombolas, indígenas, que bem orquestrada, com seu marketing, como está sendo, poderá conquistar boa parte do mundo:

## CHOCOLATES DE MENDES É ELEITA STARTUP DO ANO NO FÓRUM MUNDIAL DE BIOECONOMIA

A empresa Chocolates De Mendes venceu o prêmio "Startup do Ano" no Fórum Mundial de BioEconomia, que aconteceu de 18 a 20 de outubro de 2023, em Belém, no Pará. O Comitê Consultivo do evento levou em consideração o impacto da companhia para a bioeconomia circular e para as mudanças climáticas.

A De Mendes surgiu em 2014, não apenas em meio às populações tradicionais da Amazônia, tais como indígenas, quilombolas, ribeirinhos, caboclos e agricultores familiares, mas em sintonia com os valores destes povos, que são parceiros e fornecedores de amêndoas de cacau e cupuaçu nativos para a fabricação de chocolates e cupulates.

"É essa riqueza de cultura, de conhecimento ancestral e de história que as nossas barras carregam e querem contar. A De Mendes tem um anseio e um sentimento de urgência para contribuir com a qualidade de vida das pessoas, a preservação da cultura e a identidade dos povos que vivem na Amazônia, assim como para manter a floresta em pé, crucial para o equilíbrio climático do nosso planeta", afirma o chocolatier César De Mendes.

A empresa aproveita as oportunidades trazidas pelas novas tecnologias para garantir o impacto positivo e o bem-estar das comunidades locais, a conservação da floresta amazônica, além de estabelecer novos códigos alinhados com a agenda ESG (Governança Ambiental, Social e Corporativa).

Investida pela Empresa CBKK (Celo de Bonstato Kaj Konservado), que promove ações transformadoras e disruptivas a serviço das futuras gerações, a Chocolates De Mendes inova ao oferecer ao consumidor um dia de neutralização de suas emissões de Gases de Efeito Estufa (GEE) por barra comprada. O cliente também pode acompanhar fotos de todos os passos da cadeia produtiva pelo sistema de rastreabilidade em *blockchain*, disponíveis por meio de um código QR na embalagem dos produtos.

"O prêmio é um importante reconhecimento que mostra que os pequenos negócios amazônicos, quando seriamente apoiados, podem ultrapassar as barreiras regionais e acessar o mercado mundial", declarou Marcello Brito, CEO da CBKK.

## CONSIDERAÇÕES FINAIS

Foi surpreendente pesquisar nas redes sociais e encontrar uma abundante, expressiva convergência das palavras amor com alimento.

De fato, uma associação mágica espetacular para a agricultura familiar, a marca mais amada no mundo*: the love brand.*

capítulo 13

# Explorando Tendências para o Setor Agroalimentar

JULIANA T. GRAZINI DOS SANTOS[1]

## INTRODUÇÃO

Este capítulo é um prêmio especial para todos nós. Temos a brilhante contribuição da professora Juliana Grazini, da França, onde acompanha pessoalmente todo movimento da agricultura europeia.

[1] Doutora em Informação e Comunicação/Popularização Científica/Jornalismo Científico, Universidade de Paris VII (Dennis Diderot). Diretora da *Verakis Food Academy* e presidente da *Verakis Foundation*, trabalhando para melhorar a informação e a comunicação sobre e para o setor agroalimentar e para incentivar o pensamento crítico sobre produção, processamento, distribuição e consumo.

www.verakis.com; https://www.linkedin.com/in/juliana-grazini-dos-santos-/?locale=fr_FR

Sua visão é ampla, e abre horizontes para toda leitora e leitor que, atento(a), irá usufruir deste capítulo especial.

Veja as tendências dos alimentos. Estão aí expostas claramente. Mas não perca tempo, se adapte velozmente às tendências e com isso tenha sucesso.

O comer, atualmente, vai muito além da mesa. Principalmente depois da Segunda Guerra Mundial, a comida foi propagada pelos setores público e de pesquisa como uma necessidade básica (não que nunca o tenha sido), e os alimentos como um produto de subsistência para atender necessidades fisiológicas; e, assim, os aspectos antropológicos sociais, culturais, emocionais, religiosos e da relação entre o homem e a natureza foram negligenciados.

Já no setor mercadológico, o alimento e o "comer", em função da necessidade de atingir públicos bem definidos, segmentar produtos, agregar valor, ressaltar um diferencial, sempre foi interpretado pelas lentes das ciências sociais e humanas que descrevem e definem os comportamentos alimentares, modo de consumo, justificativa de consumo, estímulos para compra etc.

No início dos anos 1990, graças aos sociólogos especialistas em alimentação (Fischler, Corbeau e Poulain, por exemplo), o "comer" passou a ser tratado, pelos setores político e de pesquisa de maneira menos simplista, considerando os aspectos sociológicos, emocionais, cognitivos, culturais, religiosos, antropológicos, fisiológicos, econômicos e políticos que determinam preferências, hábitos e práticas alimentares.

No início dos anos 2000, aspectos relacionados ao meio ambiente, processos de produção, conservação e distribuição de alimentos foram incorporados aos aspectos fisiológicos, sociais e humanos da "alimentação". Seria frívolo falar de tendências no setor alimentar sem mencionar a Agenda 2030 para o Desenvolvimento Sustentável da ONU, da qual a alimentação faz parte e que tem sido um incentivo para novas práticas de produção, distribuição de alimentos e sensibilização dos consumidores.

As tendências alimentares acompanham movimentos sociais e políticos e também são moduladas por acontecimentos político-financeiros, principalmente crises econômicas, que definem a disponibilidade financeira dos consumidores. As tendências do mercado ou a propensão para consumir determinados alimentos, produzidos, conservados, distribuídos ou ingeridos de determinadas formas, são determinadas pela evolução social. A evolução social, por outro lado, é influenciada e/ou determinada pelo conhecimento adquirido, pelo tipo e quantidade de informação veiculada pelas redes sociais, pelas decisões políticas relativas à alimentação e nutrição e pelos *lobbies*, principalmente na esfera macroeconômica, determinando a produção e a comercialização de comida.

É muito importante ter sempre em mente que tendências são perspectivas. Elas podem convidar a novos hábitos de consumo de determinados alimentos ou de práticas alimentares. Mas não há garantia de que aconteça, e elas podem mudar rapidamente. Um exemplo da rapidez da mudança de tendências foi a necessidade de ajustes dos cardápios dos restaurantes em Nova York, que, devido ao aumento do uso de "Ozempic", precisaram oferecer menus mais leves[1].

Para que se pesquisa tendências?

A implementação de um processo de monitorização, detecção e análise de tendências permite:

- Compreender as necessidades e mudanças do mercado e do seu público-alvo.
- Identificar novos segmentos de consumidores.
- Detectar oportunidades de negócios.
- Antecipar disrupções e redefinição de hábitos e comportamentos.
- Desenvolver uma dinâmica de evolução baseada em novas necessidades.
- Detectar avanços tecnológicos.
- Melhorar a experiência do cliente e os serviços contínuos, a partir de *insights* do consumidor.

## COMO PESQUISAR TENDÊNCIAS

Pesquisar tendências de mercado é estar antenado com a sociedade. E como?

Por meio de:

- Pesquisa com clientes atuais e potenciais ou mesmo antigos clientes.
- Discussões com especialistas dentro e fora do seu setor (encontros profissionais, associações do setor).
- Trocas com outros pesquisadores de tendências em sua rede (congressos, publicações científicas, colóquios).
- Ferramentas de análise digital, como Google Trends.
- Agências de pesquisa de mercado.
- Mídias clássicas (jornais, TV, rádio).
- Acontecimentos (shows, teatro, exposições, manifestações, festas populares).
- Redes sociais (Tik Tok, Instagram, LinkedIn).
- Conversas e discussões na rua, no restaurante, no transporte.

1 https://www.lesechos.fr/industrie-services/conso-distribution/etats-unis-la-ruee-sur-lozempic-pousse-certains-restaurateurs-a-adapter-leurs-menus-2044693

Ou seja, manter-se alerta em todas as ocasiões e detalhes para tornar o mais banal em dicas de uma possibilidade futura.

## FONTES DE INFORMAÇÃO SOBRE TENDÊNCIAS AGROALIMENTARES

Existem ferramentas de pesquisa somente para tendências. Seguem alguns exemplos:

- *Audiences.*
- *Signals* (alertas inteligentes que notificam sobre quaisquer alterações significativas ou inesperadas no seu conjunto de dados).
- *Brandwatch Analytics.*
- *BuzzSumo* (ferramenta para descobrir conteúdos populares e tendências, influenciadores e backlinks).
- *Reddit* (site de tendências que permite aos usuários votar em seus artigos favoritos para que sejam apresentados na primeira página).
- Tendências sobre *BuzzFeed*.
- *Google Trends* (ferramenta muito prática e bem conhecida dos profissionais de SEO em particular).
- *Tendances sur YouTube* (o YouTube oferece vídeos populares acessíveis no menu à esquerda da página inicial).

Ou as agências que desenvolvem pesquisa de mercado, e periodicamente listam tendências sobre o setor agroalimentar também, e que apresentam resultados ou de consumo e/ou de oferta e/ou de movimentos sociais orientando as tendências de mercado e oportunidades.

Seguem algumas agências que lançam interessantes resultados e tendências:

- Mintel.
- Nelly Rodi.
- Protéines XTC.
- The fork.
- Portugal Foods.
- Nielsen.

## ALGUNS EXEMPLOS DE MÉTODO E TENDÊNCIAS DO SETOR AGROALIMENTAR

Como mencionado anteriormente, existem inúmeras maneiras de listar e classificar tendências alimentares. Vou apresentar algumas e começo por aquela que considero mais estruturada para identificar, analisar e classificar tendências: a L'Arbre des Tendances (A Árvore de Tendências), criada pela ProtéinesXTC.

A árvore de Tendências de Alimentos da XTC *World Innovation* (ver Mapa na página 72) pode ser interpretada no sentido ascendente ou descendente. No sentido ascendente, como se vê na imagem, baseado no comportamento dos consumidores, as tendências saem de cinco eixos principais: prazer, saúde, bem-estar, praticidade e ética. Cada eixo, por sua vez, dá origem às tendências mais concretas, que podem ser utilizadas como *input* para a geração de ideias e o desenvolvimento de novos produtos e/ou serviços no âmbito dos alimentos. No sentido descendente, a árvore de tendências de alimentos da XTC *World Innovation* permite analisar e interpretar qual o *input* ou motivação de cada tendência.

No eixo prazer, as tendências estão relacionadas à sensorialidade (novas texturas, novos sabores, locais diferentes de consumo); às experiências agradáveis (alimentos que causam sensações agradáveis, alimentos para serem consumidos em momentos de puro prazer); aos novos sabores (exotismo, alimentos e restaurantes étnicos); à sofisticação (alimentos, supermercados e embalagens do segmento de luxo, os tais *gourmets*).

No eixo da saúde, encontram-se as tendências dos alimentos que interferem no estado de saúde (alimentos sem, com ou menos sal, ou açúcar, vitaminas etc.); aqueles que remetem ao fato de consumir alimentos mais "naturais", com menos componentes químicos, e, atualmente, aos "vegetais" (frutas, legumes e verduras que incitaram, por exemplo, a criação de snacks de fruta desidratada).

Das tendências alimentares do eixo do bem-estar, encontramos aquelas relacionadas diretamente ao bem-estar, ao sentir-se bem (alimentos que aumentam o vigor, melhoram a performance); as tendências relacionadas à beleza (alimentos que deixam a pele ou os cabelos mais bonitos) e os emagrecedores.

Depois vem o eixo da praticidade, das tendências dos alimentos facilmente manipuláveis e preparados (a tal cozinha *d'assemblage*, de junção de ingredientes pré-preparados, os pratos prontos refrigerados etc.); aqueles que participam e facilitam o "comer nômade", comer "andando" (aqui entram os *takeaways*, *grab and go*, e os snacks) e aqueles que ajudam a economizar tempo (prontos para o consumo, as cestas de refeições com os alimentos preparados).

E, por último, o eixo da ética, do "politicamente correto", o mais recente, onde aparecem as tendências ligadas às preocupações mais contemporâneas, com os aspectos morais relacionados aos alimentos e alimentação, as tendências ligadas à ecologia e sustentabilidade (alimentos km 0, alimentos orgânicos, alimentos oriundos da agricultura biodinâmica, alimentos sustentáveis etc.) e as tendências que giram em torno da solidariedade (alimentos oriundos da economia circular, alimentos cujas matérias-primas não usam mão de obra escrava etc.).

Destes cinco eixos e tendências resultantes, a oportunidade de criação de novos ou menos novos alimentos, formas de se alimentar, maneiras de cozinhar, ingredientes a serem utilizados, embalagens, utensílios, equipamentos, receitas e afins é imensa.

E não podemos deixar de mencionar a tendência *Food Tech* (dos aplicativos, dos utensílios e equipamentos conectados, entre outros).

Segue, para aguçar a curiosidade, uma lista não exaustiva de tendências alimentares mais "contemporâneas", pensadas pela "Árvore de tendências":

- Modismos alimentares engajados: flexitarismo, veganismo, vegetarianismo, pescetarianismo.
- Novos modos de distribuição que interrompem a cadeia de distribuição.
- Supermercados de alimentos orgânicos e/ou biodinâmicos.
- Aplicativos de leitura de rótulos de alimentos processados.
- Zero desperdício.
- *Golden foods.*
- *Sea foods.*
- *Fast Casual foods.*
- *Mood foods* (alimentos, alimentação e espiritualidade).
- *Jushi foods.*
- Fazendas urbanas.
- Fazendas verticais.
- *Meal disruptors.*
- *Eating out/Speaking* ou *Food activism.*
- *Blending Foods.*
- *Creative with food* (Instagram).
- *New experiences.*
- *Foodsters* (entrega disruptiva).

- *Health conscious.*
- *Ikigai Food.*
- *Adventures Foods.*
- *Wellness Festivals.*
- *Nootropics* (suplementos nutricionais).
- *Free from foods.*
- *Lubie food* (alimentos e alimentação cor-de-rosa).
- *Fast Casual foods.*
- *Ethical meat.*
- *Beyond meat* (substitutos vegetais de carnes).
- *Afro food.*
- *Eat takeaway* (comer nômade).
- *Ethical eggs.*
- *Eating insects.*
- *Vegan bottle.*
- *Edible packaging.*
- *Food sources* (comer local).
- *Food hunters* (que procuram os melhores locais para comer).
- Sinergia alimentar (o todo é superior à soma das partes).

Um novo método para estudar e indicar tendências é o *Food Paradoxa*, o qual é elaborado pelos franceses Diane Leroy e Stéphane Brunerie. Este método deseja renovar o exercício com base numa nova abordagem que dá um lugar central às tensões sociais do nosso tempo.

Por meio de um formato participativo, convidam as marcas alimentares a aproveitar estes paradoxos para identificar fontes de inovação que alimentem o futuro que desejam.

Existem cinco paradoxos estruturantes de tendências:

1. Norma versus rebelião.
2. Sobriedade versus aceleração.
3. Individualidade versus coletivo.
4. Natureza versus tecnologia.
5. Virtual versus real.

No *Food Paradoxa*, são propostas 20 principais tendências decifradas, mais de 120 ilustrações de produtos, serviços ou ativações de marcas na França e no exterior, no consumo de massa e no *food service*.

A Mintel desenvolveu as Tendências Globais de Alimentos e Bebidas para 2024 baseado em três grandes grupos de tendências:

**1. Confiar no Processo:** necessidade de comunicação clara para ajudar os consumidores a tomar decisões informadas sobre como os alimentos e bebidas processados e ultraprocessados se enquadram nas suas dietas.

"Muitos tipos de alimentos processados e técnicas de processamento são valorizados pelos consumidores por motivos positivos ligados a atributos como tradição, saúde e naturalidade. Os exemplos incluem farinha moída na pedra, óleo prensado a frio e produtos lácteos fermentados."

**2. Idade reformulada:** o envelhecimento saudável será redefinido desmascarando os "velhos" estigmas e dando prioridade ao prolongamento dos anos saudáveis dos consumidores. "A nutrição adequada desempenha um papel fundamental na manutenção da saúde geral à medida que envelhecemos e pode impactar significativamente o desenvolvimento e a progressão de condições relacionadas à idade, como diabetes, problemas ósseos e articulares e doenças cardíacas".

**3. O comer otimizado:** uma nova era de conveniência surgirá à medida que a tecnologia simplificar o planejamento de refeições, compras e culinária. "Nos próximos anos, à medida que o *hardware* AR se tornar mais sofisticado e menos caro, uma função fundamental das marcas de alimentos e bebidas será orientar os usuários nas atividades do dia a dia, como cozinhar, fornecendo instruções diante de seus olhos durante as tarefas. E alertando-os sobre quaisquer erros ou complicações iminentes."

"A 'Cozinha Adaptável' viu os consumidores reagirem às perturbações nos alimentos e bebidas, tais como a escassez da cadeia de abastecimento, tornando-se mais ágeis na sua cozinha. Este mesmo espírito de engenhosidade continua vivo à medida que os cozinheiros domésticos de hoje estão adicionando mais tecnologia aos seus repertórios de cozinha para maximizar a conveniência sem sacrificar o sabor."

Resumindo: os alimentos e bebidas devem ser saborosos, valer a pena e ter impacto ambiental e/ou ético reduzido, de preferência sem preço superior. A partir das tendências, a Mintel recomenda como as marcas de alimentos e bebidas podem ajudar os consumidores a equilibrar as suas necessidades de saúde e prazer, a preparar-se para vidas mais longas e saudáveis e a obter novas conveniências com os avanços tecnológicos[2].

Outra análise de tendências é da *Portugal Foods "Trends 2024*[3]*"*.

1. **Ingredientes-Estrela**: proteína.
2. **Nutrir a natureza**: os consumidores querem que as marcas sejam mais proativas e vão além da "palavra da moda" da sustentabilidade.
3. **Priorizando a prevenção**: consumidores pretendem ser proativos na gestão da sua saúde – mostrando, antes de mais, preocupações com a gestão do peso, mas também com a saúde do coração, dos ossos e das articulações.
4. ***Plant-Based***: a ascensão das ofertas aplicadas e para os consumidores não veganos que querem mais opções.
5. **Local torna-se global**: os mais jovens querem mesmo provar e cozinhar refeições de partes distantes do planeta. No entanto, a preocupação com o meio ambiente e os produtos locais permanece. Os clientes preferem produtos produzidos no seu próprio país, valorizando quem apresenta estas opções, mesmo para pratos tradicionais de outros países.
6. **Heróis da cozinha doméstica**: com o aumento da inflação, esta tendência continua pós-pandemia, seja pelas lancheiras saudáveis e econômicas, seja porque a "casa" se tornou um espaço mais acolhedor, onde as pessoas convivem e partilham a sua paixão pelos produtos e técnicas culinárias e experiências gastronômicas.
7. **Indulgência saudável**: os consumidores desejam que os lanches e produtos que lhes proporcionem conforto – biscoitos, pastéis, chocolates, sorvetes, refrigerantes, entre outros – sejam elaborados com ingredientes "saudáveis", acrescentando probióticos, prebióticos, antioxidantes, cálcio, fibras naturais; substituição ou redução de açúcares refinados; usando fórmulas e declarações "sem álcool" etc.
8. **Oceanos de possibilidades**: os oceanos serão as explorações agrícolas do futuro, utilizando processos de produção mais sustentáveis, e os produtos de origem marinha entrarão na alimentação regular. Os lançamentos de alimentos e bebidas com microalgas, por exemplo, aumentaram mais de 42%, em termos acumulados, entre 2020 e 2023.
9. **$H_2O$, diversificar o futuro**: os consumidores estão mais preocupados com a hidratação. Bebidas e ingredientes que antes estavam confinados

2 https://insights.mintel.com/rs/193-JGD-439/images/Mintel_2024_Global_Food_and_Drink_Trends_English.pdf?mkt_tok=MTkzLUpHRC00MzkAAAGRElNx-F-XmnZNvBRwBViKMDVAIIY78Eq_HhM38UpDb39TNhJJ9LJfr5UWSvdZljyqAp_NK4_gkE-cuZlsCsZY5-MxRbMNku-_Lc1LSDPT5nOY

3 https://www.portugalfoods.org/noticias/tendencias-setor-agroalimentar-2024/

aos desportos e ginásios – eletrólitos, bebidas desportivas e bebidas de fruta antioxidantes – saltaram para as prateleiras dos supermercados.

10. **Minimizando o ruído**: a transparência e a honestidade na informação são cruciais para os novos consumidores, numa era de desinformação. No setor do *Food Service*, a Pongo[4] também apresenta uma lista de tendências interessante:
    1. Orçamento reduzido para clientes.
    2. Clientes revitalizam restaurantes independentes.
    3. Franquias no seu auge.
    4. Forte retorno do restaurante à moda antiga.
    5. O caseiro ganha certificação.
    6. Conceitos cada vez mais em evolução.
    7. O vegano continua sua marcha.
    8. Alimentos fermentados em alta.
    9. Uma oferta Halal cada vez mais variada.
    10. Influenciadores abrem seu restaurante/bar.
    11. Os restaurantes de produto único estão se multiplicando.
    12. "Mesa para um, por favor".

As tendências costumam abordar mais diretamente com as tendências de um determinado tipo de consumidor, ou daqueles que têm um tipo de poder de compra e nível intelectual, que podem dar-se ao luxo de gerir a sua dieta para além da procura de alimentos mais baratos. Mas não podemos esquecer que a nível macroeconômico, macropolítico e agroalimentar, também trabalhamos para alimentar aqueles que não têm poder de compra para determinadas tendências. A tendência disponibilidade versus preço é uma constante. O setor primário passa a chamar, cada vez mais, à atenção do consumidor final, seja pela sua importância na cadeia agroalimentar, para valorizá-lo, seja para saber como os alimentos são produzidos, os animais tratados, e os insumos aplicados. Basta ainda saber como esta relação vai evoluir.

## BRASIL O FUTURO DO AGRIBUSINESS

### Introdução

Foram 50 anos de impactos contabilizados na economia do país, na integração do território, no conhecimento de cada palmo do chão brasileiro. Nas águas e mares, campos, em tudo o que foi originado, e que nos próximos 50 anos será originado com repercussões extraordinárias na dignidade do povo, na capila-

4 https://www.heypongo.com/blog/tendances-restauration

ridade e distribuição de renda que a pesquisa brasileira da Empresa Brasileira de Pesquisa Agropecuária (Embrapa) nos permite obter. O cinturão tropical do planeta Terra ganhou maioridade, significa doravante segurança alimentar, energética e ambiental do planeta.

Neste artigo abordamos a junção de três conceitos, que, reunidos como num "lego", mostram que as realizações da Embrapa já os compreendem profundamente. Trazê-los à tona dá visibilidade e percepção; aprumá-los na consciência da gestão dos próximos 50 anos nos ajudará ainda mais na sustentabilidade percebida dessa nossa Embrapa. Agribusiness, design, marketing estão no nosso DNA e, ao dominá-los, sem dúvida, a edição desses genes nos fará cada vez mais eficazes, competitivos e vitais para o país e para o mundo, alcançando os "memes" das percepções humanas.

Centenas de centenas de descobertas e de criações inovadoras, falar de algumas delas termina sendo injusto por não mencionar milhares de outras. Em entrevista, o pesquisador da Embrapa, Décio Gazzoni[5], membro do Conselho Científico do Agro Sustentável (CCAS), recobrou algumas boas lembranças de feitos geniais. Falou-se, então, de manejo de praga de solos; de tropicalização da soja; de plantio direto; de integração lavoura-pecuária-floresta (ILPF); de inoculação e coinoculação; de irrigação do semiárido; de carne carbono neutro; de biodiversidade como oportunidade de inovação na Amazônia; de balde cheio; de manutenção de um banco de germoplasma, a Embrapa Recursos Genéticos e Biotecnologia (Cenargen).

Esse "aperitivo" citado anteriormente, de feitos, serviu para nos inspirar, e espera-se que a todos inspire, pois os próximos 50 anos já estão aqui nas pesquisas do presente, revelando o resultado do futuro. Então, vamos ao agribusiness transformado num sistema de saúde, ao *design thinking* estratégico da sociedade colaborativa e ao marketing ético que ausculta legítimas necessidades humanas e as soluciona com adoção percebida em velocidade.

## O mix agribusiness, design, marketing e Embrapa

Pode parecer interessante essa associação de Embrapa com "marketing". Agribusiness com design, também. Significa a arte da inovação e pesquisas nas quais os "genes" reeditados, e as nanopartículas transformadas compõem uma nova estrutura. Mas marketing?

---

5 Informação obtida por Décio Gazzoni, presidente do *Steering Committee on Renewable Energy* (ICSU-Rolac); consultor internacional do Banco Interamericano de Desenvolvimento (BID), do Banco Mundial e da Organização para a Alimentação e a Agricultura (FAO) por meio de podcast Agroalimento da BandNews e do Canal Terra Viva, em agosto 2022.

Nesses 50 anos, os pesquisadores da Embrapa explicam muito mais os legítimos fundamentos dessa palavra anglo-saxônica do que milhares de livros e outros *cases*. O maior estudioso e especialista vivo de marketing no Brasil, o professor doutor Marcos Cobra[6], por anos coordenador da cadeira de marketing da Escola de Administração de Empresas de São Paulo da Fundação Getulio Vargas (FGV EAESP), afirmou ao autor do presente capítulo que, de verdade, "marketing não é ciência nem arte, é a forma de identificar sonhos, desejos, necessidades dos consumidores, muitas vezes ainda não percebidos por eles, oferecendo produtos e serviços que tragam felicidade, alegria e prosperidade para as pessoas".

Quando se olha a oferta de soluções e inovações, transformações que a Embrapa gerou nesses 50 anos, é possível afirmar que a Empresa e seus pesquisadores e pesquisadoras são a melhor representação do marketing ético no complexo sistêmico do agribusiness brasileiro. Quantas dessas soluções estavam conscientes na mente dos produtores, na indústria do antes da porteira ou no desejo de consumidores finais de alimentos, fibras, energia e de suas marcas agroindustriais? Quantos pediam sementes híbridas, quantos queriam plantio direto, quantos solicitavam engenharia genética? Qual o clamor por manter um Cenargen sagrado para a humanidade? Quantos imaginavam que poderíamos plantar trigo no Cerrado, fixar nitrogênio no solo e ser líderes da soja no planeta? Qual pesquisa de percepção dos *stakeholders* em torno da Embrapa identificaria uma clara percepção da importância da agricultura de baixo carbono, de ILPF?

Em um dia de campo na Fazenda Santa Brígida, em Ipameri, Goiás, da senhora Marize Porto Costa[7], hoje um símbolo nacional do sistema ILPF, ela foi questionada sobre como e por que ela fez o que muitos anos antes o pesquisador João Kluthcouski dizia para todos e ninguém fazia. Sua resposta foi simples: "Eu fiz o que estava no livro que ele me deu e segui seus conselhos". Então, o citado pesquisador foi questionado por que Marize fez o que ele mostrava para muitos que não fizeram? Sua resposta: "Porque ela era dentista e não pecuarista". Quer dizer, a Embrapa faz exatamente a essência maior da definição de marketing de Marcos Cobra, pois a Empresa enxerga antes o que ninguém viu. Percebe, investe, estuda, vence barreiras, não desanima, persiste e anos após se transforma, sim, em felicidade, prosperidade e alegria percebida e consciente para as pessoas.

---

6 Informação obtida por Marcos Cobra, Sócio-diretor da Marcos Cobra Editora e Desenvolvimento Empresarial; membro do Conselho de Ética da Associação Brasileira das Agências de Publicidade (Abap); presidente do Instituto Latino-Americano e da Escola Brasileira de Marketing (EBMV).

7 Informação obtida por Marize Porto Costa, dentista e proprietária da Fazenda Santa Brígida, em Ipameri, GO, por meio de podcast para a Rádio Eldorado/Estadão, em junho de 2021.

Enquanto este artigo estava sendo redigido, seu autor visitava em Concórdia, Santa Catarina, a Embrapa Suínos e Aves. Entrevistou o chefe-geral Everton Luiz Krabbe[8], que revelou o quão vital é a atividade dessa Embrapa para a segurança da saúde animal. Também, para o que para muitos é invisível: o esforço gigantesco da manutenção e acompanhamento do estado da arte da evolução genética das aves e suínos. Isso no sentido extraordinário de segurança estratégica do agro brasileiro nesses dois campos, nos quais somos grandes *players* mundiais, com agroindústrias, comércio e serviços de imensa importância na economia e com capilaridade em toda sociedade brasileira. Também em Concórdia, o autor desse artigo ficou impressionado com o trabalho desenvolvido há anos com biodigestores e biogás. O assunto já é falado há muito tempo, porém, sempre com elevada desconfiança, como certa utopia; e se, de novo, perguntássemos à sociedade se consideraria investimentos e pesquisas em biodigestores e biogás fundamentais para o país, acredita-se que a imensa maioria não colocaria esse tema nas preferências ao longo do tempo. Entretanto, ali o doutor Airton Kunz (informação verbal[9]), pesquisador de digestão anaeróbica, remoção/recuperação de nutrientes e resíduos de água, mostrou conhecimentos profundos, que, agora, com o plano "metano zero" do governo federal, serão transformados em produtos e serviços tangíveis, novamente ilustrando a definição ética de marketing.

Mas poderia ser questionado se o marketing tem como filosofia de administração a gestão das percepções dos consumidores, da sociedade como um todo. Levando-se em conta a propaganda, vendas, marcas, *merchandising* nos pontos de venda, canais de distribuição, database, mídias, impulsionamento de redes sociais, impactos nos corações e mentes de consumidores atuais e prospects via o poder criativo das mensagens, como a Embrapa é percebida para ser "a voz" do agro brasileiro pela sociedade brasileira?

Exatamente com essa curiosidade, para fechar esse círculo de raciocínio fundamentado no conceito integral e ético de marketing, o autor deste artigo conseguiu que uma organização europeia, a *Onglobal Strategy*, fizesse uma pesquisa de percepção, pro bono (obrigado), com a sociedade brasileira em abril de 2020, exatamente com essa questão: "Qual empresa, marca, tem reputação e credibilidade para falar em nome do agro do país?" (Silva; Simões Filho, 2020). Essa pesquisa trouxe uma constatação preciosa para a nossa Embrapa, ante a comemoração de seus 50 anos: a resposta dos entrevistados foi exatamente

8 Informação obtida por Everton Luiz Krabe, chefe-geral da Embrapa Suínos e Aves, Concordia, por meio do NDTV de Santa Catarina, em setembro de 2022.

9 Informação obtida por Airton Kinz, pesquisador da Embrapa Suínos e Aves, Concordia, por meio do NDTV de Santa Catarina, em setembro de 2022.

Embrapa. E, observem, a pesquisa foi feita com toda sociedade, em sua maioria urbana. Significa dizer que existe um patrimônio de marca, de legitimidade conquistada e que superou o tempo. Isso representa para a sociedade brasileira um importante aspecto: temos na Embrapa o aspecto *sine qua non* para o sucesso da difusão, informação, promoção do país; um emissor, com autoridade reconhecida que pode falar ultrapassando filtros perceptuais que eliminam qualquer mensagem já no nascedouro, quando o emissor não é confiável.

Marketing, então, numa outra supersimples definição (Uslay; Morgan; Sheth, 2009), é a satisfação do consumidor com lucro. A Embrapa gera satisfação do consumidor, é reconhecida, e, sem dúvida alguma, o lucro obtido precisa ser "contabilizado" para que nunca falte investimentos e recursos que continuem mantendo esse trabalho magnífico de transformar o presente no resultado do futuro, cada vez maior.

Agribusiness é outra palavra anglo-saxônica, que tem conexão total com a Embrapa. Os professores Davis e Goldberg (1957), na Universidade de Harvard, nos anos 1950, enxergaram que agropecuária sem ciência, tecnologia, insumos e máquinas não existiria. Da mesma forma que transporte, armazenagem, agroindústrias, supermercados e consumidores finais são clientes dos produtores, e que esse sistema é totalmente interdependente; cada elo se conecta ao próximo. Em outras palavras, agribusiness vai desde a ciência, do gene, das tecnologias até a persuasão e escolhas dos consumidores finais, os seus "memes", como explica Dawkins (2006), passando pelos originadores nos campos, águas e mares e agregação de valor industrial, comercial e de serviços.

Dessa forma, vamos observar nos próximos 50 anos, quando a Embrapa completar 100 anos, uma total proximidade do pesquisador, do cientista com o consumidor final de alimentos e todos os derivados da agropecuária. Será preciso educar a população para a ciência, pois ela está presente em tudo. Preconceitos e desinformação podem significar atrasos e riscos para a saúde humana e ambiental na Terra.

Há dois anos, Goldberg (2018) afirmou que o sinônimo de agribusiness daqui para frente será *health system*, um sistema de saúde, do solo, água, plantas, meio ambiente, e que os agricultores no mundo passarão a ter um valor diferenciado, constituindo-se em "agentes da saúde" responsáveis pela inteligência da gestão em cada um dos seus microbiomas, assegurando produtos saudáveis em todos os sentidos. Caberá ao setor agroindustrial, comercial e de serviços se aproximar dos produtores, oferecendo condições para que utilizem corretamente a ciência disponível, como também suas marcas precisarão mostrar aos consumidores finais o compliance, a economia circular de toda sua cadeia produtiva, engajando consumidores num consumo consciente. O quanto a Embrapa tem papel protagonista nessa tendência inexorável? Ray Goldberg disse ao autor deste artigo: "Vivemos uma era de desconfiança – *distrust*, tudo precisará ser feito, comprovado e avaliado por organizações ilibadas e científicas".

Quando a Embrapa apresenta carne carbono zero, fica impossível não acreditar. Quando a Embrapa Meio Ambiente mostra o "design estratégico" de atividades sustentáveis dentro dos seis biomas brasileiros, os estuda e identifica diversos biomas dentro dos biomas, passa a representar essa voz da credibilidade, diminuindo os níveis da desconfiança reinantes hoje no mundo.

O *design thinking* virando estratégico reúne o "lego" das peças que já existiam, mas não se encaixavam. O solo bem nutrido fornece maior nutrição para as plantas, que trazem mais nutrientes em cada quilo de seus alimentos para os consumidores finais. No Brasil, a Associação Nacional para Difusão do Adubo (Anda) tem a iniciativa Nutrientes para a Vida (NPV), que amplia a visão estética e ética do design da cadeia dos fertilizantes, chegando ao prato dos consumidores não apenas com volume, mas com muito mais riqueza nutricional a cada porção.

A Embrapa reúne na sua fórmula o talento das raízes do agribusiness, do design e do marketing, assim como suas pesquisas e estudos são profundos e antecipam o futuro.

Esses três saberes humanos, quando vistos no microscópio das suas entranhas e quando colocados num telescópio auscultando o que a humanidade precisará – mas ainda não percebeu que precisará – transforma o agribusiness numa agrocidadania. Para o professor Ray Goldberg, a agrocidadania envolve responsabilidade com segurança de alimentos (sua originação e sustentabilidade), saúde e nutrição dos clientes e cidadãos; o design, nos games da tecnologia da informação digital reunindo o impensável; e o marketing como o descobridor dos desejos, sonhos e necessidades ainda ocultos.

Constatamos que nestes 50 anos a Embrapa foi um autêntico *melting pot*, pois sua constituição criada pelo então ministro da Agricultura Luiz Fernando Cirne Lima, colocada em pé por Alysson Paolinelli e outros "guerreiros", permitiu que centenas de brasileiros fossem ao mundo e retornassem para tropicalizar esses conhecimentos, criando uma segurança planetária no seu cinturão tropical, onde, no passado, quase nada se sabia de ciência agrícola.

Mas a Embrapa significou e significa uma autêntica orquestra, um grandioso elenco, em que a diversidade venceu pela reunião de distintos conhecimentos. E daqui para frente cada vez mais *design thinking* será. Com certeza, a expressão de Winston Churchill[10] na Segunda Guerra Mundial pode ser transportada para a obra da Embrapa: "Nunca tantos deveram tanto a tão poucos".

## Desafios do setor

Quanto ao Brasil? Dobrar o agribusiness brasileiro de tamanho, buscando nos próximos 10 anos a marca do US$ 1 trilhão na soma das suas cadeias produtivas, reunindo o antes, o dentro e o pós-porteira das fazendas. Assim, com isso, dobrarmos o produto interno bruto (PIB) do país, buscando US$ 4 trilhões, o mínimo considerado aceitável para uma nação com a nossa dimensão e com o conhecimento de que dispomos, tão bem pela Embrapa representado.

Biogás, bioenergia, carbono, metano, água, diversos nichos e segmentos de oportunidades em cada microbioma do Brasil farão desta nação a única no mundo com nome de árvore, a ser aplaudida como o *terroir* da paz e da felicidade para todos. Mas isso é otimismo? Uma utopia de paraíso tropical? Não, muito ao contrário. Termina-se com o escritor, dramaturgo e poeta paraibano Ariano Suassuna, que dizia: "O otimista é um tolo, o pessimista um chato, eu sou um realista esperançoso". Realistas esperançosos, Embrapa 50 anos, e sobre o futuro? Não o temo ao me vir pela frente, e sobre ele só uma coisa podemos fazer agora, neste instante presente: decidir "com quem" a esse futuro iremos! Com a Embrapa, juntos até o centenário!

## Considerações finais

Neste artigo abordamos a junção de três conceitos, que, reunidos, mostram as realizações da Embrapa em seus 50 anos de existência: agribusiness, design e marketing, que estão em nosso DNA e, ao dominá-los, nos farão cada vez mais eficazes, competitivos e vitais para o país e para o mundo, alcançando as mais profundas percepções humanas.

É cada vez mais preciso educar a população para a ciência, pois ela estará presente em tudo no futuro. Preconceitos e desinformação podem significar atrasos e riscos para a saúde humana e ambiental na Terra.

Nos próximos 50 anos, quando a Embrapa completar 100 anos, acontecerá uma total proximidade do pesquisador, do cientista com o consumidor final de alimentos, e todos os derivados da agropecuária e o Brasil vão continuar avançando para alcançar metas cada vez maiores, ajudando o nosso PIB a crescer de tamanho.

---

10 Disponível em: https://www.parliament.uk/about/living-heritage/transformingsociety / private-lives/yourcountry/collections/churchillexhibition/churchill-the-orator/human-conflict/#:~:text=When%20in%20this%20speech%20Churchill,establish%20air%20superiority%20over%20England

## CONSIDERAÇÕES FINAIS

Quantas tendências, milhares, não apenas uma, duas ou uma dúzia. São milhares de tendências com segmentos de nichos. Isso é bom ou ruim?

Excelente. Para a agricultura familiar permitirá criar produtos únicos e específicos que irão atender desejos de consumidores diferenciados. Portanto, na leitura profunda deste capítulo, acima, a leitora e o leitor encontrarão as asas para a imaginação, pois toda realidade nunca nasceu pronta, foi sempre antecedida pelos sonhos. Dessa forma, marketing é em grande escala trazer os sonhos para a realidade, e com ética, felicidade, integridade e saúde para todos.

capítulo 14

# A Tributação do Produtor Rural Familiar

Adriana Bandeira de Mello

## INTRODUÇÃO

Você pode fazer o melhor produto, o melhor planejamento de marketing, mas se errar no entendimento das leis, pode colocar todo seu sonho numa caixa de pesadelos.

Por isso, incluímos neste livro de marketing um capítulo sobre as leis e regras da tributação, lembrando que a Dr.ª Adriana

Bandeira de Mello nos atendeu e escreveu num momento nebuloso em que a reforma tributária ainda está em profundos debates.

Mas leia atentamente, pois muitos negócios, muita gente bem-intencionada, terminam na infelicidade exatamente por não acompanhar e ter o rigor das regras e das leis. Muita atenção com sua administração, contabilidade, gestão e tributação.

Ao mencionar a questão dos aspectos tributários aplicáveis ao produtor rural familiar, seria esperado que existisse um regime tributário bastante simples, de fácil análise, explicação e operação para todos os produtores que pretendessem iniciar as suas atividades na área rural.

Entretanto, como estamos falando do sistema tributário brasileiro, reconhecidamente um dos sistemas fiscais mais complexos do mundo, de fato, a tributação dos produtores rurais, ainda que familiares, acaba sendo complexa, com a incidência de diversos tributos e a aplicação alternada de diversos regimes fiscais que se alteram de acordo com características bem específicas desses produtores e seus negócios.

Por outro lado, toda essa complexidade não é apenas decorrente de aspectos negativos. Na realidade, a intenção do legislador foi incentivar e reduzir a tributação dos produtores rurais familiares para desenvolver economicamente esse setor. Todavia, para atingir esse objetivo foram criadas diversas exceções e regimes específicos nas respectivas legislações de cada tributo, o que, na prática, apesar de reduzir a tributação, tornou a aplicação e explicação do sistema mais difícil.

Nesse sentido, o presente capítulo pretende apresentar apenas uma visão genérica e inicial sobre a tributação do produtor rural familiar, com orientações essenciais para aqueles que pretendem se aprofundar no negócio. Inicialmente, é importante chamar a atenção que a tributação do produtor rural deve ser determinada levando em consideração diversas características essenciais do negócio, tais como: o tamanho da sua propriedade, o tipo e o tamanho da produção por ela gerada, volume de custos, despesas, investimentos e receitas, localização da propriedade dentro do território nacional, localização da origem dos insumos e qual será o destino dos produtos a serem produzidos.

Essas características irão determinar, em primeiro lugar, a forma de organização do negócio, por exemplo, se ele será operado na pessoa física, como empresário individual, ou como uma pessoa jurídica, bem como que nível de escrituração ou contabilidade deve ser adotado para o adequado controle e administração dos seus resultados.

Estabelecidas essas primeiras características, elas desencadeiam a tributação do produtor rural de acordo com as respectivas regras legais. Como regra geral, atualmente no Brasil os produtores rurais familiares podem estar sujeitos à tributação pelos seguintes impostos e contribuições: 1) Imposto de Renda das Pessoas Físicas (IRPF) ou Imposto de Rendas das Pessoas Jurídicas (IRPJ); 2) Contribuição Social sobre o Lucro Líquido (CSLL); 3) Contribuição para o Programa de Integração Social (PIS)[1]; 4) Contribuição para o Financiamento da Seguridade Social (COFINS)[2]; 5) Imposto sobre Operações relativas à Circulação de Mercadorias e sobre Prestações de Serviços de Transporte Interestadual e Intermunicipal e de Comunicação (ICMS)[3]; 6) Contribuições Previdenciárias devidas à Seguridade Social e a Terceiros – "Sistema S" (Contribuições ao INSS), e 7) Imposto sobre a Propriedade Territorial Rural (ITR).

A seguir, passamos a explicar de forma resumida como esses tributos podem incidir sobre as atividades dos produtores rurais familiares.

## I. Impostos Federais e Regimes de Tributação

A tributação pelo Imposto de Renda (IR) e o seu respectivo regime adotado é, sem dúvida, decisiva para determinar a tributação do produtor rural familiar. Em geral, o regime de tributação mais conhecido e comumente adotado no meio rural é pelo Imposto de Renda das Pessoas Físicas (IRPF); no entanto, nem sempre esse regime é o que tem a carga fiscal efetiva mais baixa para o contribuinte.

Na verdade, em matéria de imposto de renda, podemos considerar que na área do agronegócio existem seis tipos de regimes específicos para cálculo e recolhimento desse imposto, sendo que cinco desses regimes são de opção dos contribuintes e variam de acordo com a forma de organização (pessoa física ou pessoa jurídica) e o tamanho do negócio, ou seja, volume do seu faturamento, receita bruta e lucro apurados ao longo do ano-calendário:

- IRPF – Imposto de Renda da Pessoa Física
- MEI (Simples Nacional) – Microempreendedor Individual Simples Nacional
- Simples Nacional – Regime Especial Unificado de Arrecadação de Tributos e Contribuições Devidos pelas Microempresas e Empresas de Pequeno Porte
- IRPJ/CSLL – Lucro Presumido
- IRPJ/CSLL – Lucro Real

---

1 No final de dezembro de 2023, foi promulgada a Reforma Tributária no Brasil pela Emenda Constitucional nº 132/2023, a qual irá progressivamente extinguir as contribuições para o PIS e a COFINS, bem como o ICMS para trocá-los pelo chamado IVA dual, que será a Contribuição sobre Bens e Serviços (CBS) e o Imposto sobre Bens e Serviços (IBS). Assim, PIS, COFINS e ICMS são tributos que sofrerão alterações significativas a partir de 2026 até 2033, quando serão definitivamente substituídos pela CBS e pelo IBS.

2 Ver nota de rodapé nº 43.

3 Ver nota de rodapé nº 43.

Cada um desses regimes acarreta uma tributação distinta tanto em relação à variação das alíquotas dos tributos, como em relação aos próprios tributos e contribuições que podem ou não incidir sobre a atividade, ou serem isentos nos respectivos regimes de acordo com as faixas de contribuintes, o que altera a carga tributária final e efetiva sobre o negócio.

No caso concreto, como o presente capítulo pretende analisar a tributação do produtor rural familiar, iremos nos concentrar apenas em analisar mais detalhadamente três dos cinco primeiros regimes acima citados. Estamos assumindo que os regimes de apuração do imposto de renda sob a sistemática do Lucro Real e do Lucro Presumido aplicam-se basicamente para empresas maiores ou com outros tipos de atividade principal e que dificilmente se aplicam à produtores rurais familiares.

## II. MEI Rural – Microempreendedor Individual no Simples Nacional

O MEI Rural é uma modalidade específica dentro do regime de tributação do Simples Nacional que foi criada com o objetivo de apoiar o empreendedorismo e os pequenos negócios familiares no meio rural, visando desenvolver esse setor da economia com estímulos para gerar melhor qualidade de vida e renda.

De acordo com a Lei Complementar nº 123/2006 e suas sucessivas atualizações, desde 2018, os produtores rurais pessoas físicas, ou trabalhadores autônomos, podem optar por serem tributados no regime tributário do Simples Nacional que é aplicado especificamente para os Microempreendedores Individuais MEI – Rural, desde que cumpram com determinados requisitos estabelecidos pela legislação.

Esses produtores rurais elegíveis são aqueles que realizam quaisquer atividades de industrialização, comercialização ou prestação de serviços no âmbito rural, bem como que realizem a comercialização e o processamento de produtos de natureza extrativista e que tenham auferido receita bruta no ano-calendário anterior igual ou inferior à R$ 81.000,00 (oitenta e um mil reais), ou R$ 6.750,00 (seis mil, setecentos e cinquenta reais) por mês.

São consideradas atividades rurais pela legislação tributária[4]:

- A agricultura;
- A pecuária;
- A extração e a exploração vegetal e animal;
- A exploração da apicultura, avicultura, cunicultura, suinocultura, sericicultura, piscicultura e outras culturas animais;
- A transformação de produtos decorrentes da atividade rural, sem que sejam alteradas a composição e as características do produto *in natura*, feita pelo

4 Lei nº 8.023/1990, art. 2º; Lei nº 9.250/1995, art. 17 e Lei nº 9.430/1996, art. 59.

próprio agricultor ou criador, com equipamentos e utensílios usualmente empregados nas atividades rurais, utilizando exclusivamente matéria-prima produzida na área rural explorada, tais como a pasteurização e o acondicionamento do leite, assim como o mel e o suco de laranja, acondicionados em embalagem de apresentação;

- O cultivo de florestas que se destinem ao corte para comercialização, consumo ou industrialização.

Adicionalmente, o produtor rural deve ter um único estabelecimento; não pode participar de outra empresa como titular, sócio ou administrador e pode contratar um único empregado permanente. Note, entretanto, que se o empregado trabalhar mais de 120 dias dentro de um ano, o produtor perde sua condição de segurado especial do INSS.

Cumpridos os requisitos legais, uma vez cadastrado ou regularizado como MEI Rural, o produtor rural estará inscrito como contribuinte no Cadastro Nacional das Pessoas Jurídicas e receberá o seu número de CNPJ, ficando sujeito ao recolhimento consolidado mensal e fixo dos tributos e contribuições. O cálculo do valor fixo do MEI é realizado com base no salário mínimo em vigor, o qual a partir de 2024 é no valor de R$ 1.412,00[5].

No valor fixo mensal, serão computados no cálculo apenas as Contribuições ao INSS, o ICMS e/ou ISS, da seguinte forma[6]:

As Contribuições ao INSS incidem a 5% sobre o valor do salário mínimo (R$ 1.412,00 * 5% = R$ 70,60).

Produtores que realizem a atividade rural e comercializem/industrializem sua produção, nos termos dos conceitos acima citados, são considerados contribuintes do ICMS e, portanto, tributados a uma alíquota fixa de R$ 1,00, totalizando um valor final a ser recolhido mensalmente de R$ 71,60 a título de Contribuições ao INSS + ICMS.

Produtores que realizem a atividade rural apenas mediante a prestação de serviços são considerados contribuintes do Imposto sobre Serviços (ISS), devido na esfera municipal, e tributados a uma alíquota fixa de R$ 5,00, totalizando um valor final a ser recolhido mensalmente de R$ 75,60 a título de Contribuições ao INSS + ISS.

Produtores que realizem a atividade rural mediante comércio/indústria e prestação de serviços são considerados contribuintes tanto do ICMS, como do ISS e, portanto, serão tributados pelos dois impostos, às alíquotas fixas de

5 Decreto nº 11.864, de 27.12.2023.

6 Lei nº 14.158/2021, art. 1º; Lei Complementar nº 123/2006, arts. 18A, § 3º, IV e V, e 18F, III; Lei Complementar nº 188/2021, art. 2º ; Lei nº 8.212/1991, art. 21, § 2º, II, "a"; Lei nº 12.470/2011, art. 1º; Decreto nº 11.864/2023; Resolução CGSN nº 140/2018, art. 101, caput e § 1º; Resolução CGSN nº 141/2018, art. 2º; Resolução CGSN nº 165/2022, art. 1º.

R$ 1,00 e R$ 5,00, respectivamente, totalizando um valor final a ser recolhido mensalmente de R$ 76,60 a título de Contribuições ao INSS + ICMS + ISS.

Ressalte-se que esses cálculos são realizados independentemente dos valores da receita bruta auferida pelos produtores rurais.

Adicionalmente, o produtor optante pelo MEI Rural não pode mais registrar, calcular, utilizar ou transferir quaisquer créditos de ICMS, inclusive aos seus adquirentes.

Por fim, em relação ao ICMS, é necessário mencionar que com a aprovação da Reforma Tributária no final do ano de 2023 por meio da promulgação da Emenda Constitucional nº 132/2023, a partir de 2026, as regras referentes a esse tributo irão sofrer mudanças gradativas e substanciais até que ele venha a ser definitivamente extinto e substituído pelo novo Imposto sobre Bens e Serviços (IBS).

A reforma prevê um período de transição geral que se aplicará para toda a sociedade e um prazo de sete anos, com início em 2026 e previsão para término em 2033. Ao longo dos anos de 2024 e 2025, a previsão é preparar e aprovar a legislação infraconstitucional necessária para instituir a cobrança dos novos impostos e contribuições e regular a extinção gradativa dos antigos, incluindo do ICMS.

Assim, as regras sobre a tributação do produtor rural que optar pelo regime de apuração dos impostos no Simples Nacional, como MEI Rural, ainda não estão claras. De acordo com a EC nº 132/2023, essas novas regras devem alterar o regime de apuração do Simples Nacional como um todo, mas ainda precisam ser regulamentadas de acordo com a legislação infralegal que está sendo desenvolvida para criar, inclusive, formas de apuração da base de cálculo, alíquotas aplicáveis e regras de recolhimento. Ainda não existem regras específicas para o MEI Rural. No item seguinte desse capítulo, que falará sobre tributação de acordo com a opção pela sistemática do Simples Nacional para Microempresas (MEP) e Empresas de Pequeno Porte (EPP), explicaremos o que foi criado com a reforma tributária para esse outro regime até o momento.

### II.1. Contribuições ao INSS – Comentários Adicionais

A contribuição ao INSS devida pelo empregado é distinta da acima mencionada, pois na realidade essas Contribuições Previdenciárias ao INSS são dívidas em pelo menos duas:

(I) A Contribuição ao INSS que chamamos de quota patronal, a qual é devida pelo empregador ou, no caso, produtor rural, e que está acima mencionada como parte integrante da carga fiscal consolidada do produtor rural no MEI Rural;

(II) A Contribuição ao INSS devida pelo próprio empregado, trabalhador avulso, ou contribuinte individual (por exemplo, trabalhador autônomo), a qual é descontada da sua remuneração mensal e que deve ser obrigatoriamente retida aos cofres públicos pelo produtor rural que efetuar o pagamento da remuneração, de acordo com as tabelas divulgadas pela legislação previdenciária. Comentários com mais detalhes podem ser vistos no item 4 adiante.

Vale mencionar, ainda, que, ao passar a recolher os tributos sob o regime tributário de MEI Rural, o produtor familiar não perde a sua característica de segurado especial[7] do INSS, desde que continue a respeitar os requisitos estabelecidos pela legislação, quais sejam:

- Ser pessoa física residente no imóvel rural ou em aglomerado urbano ou rural próximo a ele;
- Exercer a atividade, individualmente ou em regime de economia familiar, ainda que com o auxílio eventual de terceiros (no caso de MEI Rural ele somente pode contratar um empregado) a título de mútua colaboração;

  A atividade rural deve ser exercida na condição de:

  a) Produtor (seja proprietário, usufrutuário, possuidor, assentado, parceiro ou meeiro outorgados, comodatário ou arrendatário rural), que explore atividade de:
     1) Agropecuária em área de até quatro módulos fiscais; ou
     2) Seringueiro ou extrativista vegetal que exerça suas atividades nos termos do inciso XII do caput do art. 2º da Lei nº 9.985/2000, e faça dessas atividades o principal meio de vida; ou
  b) Pescador artesanal ou a este assemelhado, que faça da pesca profissão habitual ou principal meio de vida;
  c) Cônjuge ou companheiro, bem como filho maior de 16 anos de idade ou a este equiparado, do segurado de que tratam as letras "a" e "b" deste subtópico, que, comprovadamente, trabalhem com o grupo familiar respectivo.

Exercer as atividades em regime de economia familiar significa que para o produtor o trabalho dos membros de sua família é essencial à sua subsistência e ao desenvolvimento tanto social como econômico do seu negócio. A sua produção é exercida em condições de dependência e colaboração entre os membros da família, sem a utilização de empregados permanentes, sendo que em conjunto essas atividades consistem na principal fonte de renda e sustento da família.

7 Lei nº 8212/1991, art. 12, inc. VII e § 1º.

Além disso, para não perder a sua condição de segurado especial, esse produtor MEI Rural somente pode realizar a contratação da única mão de obra que a lei lhe permite por no máximo 120 dias por ano. Caso esse MEI Rural seja apenas prestador de serviços rurais, então ele também só poderá trabalhar por no máximo 120 dias por ano.

### II.2. ITR - Imposto sobre a Propriedade Territorial Rural

O ITR é um imposto patrimonial federal, devido pelo proprietário de imóvel rural, titular de domínio útil ou seu possuidor a qualquer título. Esse imposto tem características diferentes dos tributos e contribuições acima comentados, sendo que seu cálculo e recolhimento não sofrem alterações de acordo com a opção do contribuinte pelo regime de apuração e recolhimento dos tributos.

Por essa razão, falaremos desse imposto mais detalhadamente por último e de uma só vez, pois os comentários se aplicam da mesma forma a todos os produtores rurais familiares, independentemente do tipo de regime de tributação que eles venham a adotar para os demais impostos e contribuições.

### III. Simples Nacional - Regime Especial Unificado de Arrecadação de Tributos e Contribuições Devidos pelas Microempresas e Empresas de Pequeno Porte

O produtor rural que excede o limite de receita bruta anual no valor de R$ 81.000,00 ou de R$ 6.750,00 mensais (multiplicado pelo número de meses vigentes no ano em vigor), é desenquadrado do MEI Rural e, como regra geral, passa automaticamente a ser tributado pela sistemática do Simples Nacional. O desenquadramento também ocorre caso o produtor deixe de atender alguns dos outros requisitos essenciais estabelecidos pela legislação e acima mencionados.

Esse desenquadramento pode ocorrer por meio de informação do próprio contribuinte, ou de ofício, após a constatação do fato excedente pelas autoridades tributárias[8].

Alternativamente, ao verificar que cumpriu algum dos requisitos para o desenquadramento, o produtor rural pode preferir se desligar definitivamente desse regime de apuração do Imposto de Renda e optar por tributar o resultado da sua atividade rural pela sistemática do IRPF, apenas sob o número do seu CPF. Nessa hipótese é possível pedir a suspensão e o cancelamento da inscrição no MEI Rural e do respectivo número do CNPJ.

Adiante, discutiremos a alternativa do IRPF. Todavia, nesse item iremos analisar a viabilidade da tributação pelo Simples Nacional. O regime do Simples Nacional também é um regime de tributação consolidado que tem o objetivo de unificar a cobrança dos tributos e contribuições por meio da incidência de uma

8 Artigo 18-A da Lei Complementar 123/2006 e alterações.

alíquota combinada e fixa sobre a receita bruta mensal auferida pelos contribuintes de uma só vez, como estabelecido pela Lei Complementar nº 123/2006.

Da mesma forma que acima mencionado, para realizar a opção por esse regime de tributação, é recomendável que o produtor rural, principalmente o familiar, realize uma análise prévia das características da sua atividade rural, seu volume de produção, faturamento, custos e investimentos incorridos.

Podem ser tributados no regime Simples Nacional os produtores rurais que se organizem sob a forma de empresários individuais, assim considerados aqueles que exercem profissionalmente atividade econômica organizada para a produção ou a circulação de bens ou de serviços, nos termos do art. 966 do Código Civil, aprovado pela Lei nº 10.406/2002 e as pessoas jurídicas organizadas sob a forma de sociedades simples ou sociedades empresárias (pessoas jurídicas), desde que não exerçam ou incorram em nenhuma das situações impeditivas previstas na legislação.

**Alíquotas Comércio**

| Receita Bruta em 12 Meses (em R$) | | Alíquota | Valor a Deduzir (em R$) |
|---|---|---|---|
| 1ª Faixa | até 180.000,00 | 4.00% | – |
| 2ª Faixa | de 180.000,01 até 360.000,00 | 7.30% | 5.940,00 |
| 3ª Faixa | de 360.000,01 até 720.000,00 | 9.50% | 13.860,00 |
| 4ª Faixa | de 720.000,01 até 1.800.000,00 | 10.70% | 22.500,00 |
| 5ª Faixa | de 1.800.000,01 até 3.600.000,00 | 14.30% | 87.300,00 |
| 6ª Faixa | de 3.600.000,01 até 4.800.000,00 | 19.00% | 378.000,00 |

**Fonte: Adriana Bandeira**

Após o cálculo, chega-se a uma alíquota final efetiva que pode variar aproximadamente entre 4% e 11%. Essa alíquota incide sobre a receita bruta mensal auferida pelo produtor individual ou pessoa jurídica, sendo que a legislação permite que os contribuintes escolham se querem calcular essa receita pelo regime de caixa, ou pelo regime de competência. Note-se que uma vez realizada essa opção, ela é irretratável para todo o ano calendário[9].

Nessa alíquota efetiva calculada para os produtores rurais, nos termos citado da tabela acima, Alíquotas Comércio, está consolidada a cobrança dos seguintes tributos: IRPJ, CSLL, PIS, COFINS, Contribuições ao INSS (patronal) e ICMS. A alíquota total é repartida entre esses tributos nos seguintes percentuais:

9 Lei Complementar nº 123/2006, art. 18, caput e § 3º; Lei Complementar nº 155/2016, arts. 1º e 11, III, Resolução CGSN nº 140/2018, art. 16.

| Faixas | Percentual de Repartição dos Tributos na Alíquota Total | | | | | |
|---|---|---|---|---|---|---|
| | IRPJ | CSLL | COFINS | PIS/PASEP | Contrib INSS | ICMS |
| 1ª Faixa | 5.50% | 3.50% | 12.74% | 2.76% | 41.50% | 34% |
| 2ª Faixa | 5.50% | 3.50% | 12.74% | 2.76% | 41.50% | 34% |
| 3ª Faixa | 5.50% | 3.50% | 12.74% | 2.76% | 42% | 33.50% |
| 4ª Faixa | 5.50% | 3.50% | 12.74% | 2.76% | 42% | 33.50% |
| 5ª Faixa | 5.50% | 3.50% | 12.74% | 2.76% | 42% | 33.50% |
| 6ª Faixa | 13.50% | 10% | 28.27% | 6.13% | 42.10% | – |

**Fonte: Adriana Bandeira**

Vale notar que no cálculo da receita bruta[10] a legislação estabelece que se realize alguns ajustes e a segregação em separado de alguns tipos de receitas, por exemplo, como as receitas de exportação e as receitas sujeitas a isenção ou redução de alíquotas de tributos para produtos da cesta básica nacional. Nesse caso, as receitas são separadas a fim de que se possa desconsiderar no cálculo do Simples Nacional os percentuais para composição da alíquota efetiva correspondentes ao PIS, COFINS, IPI e ICMS que estejam imunes, isentos ou reduzidos nas transações[11].

O pagamento dos tributos consolidado é realizado por meio de cálculo e recolhimento mensal, no mês subsequente ao que tiver sido auferida a receita bruta, por meio da emissão do Documento de Arrecadação Simplificada (DAS),

---

10 Considera-se receita bruta pela LC 123/2006 e regulamentações (arts.2º, inc. I, e § 6º e 3º; e Resolução CGSN nº 140/2018, art. 2º, II e §§ 4º a 6º): "[...] o produto da venda de bens e serviços nas operações de conta própria, o preço dos serviços prestados e o resultado nas operações em conta alheia, excluídas as vendas canceladas e os descontos incondicionais concedidos, inclusive:

a) o custo do financiamento nas vendas a prazo, contido no valor dos bens ou serviços ou destacado no documento fiscal;
b) as gorjetas, sejam elas compulsórias ou não;
c) os royalties, aluguéis e demais receitas decorrentes de cessão de direito de uso ou gozo; e
d) as verbas de patrocínio.

Não compõem a receita bruta:

a) a venda de bens do ativo imobilizado;
b) os juros moratórios, as multas e quaisquer outros encargos auferidos em decorrência do atraso no pagamento de operações ou prestações;
c) a remessa de mercadorias a título de bonificação, doação ou brinde, desde que seja incondicional e não haja contraprestação por parte do destinatário;
d) a remessa de amostra grátis;
e) os valores recebidos a título de multa ou indenização por rescisão contratual, desde que não corresponda à parte executada do contrato."

11 Lei Complementar nº 123/2006, art. 3º, § 15; Resolução CGSN nº 140/2018, art. 16, § 3º, II.

de acordo com as regras disponíveis na Secretaria Especial da Receita Federal do Brasil.

Ressalte-se que o ganho de capital auferido da alienação de bens e direitos pela ME ou EPP, ou de bens integrantes do ativo não circulante da pessoa jurídica, não faz parte da sistemática de recolhimento unificado do Simples Nacional e, portanto, está sujeito à tributação em separado, de forma similar à tributação das pessoas físicas pelo IRPF, de acordo com as alíquotas progressivas de 15% a 22,5%, incidentes de acordo com o valor do ganho, conforme tabela abaixo:

| Ganho de Capital (R$) | Alíquota (%) |
|---|---|
| até 5.000.000,00 | 15% |
| de 5.000.000,01 até 10.000.000,00 | 17,5% |
| de 10.000.000,01 até 30.000.000,00 | 20% |
| acima de 30.000.000,00 | 22,5% |

**Fonte: Adriana Bandeira**

Auferido o ganho em determinado mês, o Imposto de Renda deve ser calculado e recolhido em separado, até o último dia útil do mês subsequente ao da percepção do ganho por meio de Darf comum[12].

Uma vez que o produtor rural, empresário individual ou pessoa jurídica ultrapasse o limite da receita bruta anual de R$ 4.800.000,00, ele será excluído do regime de apuração simplificado dos tributos e contribuições, o que pode ocorrer por meio de informação do próprio contribuinte, ou de ofício, de acordo com regras específicas. Nesse momento o produtor rural poderá optar por passar a ser tributado obrigatoriamente pela sistemática do IRPF, sob a apuração e escrituração de Livro-caixa, como será explicado a seguir.

### III.1. CSLL, PIS e COFINS – Contribuição Social sobre o Lucro Líquido; Contribuição para o Programa de Integração Social e Contribuição para a Seguridade Social

Como visto, ao optar por ser tributado no Simples Nacional, o produtor rural seja ele microempreendedor individual ou pessoa jurídica MP ou EPP, automaticamente fica equiparado à pessoa jurídica para efeitos fiscais (ainda que continue a ser um produtor rural individual – microempreendedor).

12 CF/1988, art. 62, § 2º; Lei Complementar nº 123/2006, art. 13, § 1º, VI; Lei nº 13.259/2016, arts. 1º e 5º; Lei nº 8.981/1995, art. 21; Resolução CGSN nº 140/2018, art. 5º, V, "b"; Ato Declaratório Executivo Codac nº 90/2007.

Portanto, nesse regime, ainda que a alíquota fixa mensal e efetiva sobre a receita bruta possa implicar em uma tributação reduzida, é importante atentar para o fato de que formalmente, o produtor passa a ser contribuinte de três novas contribuições que são devidas apenas pelas pessoas jurídicas: (I) a CSLL que no Simples Nacional é calculada como um percentual sobre a receita bruta; (II) o PIS e (III) a COFINS que também incidem sobre receita bruta.

Como regra geral, produtores optantes pelo Simples Nacional não podem se apropriar ou transferir créditos relativos a tributos abrangidos pelo recolhimento consolidado no regime. Entretanto, o Ato Declaratório Interpretativo RFN nº 15/2007 flexibilizou essa regra e permitiu que os adquirentes de produtos fornecidos por contribuintes optantes pelo Simples Nacional, que sejam pessoas jurídicas sujeitas ao regime de apuração não cumulativa do PIS e da COFINS, descontem créditos de PIS e COFINS calculados em relação às aquisições dos bens e serviços.

### III.2. ICMS, PIS e COFINS - Comentários Adicionais

O Imposto sobre Operações relativas à Circulação de Mercadorias (ICMS) e sobre Prestações de Serviços de Transporte Interestadual e Intermunicipal e de Comunicação é um tributo de competência estadual que incide sobre a circulação de mercadorias produzidas pelo produtor rural com destino a outro produtor, industrializador, comerciante, ou a consumidor final, na maioria das vezes, por ocasião da saída desses produtos do estabelecimento rural.

Em geral, o ICMS é apurado pelo chamado regime da não cumulatividade, de acordo com o qual o contribuinte calcula o imposto devido mensalmente, por meio de um sistema de registro de créditos e débitos que visa compensar o valor do imposto devido em cada operação de circulação de mercadorias com o montante cobrado nas respectivas operações anteriores. O objetivo é garantir que o ICMS incida uma única vez sobre o valor o efetivo agregado ao produto ao longo cadeia de produção até o seu destino no consumidor final.

Entretanto, como acima explicado, quando o produtor opta por ser tributado pelo Simples Nacional, o ICMS passa a ser apurado e recolhido de forma diferente, consolidado com os demais impostos e contribuições devidos pelo produtor. Nessa hipótese, o ICMS é calculado percentualmente e compõe alíquota combinada fixa de incidência mensal sobre a receita bruta.

Como já mencionado, no Simples Nacional os contribuintes ME e EPP não podem registrar, apropriar e transferir créditos referentes aos impostos e contribuições abrangidos pelo regime, inclusive, créditos referentes ao ICMS em questão.

Todavia, a legislação permitiu que as pessoas jurídicas que não tenham optado pelo Simples Nacional, mas que sejam adquirentes de mercadorias vendidas por produtores MP ou EPP tributados pelo Simples Nacional, têm direito a registrar o correspondente crédito de ICMS incidente sobre essas aquisições, desde que os produtos adquiridos sejam destinados à comercialização ou industrialização nessa próxima etapa da cadeia. O crédito do ICMS poderá ser registrado até o limite do ICMS efetivamente devido pelos produtores optantes pelo Simples Nacional.

Além disso, a LC nº 123/2006 permitiu que os Estados e o Distrito Federal, mediante deliberação exclusiva e unilateral, concedam às pessoas jurídicas adquirentes e não optantes pelo Simples Nacional, crédito correspondente ao ICMS incidente sobre os insumos utilizados nas mercadorias adquiridas de indústria optante pelo Simples Nacional, sendo vedado o estabelecimento de diferenciação no valor do crédito em razão da procedência dessas mercadorias[13].

Assim, os produtores rurais que optarem pelo Simples Nacional também devem checar a legislação Estadual do ICMS do Estado em que estiverem localizados com a sua produção. A legislação local pode afetar as regras referentes à sua inscrição estadual perante o Cadastro de Contribuintes de ICMS, regras referente à emissão de notas e outros documentos fiscais, que podem variar de Estado para Estado, bem como regras referentes à possibilidade de transferência de créditos de ICMS, como acima mencionado.

No que se refere à Reforma Tributária, os comentários acima mencionados no item II para o MEI Rural também se aplicam ao regime favorecido do Simples Nacional com algumas diferenças que podemos explicar.

Em primeiro lugar, é importante notar que com a Reforma Tributária o regime de tributação pelo Simples Nacional sofrerá alterações. A partir do ano de 2026, inicia-se o período de transição para acabar gradativamente com a tributação do produtor optante pelo PIS, pela COFINS e pelo ICMS.

O PIS e a COFINS serão substituídos pela Contribuição sobre Bens e Serviços (CBS), a qual incidirá sobre as operações com bens materiais ou imateriais, dentre eles os produtos e insumos agropecuários, enquanto o ICMS será substituído pelo IBS. De acordo com a EC nº 132/2023, o produtor optante pelo Simples Nacional poderá optar por escolher ser tributado pela CBS e pelo IBS dentro desse regime, ou fora dele, o que alterará o volume e critérios para apropriação, utilização e transferência dos créditos desses tributos de acordo com a não cumulatividade ampla. O produtor que optar por:

a) calcular e recolher a CBS e o IBS dentro do regime do Simples Nacional, poderá apenas transferir créditos correspondentes ao valor efetivo desses tributos que tenha sido recolhido neste regime; ou
b) calcular e recolher a CBS e o IBS de acordo com o seu regime normal de apuração e, portanto, fora do cálculo da alíquota combinada e consolidada do Simples Nacional, poderá apropriar e transferir créditos

13 LC nº 123/2006, artigo 23, § 1º e § 2º.

integralmente, de acordo com a legislação a ser elaborada e poderá permanecer optante pelo Simples Nacional para fins do cálculo e pagamento dos demais tributos e contribuições.

### III.3. Contribuições ao INSS – Comentários Adicionais

Como já mencionado no item II acima, a Contribuição ao INSS devida pelo Empregador é distinta da acima mencionada, pois na realidade essas contribuições para a Seguridade Social são divididas em pelo menos duas:

a) as Contribuições ao INSS que chamamos de quota patronal, a qual é devida pelo empregador ou, no caso, produtor rural, e que está acima mencionada como parte integrante da carga fiscal consolidada do produtor rural no Simples Nacional;

b) a Contribuição ao INSS devida pelo próprio empregado, trabalhador avulso, ou contribuinte individual (por exemplo, trabalhador autônomo), a qual é descontada da sua remuneração mensal e que deve ser obrigatoriamente retida aos cofres públicos pelo produtor rural que efetuar o pagamento da remuneração, de acordo com as alíquotas específicas previstas nas tabelas divulgadas pela legislação previdenciária, conforme comentários mais detalhados no item IV.2 a seguir.

Adicionalmente, os produtores rurais optantes pelo Simples Nacional também devem arrecadar e recolher, mediante desconto ou retenção, a contribuição devida pelo produtor rural pessoa física ou pelo segurado especial, incidentes sobre o valor bruto da Comercialização da produção rural, na condição de sub-rogado. Na verdade, isso significa que esses produtores são obrigados a descontar e recolher a Contribuição ao INSS quando adquirem produtos rurais de outro produtor rural pessoa física ou segurado especial. Essa contribuição incide à alíquota total de 1,5% sobre a receita da comercialização da produção, dividida da seguinte forma: a) 1,2% cota patronal; b) 0,1% para financiamento das prestações por acidente do trabalho; c) 0,2% para o Senar[14].

### III.4 ITR – Imposto sobre o Propriedade Territorial Rural

Veja os comentários do item II.2 acima e ao final deste capítulo.

## IV. IRPF – Imposto de Renda das Pessoas Físicas / Atividade Rural

Esse terceiro regime de apuração para o imposto de renda é talvez o mais comum dentre os adotados pelos produtores rurais familiares. Nele o produtor opta por calcular e recolher o seu imposto de renda sob o regime aplicável para as pessoas físicas. Ao fazer essa opção, na verdade, o produtor está optando por

14 Lei nº 8.212/1991, art. 25, I e II; Lei nº 9.528/1997, art. 6º ; Lei nº 13.606/2018, arts. 16 e 40, II.

realizar o cálculo e recolhimento dos diferentes tributos que incidem sobre o seu negócio de forma separada.

Além disso, produtores rurais optantes pelo Simples Nacional que ultrapassem no ano-calendário o limite legal correspondente à receita bruta total da atividade rural superior a R$ 4.800.000,00, ou incorram em alguma situação impeditiva, são excluídos do regime do Simples e podem optar por serem tributados por esse regime do imposto de renda, ou precisam optar por serem tributados pelo lucro presumido, ou pelo lucro real.

No regime de tributação da pessoa física, o produtor é tributado pelo IRPF sobre o efetivo lucro auferido das suas atividades rurais, o qual deve ser apurado e escriturado sob a sistemática de Livro-caixa, de acordo com regras tributárias específicas. Esse lucro estará sujeito à tributação as alíquotas progressivas que variam de 7.5% a 22,5%, de acordo com a seguinte tabela, aplicável para os rendimentos apurados anualmente no ano calendário de 2024 (exercício de 2025)[15].

| Base de cálculo | Alíquota | Dedução |
|---|---|---|
| Até R$ 26.963,20 | - | - |
| De R$ 26.963,21 até R$ 33.919,80 | 7,5% | R$ 2.022,24 |
| De R$ 33.919,81 até R$ 45.012,60 | 15,0% | R$ 4.566,23 |
| De R$ 45.012,61 até R$ 55.976,16 | 22,5% | R$ 7.942,17 |
| Acima de R$ 55.976,16 | 27,5% | R$ 10.740,98 |

Dedução anual por dependente: R$ 2.275,08
Limite anual de despesa com instrução: R$ 3.561,50
Limite anual de desconto simplificado: R$ 16.754,34
**Fonte: Adriana Bandeira**

Já os ganhos de capital auferidos na alienação de bens e direitos pelos produtores rurais estão sujeitos à tributação pelo imposto de renda em separado, às alíquotas progressivas de 15% a 22,5% de acordo com o valor do ganho, da mesma forma que já comentado no item III acima. Ao final do ano, os valores de imposto de renda pagos e os ganhos auferidos devem ser incluídos na Declaração de Ajuste Anual do Imposto de Renda da Pessoa Física (DIRPF) para verificação e ajustes.

Considera-se atividade rural pela legislação do imposto de renda específica[16]:

I. a agricultura (cultura do solo, seja qual for a natureza do produto cultivado);

15 Medida provisória nº 1.206, de 6 de fevereiro de 2024.
16 RIR/2018, art. 51 ; Instrução Normativa SRF nº 83/2001, art. 2º.

II. a pecuária (criação, recria ou engorda de animais de qualquer espécie);
III. a extração e a exploração vegetal e animal;
IV. a exploração de atividades zootécnicas, tais como a apicultura, a avicultura, a cunicultura, a suinocultura, a sericicultura, a piscicultura e outras culturas de pequenos animais;
V. a atividade de captura de pescado in natura, desde que a exploração se faça com apetrechos semelhantes aos da pesca artesanal (arrastões de praia, rede de cerca etc.), inclusive a exploração em regime de parceria;
VI. a transformação de produtos decorrentes da atividade rural, sem que sejam alteradas as características do produto *in natura*, feita pelo próprio agricultor ou criador, com equipamentos e utensílios usualmente empregados nas atividades rurais, utilizando exclusivamente matéria-prima produzida na área rural explorada, tais como:
   a) beneficiamento de produtos agrícolas: a.1) descasque de arroz e de outros produtos semelhantes; a.2) debulha de milho; a.3) conservas de frutas;
   b) transformação de produtos agrícolas: b.1) moagem de trigo e de milho; b.2) moagem de cana-de-açúcar para produção de açúcar mascavo, melado e rapadura; b.3) grãos em farinha ou farelo;
   c) transformação de produtos zootécnicos: c.1) produção de mel acondicionado em embalagem de apresentação; c.2) laticínio (pasteurização e acondicionamento de leite; transformação de leite em queijo, manteiga e requeijão); c.3) produção de sucos de frutas acondicionados em embalagem de apresentação; c.4) produção de adubos orgânicos;
   d) transformação de produtos florestais: d.1) produção de carvão vegetal; d.2) produção de lenha com árvores da propriedade rural; d.3) venda de pinheiros e madeira de árvores plantadas na propriedade rural;
   e) produção de embriões de rebanho em geral, alevinos e girinos em propriedade rural, independentemente de sua destinação (reprodução ou comercialização);

   Se a transformação dos produtos não se enquadrar nas condições mencionadas no item VI, a pessoa física será considerada empresa individual equiparada à pessoa jurídica, sendo os rendimentos descaracterizados como atividade rural e tributados na pessoa jurídica

VII. Cultivo de florestas que se destinem ao corte para comercialização, consumo ou industrialização.

A legislação tributária infralegal também define quais são as atividades que não são consideradas como atividades rurais para fins de imposto de renda de acordo com os artigos 51 do RIR/2018 (Regulamento do Imposto de Renda, aprovado pelo Decreto nº 9.580/2018 e artigo 4º da Instrução Normativa SRF nº 83/2001 (Secretaria da Receita Federal do Brasil)[17].

Nesse regime, além do IRPF, o produtor estará sujeito à tributação essencialmente pelas Contribuições ao INSS, pelo ICMS e pelo ITR, conforme será adiante explicado.

Assim, em primeiro lugar pode-se mencionar que, atualmente, uma das vantagens em se optar pela tributação pelo IRPF está no fato de que nesse regime o contribuinte não está sujeito à tributação pela CSLL, pelo PIS e pela COFINS.

Entretanto, vale notar que com o advento da Reforma Tributária, e a futura substituição das contribuições devidas ao PIS e a COFINS pela nova CBS, esse diferencial será alterado. Isso porque a nova CBS, contribuição não cumulativa federal que pretende substituir o PIS e a COFINS, deve passar a ser devida também pelas pessoas físicas e não apenas pelas pessoas jurídicas, como ocorre atualmente no caso do PIS e da COFINS. Dessa forma, esse deve ser um ponto de atenção para os produtores rurais que nos próximos anos devem reavaliar as opções pelos regimes de tributação disponíveis.

O próximo ponto a ser levado em consideração é o fato de que nesse regime, como citado, as alíquotas do IRPF podem ser mais altas do que a alíquota efetiva combinada do Simples Nacional.

Por outro lado, vale notar que no Simples Nacional a alíquota fixa mensal, efetiva e combinada incidirá sobre a receita bruta mensal da atividade rural, enquanto as alíquotas progressivas do imposto de renda irão incidir sobre o

---

17 a) a industrialização de produtos, tais como bebidas alcoólicas em geral, óleos essenciais, arroz beneficiado em máquinas industriais, fabricação de vinho com uvas ou frutas;

b) a comercialização de produtos rurais de terceiros e a compra e venda de rebanho com permanência em poder do contribuinte em prazo inferior a 52 dias, quando em regime de confinamento, ou 138 dias nos demais casos;

c) o beneficiamento ou industrialização de pescado in natura. E ainda:

a) as receitas provenientes do aluguel ou arrendamento de máquinas, equipamentos agrícolas e pastagens, e da prestação de serviços de transportes de produtos de terceiros;

b) as receitas decorrentes da venda de recursos minerais extraídos de propriedade rural, tais como metal nobre, pedras preciosas, areia, aterro, pedreiras;

c) as receitas de vendas de produtos agropecuários recebidos em herança ou doação, quando o herdeiro ou donatário não explora atividade rural;

d) as receitas financeiras de aplicações de recursos no período compreendido entre dois ciclos de produção;

e) os valores dos prêmios ganhos a qualquer título pelos animais que participarem em concursos, competições, feiras e exposições;

f) os prêmios recebidos de entidades promotoras de competições hípicas pelos proprietários, criadores e profissionais do turfe;

g) as receitas oriundas da exploração do turismo rural e de hotel fazenda; e

h) o ganho auferido por proprietário de rebanho, entregue, mediante contrato por escrito, a outra parte contratante (simples possuidora do rebanho) para o fim específico de procriação, ainda que o rendimento seja predeterminado em número de animais.

lucro efetivo apurado pelo produtor ao final do ano calendário, o que implica em formas de cálculo e resultados distintos. Note-se que no IRPF a pessoa física tem seu imposto apurado pelo regime de caixa, ou seja, as receitas e despesas são apuradas nos meses em que efetivamente recebidas ou realizadas.

Além disso, no cálculo do lucro tributável, todo o resultado da atividade rural é apurado em separado mediante a escrituração de Livro-caixa, em que o produtor pode deduzir integralmente todas as despesas de custeio e investimentos realizados para o desenvolvimento da atividade rural[18].

O resultado positivo da atividade rural integrará o lucro tributável na declaração de ajuste anual DIRPF[19].

Adicionalmente, caso o resultado da atividade rural gere prejuízos, esses prejuízos podem ser utilizados tanto para compensar lucros correntes como também podem ser acumulados para compensar eventuais resultados positivos da atividade rural de exercícios futuros sem qualquer limitação, o que representa uma efetiva vantagem fiscal a ser considerada.

Alternativamente, quando o resultado da atividade rural for positivo, o produtor rural também pode optar por ser tributado pelo chamado resultado presumido, o qual fica limitado a 20% da receita bruta auferida no ano-calendário, mas sem direito a compensar prejuízos anteriores.

Ressalte-se que ao fazer essa opção pelo resultado presumido da atividade rural, o produtor perde seu direito à compensação total dos prejuízos apurados nos anos-calendários anteriores ao da opção.

Ao final do ano, o produtor deverá fazer o ajuste de todo o seu lucro tributável ao longo do ano-calendário mediante a entrega da Declaração Anual de Imposto de Renda da Pessoa Física (DIRPF). Geralmente, o prazo para a entrega da DIRPF é entre março e 31 de maio de cada ano.

### IV.1 ICMS – Produtor Rural

Como já mencionado, quando é tributado na pessoa física, o produtor rural passa a ser tributado pelo ICMS de forma segregada. Essa condição poderia parecer mais complexa e onerosa, mas na realidade, como será demonstrado, muitas vezes a tributação segregada na pessoa física pode acabar sendo vantajosa para o produtor, dependendo das características específicas do seu negócio.

Como é um imposto de competência estadual, inicialmente o produtor rural precisa verificar a legislação estadual do ICMS do Estado em que estiver localizado e o estabelecimento onde realiza a produção da sua atividade rural. Para fins deste capítulo, estamos utilizando a legislação do ICMS atualmente vigente no Estado de São Paulo, mas as regras podem sofrer alterações significativas de

18 Artigos 4º, 9º e 18 da Lei nº 9.250/1995.

19 Artigo 61 do RIR/2018.

acordo com o Estado da federação sob análise (por exemplo, Mato Grosso, Mato Grosso do Sul, Paraná, Rio Grande do Sul, Tocantins, Pará, Piauí, Rondônia, Bahia, Santa Catarina).

Em São Paulo, assim como em diversos outros Estados, existe um tratamento tributário específico previsto na legislação do ICMS para os produtores rurais. Na legislação paulista, considera-se como produtor rural contribuinte: o empresário rural, pessoa natural, não equiparado a comerciante ou industrial, que realize de forma profissional atividade agropecuária, de extração e exploração vegetal ou animal, de pesca ou de armador de pesca[20].

Também é considerada como um produtor rural a sociedade em comum de produtor rural, assim considerada a sociedade que, cumulativamente:

a) tenha como sócios apenas pessoas naturais;
b) não seja inscrita no Registro Público de Empresas Mercantis;
c) realize profissionalmente atividade agropecuária, de extração e/ou exploração vegetal ou animal, de pesca ou de armador de pesca.

Esses contribuintes estão obrigados a se inscrever no Cadastro de Contribuintes do ICMS como produtores rurais. Alguns estabelecimentos rurais específicos serão equiparados a estabelecimentos comerciais ou industriais regulares para fins de inscrição no Cadastro de Contribuintes e, portanto, não estarão sujeitos ao tratamento específico aplicável aos produtores rurais no estado de São Paulo.

São considerados estabelecimentos comerciais ou industriais equiparados os seguintes estabelecimentos rurais:

a) cujo titular for pessoa jurídica;
b) que estiver autorizado pelo Fisco à observância das disposições a que se sujeitarem os estabelecimentos de comerciantes ou de industriais; ou
c) que industrializar a sua própria produção.

Como regra geral, o ICMS é devido pelos produtores na saída dos produtos rurais destinados a venda para outros produtores (industriais ou comerciantes) ou consumidores. Entretanto, na maior parte das vezes, nessas operações não ocorre a incidência efetiva do ICMS, uma vez que em geral elas estão sujeitas aos diversos incentivos tributários estaduais e federais previstos para esse setor.

De fato, na maioria dos Estados da federação, a saída dos produtos rurais/agropecuários costuma estar sujeita a diferimento do ICMS, isenção, não incidência, redução de base de cálculo, ou redução de alíquota, ou ainda, imunidade. Como

20 Instrução Normativa SRF n° 83/2001 ; RICMSSP/2000, art. 4º, IV e § 2º, art. 17, III, e art. 32, §§ 1º e 2º.

já mencionado anteriormente, podemos citar as operações de venda de produtos rurais com destino ao exterior, que não estão sujeitas à tributação pelo ICMS.

Aqui é importante mencionar, que como o produtor é tributado regularmente pelo ICMS, de forma segregada dos demais tributos, passa a ser relevante a observância as regras de apuração do imposto pelo regime da não cumulatividade, bem como o controle do registro, utilização e transferência dos seus créditos de ICMS, tanto na aquisição de insumos, máquinas e combustíveis como na alienação da sua produção. Os créditos de ICMS podem representar uma parcela significativa do custo do próprio produtor rural, bem como do custo dos seus adquirentes.

Assim, deve-se prestar atenção nas regras estaduais para apuração, transferência e ressarcimento de créditos de ICMS pelos produtores rurais. Ainda que a venda dos produtos rurais não seja tributada pelo ICMS por ocasião da sua saída, em geral, os produtores têm direito de se apropriar, utilizar e transferir os créditos de ICMS decorrentes das operações anteriores decorrentes das aquisições de insumos, máquinas e combustíveis. Alguns Estados da federação permitem, inclusive, a recuperação financeira dos créditos acumulados de ICMS (São Paulo, Santa Catarina, Mato Grosso do Sul e Paraná).

Além disso, a legislação de ICMS também concede crédito presumido para o produtor rural que vender produtos com a isenção ou não incidência do tributo, a fim de que ele possa transferir esses créditos para o adquirente dos seus produtos que também seja mais um produtor da cadeia. Nesse caso, o produtor rural poderá optar entre utilizar os créditos de ICMS que tiver efetivamente registrado, ou adotar e transferir o crédito presumido. A partir de março de 2024, no estado de São Paulo o crédito presumido ficou estipulado em:

a) 1% do valor da saída de café cru, em grão ou em coco;
b) 2,4% do valor das saídas das demais mercadorias.

Por último, aqui também é preciso mencionar que a Reforma Tributária irá causar diversas alterações nos efeitos fiscais da tributação do produtor rural pessoa física. Como já mencionado, com o advento das novas regras a partir de 2026 até 2033 o produtor rural irá deixar progressivamente de ser contribuinte do ICMS para passar a ser contribuinte do novo IBS, o qual incidirá em conjunto com a CBS acima mencionada.

Embora as regras inicialmente prometam que essa alteração será neutra e não deve alterar a carga tributária final dos contribuintes, na prática elas vão trazer diversas alterações, que ainda estão sendo elaboradas, e que irão alterar alíquotas, regras de apropriação, aproveitamento e transferência dos créditos entre os produtores e os adquirentes do produtos rurais, bem como os incentivos (imunidade, isenções, reduções de base de cálculo e de alíquotas, não incidências, diferimentos ou substituição tributária).

Isso torna necessário que o assunto Reforma Tributária dos tributos sobre consumo passe a ser acompanhado e revisto de perto pelos produtores familiares. Apesar de ainda não ser possível prever quais serão os efeitos, dependendo do efeito final que as novas regras tanto do IBS, como do CBS, provocarem sobre a carga fiscal do produtor rural familiar, essas alterações podem fazer com ele acabe optando por alterar o regime tributário adotado.

Nesse passo, apenas com base no texto aprovado da EC nº 132/2023, já é possível mencionar alguns possíveis efeitos aos produtores rurais que serão contribuintes do IBS (e da CBS).

O produtor rural pessoa física (ou jurídica) e o produtor integrado de que trata o art. 2º, II, da Lei nº 13.288, de 16 de maio de 2016[21], poderão optar pela tributação ou não tanto pelo IBS, como pela CBS, desde que auferirem receita anual inferior a R$ 3.600.000,00 (três milhões e seiscentos mil reais), a qual será atualizada anualmente pelo Índice Nacional de Preços ao Consumidor Amplo (IPCA). A partir de R$ 3.600.000,00 o produtor rural passará obrigatoriamente a ser contribuinte do IBS e da CBS.

Para os produtores que serão tributados regularmente pelo IBS e CBS, será criada uma Cesta Básica Nacional de Alimentos e os produtos que compuserem essa cesta estarão sujeitos à redução das alíquotas de IBS e CBS a 0%.

Vendas de produtos rurais com destino à exportação continuam imunes à tributação, sendo assegurado ao exportador a manutenção dos créditos relativos às operações nas quais seja adquirente de bem, material ou imaterial, ou serviço.

EC nº 132/2023 estabelece que haverá redução de 60% das alíquotas aplicáveis para: (I) alimentos destinados ao consumo humano, (II) produtos agropecuários, aquícolas, pesqueiros, florestais e extrativistas vegetais in natura, e (III) insumos agropecuários e aquícolas.

Há previsão, ainda, para a possibilidade de redução de 100% das alíquotas de IBS e CBS para produtos hortícolas, frutas e ovos, desde que a redução esteja prevista em Lei Complementar.

Lei complementar irá regular as formas de apropriação, compensação dos créditos pelos produtores, assim como as regras para sua transferência a terceiros e ressarcimento, bem como regras para a utilização dos créditos acumulados. Até o momento o que foi estabelecido pela EC nº 132/2023 foi que os saldos de créditos acumulados de ICMS dos contribuintes em 2032 (final do

---

21 II – produtor integrado ou integrado: produtor agrossilvipastoril, pessoa física ou jurídica, que, individualmente ou de forma associativa, com ou sem a cooperação laboral de empregados, se vincula ao integrador por meio de contrato de integração vertical, recebendo bens ou serviços para a produção e para o fornecimento de matéria-prima, bens intermediários ou bens de consumo final;

V – atividades agrossilvipastoris: atividades de agricultura, pecuária, silvicultura, aquicultura, pesca ou extrativismo vegetal.

período de transição da reforma tributária), incluindo os passíveis de ressarcimento, desde que homologados pelos Estados, poderão ser aproveitados pelos contribuintes de acordo com certas regras específicas previstas no artigo 134, § 5º e § 6º do Ato das Disposições Constitucionais Transitórias (ADCT).

Se o produtor rural obtiver receita anual inferior a R$ 3.600.000,00 e não optar por ser contribuinte do IBS e do CBS, a princípio ele não poderá transferir créditos desses tributos quando vender seus produtos para outros adquirentes contribuintes. Todavia, nesse caso, de acordo com a EC nº 132/2023 será autorizada a concessão de crédito presumido ao adquirente dos bens e serviços desse produtor rural pessoa física ou jurídica de acordo com as condições previstas na legislação[22].

## IV.2 Contribuições ao INSS

O produtor rural pessoa física deve recolher ao menos uma modalidade de Contribuição ao INSS, mas em geral pode recolher dois tipos de Contribuições ao INSS ou até três, de forma similar ao que já foi explicado anteriormente.

Como acima comentado na seção sobre MEI Rural, o produtor rural tributado como pessoa física pode ou não ser caracterizado como segurado especial.

Quando o produtor rural é considerado segurado especial de acordo com as condições descritas na seção anterior, a sua Contribuição ao INSS patronal será incidente sobre a receita bruta da sua produção rural, quando ele comercializar a sua produção diretamente com: (I) adquirente domiciliado no exterior (exportação); (II) consumidor pessoa física, no varejo; (III) outro produtor rural pessoa física; e (IV) outro segurado especial. A contribuição incidirá sobre o valor da receita bruta auferida com a comercialização da produção rural, definida nos termos da legislação de acordo com as seguintes alíquotas:

a) 1,2% cota patronal;
b) 0,1% para financiamento das prestações por acidente do trabalho;
c) 0,2% para o Senar (contribuição devida às terceiras entidades).

O simples produtor rural pessoa física (que não é caracterizado como segurado especial) é aquele que é considerado proprietário ou não, e que exerce a atividade agropecuária, a qualquer título, em caráter permanente ou temporário. Essa atividade pode ser exercida em área superior a quatro módulos fiscais. Caso a área esteja dentro do limite legal igual ou inferior a quatro módulos fiscais, o contribuinte é considerado pessoa física (e não segurado especial) quando exercer atividade pesqueira, ou atuar com auxílio de empregados ou por intermédio de prepostos.

22 EC nº 132/2023 artigo 9º, § 4º e § 5º.

Como pessoa física, o produtor rural tem a opção de escolher como irá recolher a Contribuição ao INSS patronal se: (I) sobre o valor da produção rural; ou sobre o valor da sua folha de pagamentos.

Ao escolher recolher a contribuição sobre o valor da folha de pagamentos, o produtor deverá calcular mensalmente a contribuição sobre o valor total das remunerações que pagar aos seus empregados ou trabalhadores avulsos, à alíquota de total que deve variar entre 26,8% a 28,8%, conforme o grau de risco da atividade agropecuária a que estiver sujeito o produtor. Nessa alíquota estão combinadas diversas contribuições previdenciárias, as quais se dividem da seguinte forma de acordo com a classificação da atividade rural principal exercida pelo produtor (note-se que essas alíquotas podem sofrer alguma alteração na medida em que a classificação da atividade principal se altere)[23]:

- 20% – Contribuição ao INSS Patronal;
- (1%, 2% ou 3%) – GIIL-RAT – Contribuição para o Financiamento da Aposentadoria Especial e dos Benefícios Concedidos em Razão do Grau de Incidência de Incapacidade Laborativa Decorrente dos Riscos Ambientais do Trabalho;
- 2,5% – Contribuição ao Salário Educação;
- 0,2% – Incra;
- 1,0% – Senai;
- 1.5% – Sesi;
- 0,6% – Sebrae.

Salário Educação, Incra, Senai, Sesi e Sebrae são as chamadas Contribuições de Terceiros, as quais são contribuições destinadas a financiar as entidades privadas de serviço social e de formação profissional vinculadas ao sistema sindical, tais como o Instituto Nacional de Colonização e Reforma Agrária (INCRA) e o Fundo Nacional de Desenvolvimento da Educação (FNDE), dentre outros acima mencionados[24].

O produtor rural deverá realizar a opção formal por esse regime de tributação mediante o pagamento da Contribuição ao INSS incidente sobre a folha de salários relativa a janeiro de cada ano, ou referente à primeira competência subsequente ao início da atividade rural. Uma vez efetuada a opção, esta será irretratável para todo o ano-calendário. Ressalte-se que o produtor deverá apresentar aos adquirentes de seus produtos (empresa adquirente, consumidora, consignatária ou cooperativa, ou à pessoa física adquirente não produto-

23 Lei nº 8.212/1991, art. 25, § 13; Lei nº 8.870/1994, art. 25, § 7º; Instrução Normativa RFB nº 2.110/2022, art. 156, §§ 2º, 3º e 4º e Anexo II, Anexo III e Anexo VII.

24 Artigo 240 da CF/1988.

ra rural) uma declaração formal de que realiza recolhimento da Contribuição ao INSS patronal sobre a folha de pagamento.

Caso o produtor rural não realize essa opção, estará sujeito à Contribuição ao INSS patronal calculada sobre a receita bruta da comercialização da sua produção rural exatamente da mesma forma que já explicado para o segurado especial.

Além disso, o produtor rural também deve efetuar as retenções das Contribuições ao INSS devidas pelos seus empregados, trabalhadores avulsos, bem como a quaisquer contribuintes individuais (trabalhadores autônomos) e transportadores autônomos que vier a contratar, da mesma forma que acima comentado para o Simples Nacional.

Para os segurados empregados e trabalhadores avulsos, a contribuição a ser retida será calculada no ano de 2024, de acordo com a seguinte tabela divulgada pela Portaria Interministerial MPF nº 2/2024:

| Salário de contribuição (R$) | Alíquota progressiva para fins de recolhimento ao INSS |
|---|---|
| até 1.412,00 | 7,5% |
| de 1.412,01 até 2.666,68 | 9% |
| de 2.666,69 até 4.000,03 | 12 % |
| de 4.000,04 até 7.786,02 | 14% |

**Fonte: Adriana Bandeira**

Também deverá descontar e recolher a Contribuição ao INSS incidente sobre o resultado da produção rural vendida, na condição de sub-rogado, quando adquirem produtos rurais de outro produtor rural pessoa física ou segurado especial, nos termos também comentados acima na seção do Simples Nacional.

## I. ITR – Imposto Sobre a Propriedade Territorial Rural

Finalmente, em qualquer um dos regimes tributários acima comentados, os produtores rurais familiares estarão sujeitos ao Imposto Territorial Rural da mesma forma. Este é um imposto federal sobre o patrimônio, o qual é devido pelo produtor rural que seja considerado proprietário de imóvel rural, titular de seu domínio útil, ou o seu possuidor a qualquer título[25].

Para fins do ITR, considera-se como imóvel rural a área contínua formada de uma ou mais parcelas de terras, localizada na zona rural do município, ainda

---

25 CF/1988, art. 153, VI; Lei nº 9.393/1996; Decreto nº 4.382/2002).

que, em relação a alguma parte do imóvel, o produtor e contribuinte detenha apenas a sua posse. Ressalte-se que, a área total do prédio rústico é considerada contínua mesmo que ela seja fisicamente dividida por ruas, estradas, rodovias, ferrovias ou por canais ou cursos de água.

É imune ao ITR a pequena gleba rural, desde que o seu proprietário a explore sozinho ou com sua família e não tenha outro imóvel. Ainda de acordo com a legislação em vigor, considera-se pequena uma gleba que tenha área igual ou inferior: (I) a 100 ha, se for localizada em município compreendido na Amazônia Ocidental ou no Pantanal mato-grossense e sul-mato-grossense; (II) 50 ha, se localizada em município compreendido no Polígono das Secas ou na Amazônia Oriental; e (III) 30 ha, se localizada em qualquer outro município[26].

O produtor rural pode também ser isento do ITR desde que cumpra determinadas condições estabelecidas pela legislação do imposto, tais como[27]:

a) será isento do ITR o imóvel rural compreendido em programa oficial de reforma agrária que seja caracterizado pelas autoridades como assentamento e desde que sejam atendidos cumulativamente os seguintes requisitos: (I) o imóvel deve ser explorado por associação ou cooperativa de produção; (II) fração ideal do imóvel dividida por família assentada não pode ultrapassar os respectivos limites fixados para a pequena gleba rural de 100 ha, 50 ha e 30 ha, já acima mencionados na regra para a imunidade; (III) assentado não deve possuir outro imóvel;
b) também podem ser isentos de ITR o conjunto de imóveis rurais de um mesmo produtor, cuja área total em cada região observe o respectivo limite da pequena gleba rural, desde que, cumulativamente, esse produtor cumpra com determinadas condições legais: (I) o produtor somente pode explorar o imóvel sozinho ou com sua família, admitida ajuda eventual de terceiros; e (II) não pode possuir imóvel urbano.

O imposto incide sobre o valor do imóvel, assim definido pela lei como o Valor da Terra Nua Tributável (VTNT), às alíquotas progressivas que variam de acordo com o tamanho da área rural e seu percentual de utilização para a produção. Definir o valor do VTNT não é exatamente simples e deve seguir um critério de cálculo específico estipulado pela legislação do ITR.

Assim, em primeiro lugar é necessário que se determine o tamanho da área total da propriedade rural, correspondente à área contínua acima mencionada (área total). Vale notar que a área total deve refletir a situação do imóvel na data da entrega da Declaração do Imposto Territorial Rural (DIRT).

26 Decreto nº 4.382/2002, art. 3º.
27 Decreto nº 4.382/2002, art. 4º.

Em seguida é necessário determinar o valor da chamada área tributável, a qual corresponde à área total excluídas das seguintes áreas do imóvel rural[28]:

a) áreas de preservação permanente;
b) áreas de reserva legal;
c) área de reserva particular do patrimônio natural;
d) área de servidão florestal;
e) área de interesse ecológico para a proteção dos ecossistemas, assim declaradas mediante ato do órgão competente, federal ou estadual, e que ampliem as restrições de uso mencionadas nas letras "a" e "b";
f) áreas comprovadamente imprestáveis para a atividade rural, declaradas de interesse ecológico mediante ato do órgão competente, federal ou estadual;
g) as áreas cobertas por florestas nativas, primárias ou secundárias, em estágio médio ou avançado de regeneração, localizadas em qualquer bioma brasileiro e não somente no Bioma Mata Atlântica[29].

Uma vez definidas a área total e a área tributável, é necessário verificar qual é o Valor da Terra Nua (VTN). O VTN é o valor de mercado do imóvel rural determinado em 1º de janeiro do ano a que se referir a DITR, o qual compreende o valor do solo com sua superfície, mata floresta, pastagem nativa ou qualquer vegetação nativa. São excluídos desse valor os valores de mercado relativos a construções, instalações e benfeitorias; culturas permanentes e temporárias; pastagens cultivadas e melhoradas; e florestas plantadas, observados os seguintes critérios de[30]:

I. localização do imóvel;
II. aptidão agrícola; e
III. dimensão do imóvel.

Vale notar que o VTN declarado pelo contribuinte também é utilizado para o cálculo do ganho de capital para fins de tributação pelo imposto de renda, quando ocorrer a alienação do imóvel rural, nos termos das regras acima comentadas.

Na prática, o VTN será determinado de acordo com os valores divulgados por uma Tabela da Receita Federal do Brasil que informa o preço de mercado

---

28 Decreto nº 4.382/2002, art. 10 ; Instrução Normativa SRF nº 256/2002, art. 9º, § 3º; Solução de Consulta Cosit nº 98/2015.

29 Atualmente, além do bioma Mata Atlântica, de acordo com o IBGE o Brasil tem os seguintes biomas: bioma Amazônia, bioma Cerrado, bioma Caatinga, bioma Pampa e bioma Pantanal.

30 Lei nº 9.393, de 1996, arts. 8º, §§ 1º e 2º, e 10, § 1º, inciso I; RITR/2002, art. 32; IN SRF nº 256, de 2002, art. 32; IN RFB nº 1.877, de 14 de março de 2019, art. 1º, parágrafo único.

do VTN em cada um dos municípios do Brasil, de acordo com o tipo de vegetação predominante no imóvel rural (Lavoura de Boa Aptidão, Lavoura de Aptidão Regular, Lavoura de Aptidão Restrita, Pastagem Plantada, Silvicultura ou Pastagem Natural, Preservação da Fauna e da Flora)

Determinado o VTN, em seguida é necessário determinar o Valor da Terra Nua Tributável (VTNT), o qual corresponde ao VTN multiplicado pelo quociente entre a área tributável e a área total do imóvel:

$$VTNT = VTN \times \left(\frac{\acute{a}rea\ tribut\acute{a}vel}{\acute{a}rea\ total}\right)$$

Sobre o valor do VTNT, serão aplicadas as alíquotas do ITR, estabelecidas em função da área total do imóvel e seu percentual de utilização, nos termos da tabela a seguir:

O pagamento do ITR deve ser realizado até o último dia útil do mês fixado para a entrega da DITR. Ressalte-se que há previsão legal para que o contribuinte possa utilizar Títulos da Dívida Agrária (TDAs) para quitar o imposto até o limite de 50% do seu valor conforme estabelecido pela IN Conjunta RFB/STN nº 1506/2014.

| Área total do imóvel (em hectares) | Grau de utilização (GU) (em percentual) | | | | |
|---|---|---|---|---|---|
| | até 30 | Maior que 30 até 50 | Maior que 50 até 65 | Maior que 65 até 80 | Maior que 80 |
| Até 50 | 1,00 | 0,70 | 0,40 | 0,20 | 0,03 |
| Maior que 50 até 200 | 2,00 | 1,40 | 0,80 | 0,40 | 0,07 |
| Maior que 200 até 500 | 3,30 | 2,30 | 1,30 | 0,60 | 0,10 |
| Maior que 500 até 1.000 | 4,70 | 3,30 | 1,90 | 0,85 | 0,15 |
| Maior que 1.000 até 5.000 | 8,60 | 6,00 | 3,40 | 1,60 | 0,30 |
| Acima de 5.000 | 20,0 | 12,00 | 6,40 | 3,00 | 0,45 |

**Fonte: Adriana Bandeira**

Anualmente o contribuinte do ITR está obrigado a entregar a Declaração do Imposto sobre a Propriedade Territorial Rural (DITR). Geralmente o prazo para entrega é entre 14 de agosto e o último dia útil de setembro de cada ano.

Chega-se, assim, ao final dos comentários sobre os principais regimes tributários e tributos que podem incidir sobre a atividade rural do produtor rural familiar. Como regra geral, ainda existem dois regimes de tributação pelo imposto de renda que podem se aplicar apenas para as pessoas jurídicas que exerçam atividades rurais e que acabam desencadeando uma carga tributária efetiva diferente e que, a princípio, tenderia a ser mais alta. São eles o regime de apuração do Imposto de Renda das Pessoas Jurídicas pela sistemática do Lucro Presumido (IRPJ/CSLL - Lucro Presumido) e Imposto de Renda das Pessoas Jurídicas pela sistemática do Lucro Real (IRPJ/CSLL - Lucro Real).

Embora as tributações pelo Lucro Real e pelo Lucro Presumido sejam bastante comuns para a maioria das pessoas jurídicas, no presente caso não iremos abordar esses dois regimes por entender que são formas de tributação que se aplicam exclusivamente para pessoas jurídicas/empresas maiores, as quais dificilmente estão incluídas dentro de um cenário de agricultura familiar, aplicável a pequenos e médios produtores rurais.

Em geral, quando comparados com os demais regimes acima descritos, esses dois regimes de tributação não são muito vantajosos para pequenos e médios produtores rurais familiares. De qualquer forma, caso existam dúvidas sobre esses dois regimes especificamente, maiores informações sobre eles podem ser obtidas diretamente no site da Receita Federal do Brasil (https://www.gov.br/receitafederal/pt-br), ou pelo LinkedIn (https://www.linkedin.com/in/adriana-bandeira-de-mello-37533421).

## CONSIDERAÇÕES FINAIS

De fato, ao ler este capítulo sobre tributação, podemos ver a complexidade do tema. Este capítulo não está aqui com o objetivo de que você se transforme em uma advogada ou advogado tributarista. Existem profissionais especializados. É claro se você quiser se dedicar à matéria, vá adiante. Mas a importância deste capítulo é para avisar que o melhor planejamento de marketing da sua propriedade, associação, ONG, cooperativa, indústria, comércio e serviços pode ir por "água abaixo" sem a administração de fatores como esse: tributos.

# Conclusões

Quem cria e entrega uma marca amada para sempre terá sua riqueza preservada. Podemos observar e aprender muito com organizações que são legítimos exemplos de sucesso em marketing. Agora são grandes, gigantescos, mas todos começaram pequenos e mantêm dentro da alma de suas marcas um coração e uma entrega como se fossem puramente pequenas e feitas uma a uma para servi-lo. Estão presentes.

Me dá uma Coca. Coke. São mais de 1 bilhão de vendas diárias. Está presente em qualquer lugar do mundo. E quando peço uma Coca aqui mesmo num voo internacional, tenho um sentimento do meu bairro, minha casa, minha praia de Santos. Começou pequena, bem pequena, vendendo de estabelecimento em estabelecimento como um tônico estimulante. Alguém criou aquela garrafa da saia rodada, como dos bailes antigos, e inventou a categoria dos refrigerantes. Walmart, o maior varejo do mundo, também começou pequeno. JBS, hoje a maior empresa da proteína animal do mundo, começou como um açougue. Cacau Show começou pequena.

O seu Mário da Gazin, um dos maiores varejos brasileiros, começou bem pequeno. Walt Disney começou pequeno. Todas as cooperativas brasileiras de sucesso hoje começaram pequenas. As ONGs que hoje são respeitadas no mundo começaram pequenas. Porém, como bebês, são pequenos, mas já nascem com um ideal instalado no seu DNA. Assim, a agricultura familiar precisa se encontrar a si mesma. Significa uma marca que é desejada. Admirada. Carrega em si o dom de trazer carinho e saúde naquilo que oferece. Só que precisa organizar. São necessárias apresentação, marca, fidelidade, presença. E o conjunto da obra precisa ser todo administrado. Orquestração.

Uma agricultura familiar malfeita prejudica a imagem das demais. Por isso, falamos aqui do Marketing de Orquestra. É necessário reger essa orquestra para tocar uma sinfonia e não irritar o público com uma "cacofonia" (ruídos terríveis, irritantes).

Individualmente, você pode iniciar um trabalho bem-feito com um bom marketing da sua particular atividade familiar. Com os vizinhos você pode criar um conjunto de ofertas que ampliem a escala da atividade de todos. Podem e devem buscar diferenciações na busca das indicações geográficas. São milhares na Europa. Podem ser também milhares no Brasil. Isso gera uma marca, uma identidade, e pode vir a ser uma denominação de origem, onde todos os pequenos de uma região são valorados pelos seus segredos e competência única de fazer seu produto único e inigualável, pois ali tem a sua terra, o seu microbioma, sua água, sua mão, sua cultura e as suas pessoas.

O Brasil, grande produtor de *commodities* e de grandes indústrias, precisa da contribuição da agricultura familiar para se tornar ainda maior. Precisa também das pequenas agroindústrias familiares, em uma parceria que gera valor para ambos.

A imagem do Brasil, para não ser visto como um país que só sabe atuar numa agricultura extensiva, que equivocadamente pode ser acusada de não sustentável e de não compreender os fatores ambientais, econômicos e sociais, precisa criar uma real percepção da positiva existência de uma agricultura familiar. Ela existe. Porém, precisa ser mais evidenciada e trazida na forma de produtos aos consumidores do país e do mundo. Quer dizer que precisamos de um Plano de Marketing do setor para obtermos escala e presença de marca. E isso será mundial. Podemos produzir *commodities*, mas consumidores não comem *commodities*. Comem sabor, saúde, cultura, prazer e histórias de vida. Quem melhor mostraria o Brasil para o mundo e seria admirado e desejado, seriam exatamente os produtos com a marca e a originação da agricultura familiar. Posso até dizer que *commodities* ficam invisíveis e vão nos porões dos navios, e desaparecem dos olhos e sentimentos dos consumidores finais. Mas do "a" do avocado ao "z" do zebu, passando pelo limão da caipirinha, pelos doces dos frutos do sertão da caatinga, pela cachaça, algodão, pelas raridades maravilhosas de cada bioma brasileiro da Amazônia, pantanal, cerrado, mata atlântica, a caatinga e o pampa, sem esquecer dos frutos dos mares tropicais, e mesmo das algas do nosso litoral. Ainda dentro da agricultura familiar, vamos incluir os biocombustíveis, as oportunidades energéticas onde, sem dúvida, o próprio biogás, a partir dos dejetos e dos resíduos, pode significar uma nova fonte de renda, já preparando o setor para o mercado do carbono.

A agricultura familiar será do tamanho do Brasil. E o Brasil será do tamanho da sua agricultura familiar. E com ela todas as demais áreas sociais, científicas e econômicas do seu entorno. Onde houver uma organização e uma boa agricultura familiar, a cidade será muito mais próspera e saudável. Terra, uma cooperativa humana.

## 2024: O FUTURO A QUEM MUDA PERTENCE, AS OPORTUNIDADES JÁ ESTÃO VIVAS AQUI, AGORA, NO PRESENTE

Os gênios do mundo não são muitos, são poucos. Aprender com eles, na capacidade que eles têm de antever as forças inexoráveis da evolução, é a grande e maior lição que todos poderiam aprender.

Felicidade é o contrafluxo da infelicidade. Alegria sem tristeza não existiria. Forças destruidoras destroem para forças criadoras criarem e construírem. E perante a inexorável vontade do universo de evolução, nada nunca neste mundo estará satisfeito e perfeito para jamais mudar. Logo, surgem as energias da destruição para nos incomodar profundamente e nos obrigar a mudar (recomendo o livro de Pietro Ubaldi – A grande síntese).

Mas todos mudam? Não. Temos os gênios, são poucos. São aqueles que anteveem e antecedem o futuro. Uma minoria que muito sofre por isso. Geralmente incompreendidos e por vezes na história sendo crucificados, torturados e assassinados para que muito tempo depois possam ser absolvidos, ressuscitados e se transformam em guias, mentores, líderes eternamente reverenciados.

Outra parte da humanidade só muda na esteira das mudanças, são sugados pelas forças evidentes das mudanças e uns que se adaptam mais velozmente o fazem inclusive se apropriando de aspectos criativos potenciais dentro do que já mudou. Outros mais lentos, demoram mais, porém terminam, mesmo sem saber e sem querer, mudando a reboque do que já notoriamente mudou. E alguns, teimosos beligerantes, que odeiam toda e qualquer mudança, lutam até o fim com suas próprias vidas e de pessoas as quais dizem amar, e ali praticam sem saber um "autossuicídio" a serviço do pior de todos os erros do mundo: o "autoengano trágico". Mas quando olhamos de forma detalhada a situação, e fugindo do risco das generalizações, veremos já instalados os exemplos que darão a grande virada no destino brasileiro para os próximos 10 anos.

Tive a felicidade de conviver com alguns desses "gênios" na minha vida. E aqui vai um aprendizado que tive ainda aos meus 22, 23 anos de idade. Ele foi o meu primeiro "patrão" de verdade, o sábio, o Sr. Shunji Nishimura, que de uma oficinazinha de "conserta-se tudo", na cidade de Pompeia, em São Paulo, deixou um espetacular legado de inovação e de educação. A empresa Jacto, sinônimo de inovação, governança, sucessão e segurança econômico-financeira. Além disso, esse ser humano deixou a Fundação Shunji Nishimura de Tecnologia, uma casa de excelência no ensino da inovação evolutiva. Numa das crises, pois sempre tivemos crises, ele me disse: "Na época boa se prepara para época ruim. Na hora difícil quem estiver preparado vai crescer". E para este gênio, o "velho Nishimura", a inovação e a administração financeira eram seus rigores intocáveis. Ele vivia com a certeza absoluta de ciclos positivos e negativos como essência do universo.

E neste ano de 2024, vamos assistir exatamente o sucesso daqueles que usaram os "bons ventos" para investimentos administrados na inovação, que fará com que cresçam perante concorrentes nacionais e internacionais exatamente no meio da "calmaria" ou dos ventos tempestuosos que cercam a maioria. O enfrentamento das mudanças climáticas com os modelos de integração lavoura, pecuária e florestas (ILPF) são exemplos reais.

As cooperativas brasileiras crescendo a dois dígitos, integrando agroindustrialização com agregação de valor nas *commodities*, são exemplos reais. A inteligência nacional de biocombustíveis e bioenergia a partir da cana, grãos, macaúba, palma, dos dejetos criando o biogás, eólicos e solares, são exemplos reais.

E teremos um projeto de gigantesco poder transformador para toda a economia nacional chamado de "Plano de transformação ecológica" com a proposta brasileira de restauração de 40 milhões de hectares de pastos degradados, o equivalente a toda área agrícola brasileira dos grãos, num ativo de riquezas irrigantes para toda economia e sociedade do país, além de significar um exemplo concreto para todos os demais países do cinturão tropical do planeta terra se inspirarem e o utilizarem.

Os investimentos serão da ordem de até US$ 160 bilhões por ano, um montante de dinheiro simplesmente monumental, o que poderíamos até comparar a um "Plano Marshall" (o plano que restaurou toda Europa após a Segunda Guerra Mundial) nacional.

Portanto, a mudança climática nos pede urgência e emergência na mudança das práticas clássicas para práticas conservacionistas e sustentáveis. É urgente a pesquisa de materiais genéticos resistentes às alterações climáticas, microbioma a microbioma. Além disso, precisamos de startups e uma explosão de genialidade na infraestrutura para diminuir os riscos nas cidades, bem como da valorização da ética nos conteúdos e na informação jornalística para o enfrentamento das "drogas euforizantes das redes sociais".

Emergência na integração do comércio, indústria e serviços ao lado da agropecuária e do movimento cooperativista no país. A mudança de todas as mudanças exigirá uma orquestração para termos muito mais sinfonias versus "cacofonias".

Na grande síntese para 2024 e próximos anos de mudanças, temos a competência para usar sistemas resilientes de produção econômica e social nos ambientes tropicais. Nosso último livro, "Agroconsciente – a revolução criativa tropical" (editora Grupo Novo Século), aborda essa visão num modelo de *design thinking*.

Temos empreendedores e cooperativas competentes para agregar valor e disputar mercados internacionais com marcas mundiais nacionais. Temos pesquisa e educação competitivos a níveis mundiais quando não usamos o infeliz método da generalização do mal, onde sempre será possível dizer "um monte de mentiras dizendo só a verdade" (Olivetto). Temos exemplos sadios, positivos e de respeito internacional em unidades educacionais, como Senai, Sebrae, Sescoop, Senar, Sesc, corredores inovativos como o PECEGE, na Esalq, em Piracicaba, na FIA-Pensa, Insper, FGV, USP, Unicamp e muitos outros, incluindo nossa própria atuação num elo para juventude internacional França & Brasil, com Audencia Business School de Nantes, com FECAP de São Paulo.

Menos polarização e mais conciliação. Faremos ou não as mudanças como agentes? Sim, faremos. Com maior ou menor dificuldade, isso dependerá das lideranças e da governança. Mas faremos. "O Brasil é maior do que os buracos", dizia o jornalista Joelmir Betting. Com certeza, o Brasil é maior do que os obstáculos.

Os normais mudam sob o comando das mudanças. Os geniais mudam antes antevendo as mudanças. Os teimosos não mudam e terminam nos jazigos do passado.

2024, hora de acelerar os fundamentos reais à disposição ao lado dos que irão ao futuro. Uma simples dica: "Fique de olho nos que já estão no caminho, decidir com quem irei ao futuro é a minha maior decisão neste instante presente".

# Posfácio

O agronegócio é composto pelas ações "antes da porteira" (insumos, máquinas, equipamentos etc.), "dentro da porteira" (setor primário/produção agropecuária), e "depois da porteira" (agroindústria e agrosserviços).

O agricultor ou produtor rural, que atua "dentro da porteira", é o protagonista, por ser o responsável pela produção da matéria-prima. No Brasil, são cerca de seis milhões de propriedades comandadas por agricultores, sendo que 90% são pequenas. Muitas destas propriedades são consideradas de "agricultura familiar".

Independentemente do tamanho da propriedade e do tipo de trabalhador que executa as atividades de produção, todas são igualmente importantes. Os agricultores devem ser respeitados e valorizados e precisam ser profissionais competentes, empreendedores e atualizados. As atividades "dentro da porteira" representam cerca de 28% do PIB do agronegócio. O agricultor é a "locomotiva do agro". Utiliza os insumos do "antes da porteira" e fornece os alimentos, fibras e bioenergia para o "depois da porteira". Por isso, é tão admirado pela população, cada vez mais urbana.

O "agricultor familiar" tem, como os demais produtores, inúmeras obrigações básicas e desafios diários. Tem que se preocupar com as tecnologias de produção, clima, infraestrutura, receitas, despesas, comercialização etc. Deve ter ciência da legislação e regulamentações gerais e específica, cuidar dos impostos, taxas, tarifas públicas, cadastro ambiental rural, responsabilidades socioambientais, crédito, seguro, questões fundiárias etc.

O livro "Agricultura Familiar: Marketing Ético" é um texto indispensável para se compreender o agronegócio brasileiro, com destaque para o produtor familiar. A relação entre produtores rurais e consumidores é cada vez maior e mais importante. O consumidor quer saber onde e como foram produzidos os alimentos que vão utilizar, assim como a madeira e o papel, os biocombustíveis etc. A agricultura familiar ocupa papel de destaque nessa imagem e nesta relação campo-cidade.

Foi uma honra ter sido convidado para escrever este posfácio. Isto me deu o privilégio de ter acesso ao conteúdo desta publicação de extrema importância para o agro brasileiro. O autor e coordenador contou com a colaboração de 10 profissionais, referências em suas áreas. Os 14 capítulos, além da introdução e conclusões, exploraram, com muita competência, diferentes aspectos da Agricultura Familiar.

José Otávio Menten

Presidente do Conselho Científico Agro Sustentável (CCAS), Professor Sênior da USP/ESALQ, Membro do Comitê de Patologia de Sementes (COPASEM) da Associação Brasileira de Tecnologia de Sementes (ABRATES) e do Conselho Superior do Agronegócio (COSAG/FIESP).

# Referências


ANUÁRIO BRASILEIRO DA AGRICULTURA FAMILIAR 2024. 9. ed. Erechim, RS: Bota Amarela 2024. p. 314. Disponível em: https://digital.agriculturafamiliar.agr.br/pub/agriculturafamiliar/#page/314

ASH, T. **A mentira da racionalidade**. São Paulo: Gente, 2022.

BENEDITO, M. **Cultura inútil**: otimismo e pessimismo. Blog da Boitempo, 24 out. 2018. Disponível em: https://blogdaboitempo.com.br/2018/10/24/cultura-inutil-otimismo-e-pessimismo/. Acesso em: 22 out. 2022.

BIFF, M.; CORDEIRO, A.; FIGUEIREDO, T.; PAFFARO, R. **Mulheres do agro**. Belo Horizonte: Letramento, 2019.

CHAPMAN, S. K.; MEGIDO, V.; TEJON, J. L.; ZANINI, M. **Agroconsciente, a revolução criativa tropical**. São Paulo: Novo Século, 2023.

COBRA, M.; TEJON, J. L. **Gestão de vendas**: os 21 segredos do sucesso. São Paulo: Saraiva, 2007.

DAVIS, J. H.; GOLDBERG, R. A. **A concept of agribusiness**. Boston: Harvard University, 1957.

DAWKINS, R. **The selfish gene**. New York: Oxford University Press, 2006.

GOLDBERG, R. A. **Food citizenship**: food system advocates in an era of distrust. New York: Oxford University Press, 2018.

KIRBY, J.; MARSDEN; P. **Connected Marketing: The Viral, Buzz and Word of Mouth**. Elsevier; Length, 282 pages, 2006.

KLEIN, S.; MUELLER-LANKENAU, C.; WEHMEYER, K. **Desenvolvendo uma estrutura para estratégias multicanal. Uma análise de casos da indústria de varejo de alimentos**. BLED, 2004 Proceedings. 9.

LOPES, E.; TEJON, J. L. **As 7 descobertas para construir uma poderosa máquina de vendas**. São Paulo: Gente, 2009.

PANZARANI, R.; TEJON, J. L.; MEGIDO, V. **Luxo for all**: como atender aos sonhos e desejos da nova sociedade global. São Paulo: Gente, 2010.

PAOLINELLI, A. **O visionário da agricultura tropical**. São Paulo: Metalivros, 2021.

PENA JUNIOR, M. A. G.; FRANCOZO, M. A. S. **O futuro da agricultura brasileira**: 10 visões. Embrapa 50 anos, 2023.

SANTOS, J. T. G. **Marketing de alimentos para iniciantes**. São Paulo: Alexa Verakis, 2018.

SANTOS, J. T. G. **Alimentação, avanços e controvérsias**. São Paulo: Alexa Verakis, 2021.

SILVA, J. A.; SIMÕES FILHO, R. **Avaliação preliminar dos atributos de reputação, confiança e compra do Agronegócio Brasileiro**. Lisboa, julho, 2020. Disponível em: https://tejon.com.br/onglobalstrategy. Acesso em: 22 out. 2022.

TEJON, J. L. **Pequenas empresas, grandes vendedores**: você é o vendedor número 1 da sua empresa. São Paulo: Sebrae, 1995.

USLAY, C.; MORGAN, R. E.; SHETH, J. N. Peter Drucker on marketing: an exploration of five tenets. **Journal of the Academy Marketing Science**, v. 37, n. 47-60, 2009. Disponível em: https://doi.org/10.1007/s11747-008-0099-8. Acesso em: 22 out. 2022.

VIVEIROS, R. **Roberto Rodrigues, o Semeador**. São Paulo: DisrupTalks, 2023.

XAVIER, C.; LUIZ, T. J. **Marketing e agronegócio**: a nova gestão. Diálogo com a sociedade. São Paulo: Pearson, 2009.

WEDEKIN, I. **Política Agrícola no Brasil**. São Paulo: WDK Agronegócio, 2019.